AF292270

ACADÉMIE DES INSCRIPTIONS ET BELLES-LETTRES

(FONDATION PIOT)

RECUEIL GÉNÉRAL

DES

MONNAIES GRECQUES

D'ASIE MINEURE

COMMENCÉ PAR FEU

W. H. WADDINGTON

MEMBRE DE L'INSTITUT

CONTINUÉ ET COMPLÉTÉ PAR

E. BABELON ET TH. REINACH

MEMBRES DE L'INSTITUT

TOME PREMIER

TROISIÈME FASCICULE

NICÉE ET NICOMÉDIE

ACCOMPAGNÉ DE 34 PLANCHES (LXV A XCVIII)

PARIS

ERNEST LEROUX, ÉDITEUR

28, RUE BONAPARTE, VIe

1910

AVIS

L'*Introduction*, les *Tables*, le *Supplément* et le titre définitif du volume paraîtront avec le quatrième fascicule qui est sous presse et comprend la fin de la description des monnaies de la Bithynie. En attendant, pour faciliter l'usage des fascicules parus, nous croyons utile de donner ici la liste et la clef des principales abréviations :

AV = or.
AR = argent.
Æ = bronze.
C. p. = Cercle de perles ou de points.
gr. = grammes.
Cat. = Catalogue.
ATH. = Athènes (collection du Musée national).
B = Berlin (Königliches Münzkabinet).
COMM = Commerce (pièce vue par nous chez les marchands de médailles).
COP = Copenhague (Cabinet royal des médailles, au Musée national).
FL. = Florence (collection du Musée archéologique).
GD DUC = Collection de Son Altesse le Grand duc Alexandre Mikhaïlovitch.
H = Hunterian Collection, à l'Université de Glasgow.
IMH = Première collection de M. Imhoof-Blumer, aujourd'hui au Cabinet de Berlin.
IMH (2e coll.) = Collection actuelle de M. Imhoof-Blumer, à Winterthur.
L = Londres, British Museum.
LÖBB = Collection de M. Arthur Löbbecke, à Brunswick, aujourd'hui au Cabinet de Berlin.
M = Munich (Cabinet royal des médailles, au Palais de l'Académie des sciences).
MI = Milan (musée Brera).
N = Naples (collection du Musée national archéologique et collection Santangelo).
P = Paris (Cabinet des médailles, à la Bibliothèque nationale).
PE = Saint-Pétersbourg (collection de l'Ermitage impérial).
T = Turin (collection de la Bibliothèque royale et collection Lavy, au Musée royal).
V = Vienne (Cabinet impérial au *Kunsthistorisches Hofmuseum*).
W = Collection Waddington, aujourd'hui au Cabinet des médailles de la Bibliothèque nationale.

Le module des pièces est exprimé en millimètres.

RECUEIL GÉNÉRAL

DES

MONNAIES GRECQUES

D'ASIE MINEURE

R. F.

ACADÉMIE DES INSCRIPTIONS ET BELLES-LETTRES

(FONDATION PIOT)

RECUEIL GÉNÉRAL

DES

MONNAIES GRECQUES

D'ASIE MINEURE

COMMENCÉ PAR FEU

W. H. WADDINGTON

MEMBRE DE L'INSTITUT

CONTINUÉ ET COMPLÉTÉ PAR

E. BABELON ET TH. REINACH

MEMBRES DE L'INSTITUT

TOME PREMIER

TROISIÈME FASCICULE

NICÉE ET NICOMÉDIE

ACCOMPAGNÉ DE 34 PLANCHES (LXV A XCVIII)

PARIS

ERNEST LEROUX, ÉDITEUR

28, RUE BONAPARTE, VIᵉ

1910

NICAEA

Nicée (Νίκαια, ethnique Νικαεύς ou Νικαεύς), aujourd'hui *Isnik*, à l'extrémité Est du lac Ascania et à une vingtaine de kilomètres du coude du Sangarius, occupait l'emplacement d'une ancienne cité, Ancoré, colonie des Bottiéens détruite par les Mysiens. Fondée par Antigone, probablement vers 316 av. J.-C., sous le nom d'Antigoneia, elle eut pour second fondateur (après 301) Lysimaque qui l'appela Nicée en l'honneur de sa femme Nicaea, fille d'Antipater [1]. Elle tomba ensuite (vers 275?) entre les mains des rois de Bithynie et leur resta soumise pendant deux siècles jusqu'à l'extinction de la dynastie (74) où elle passa sous la domination romaine. Elle formait une *civitas* et le siège d'un *conventus* juridique. On connaît sa longue rivalité avec sa voisine Nicomédie à laquelle elle disputait la primauté (τὰ πρωτεῖα) de la Bithynie. A l'époque d'Auguste, d'après Dion Cassius (LI, 20), Nicée aurait été la première cité de la province. Dion Chrysostome dans son discours 38 (vers 65 ap. J.-C.), composé pour apaiser le différend, reconnaît à Nicomédie le droit exclusif au titre de métropole, mais aux deux villes celui de s'intituler « première cité ». En 194, Nicée prit parti pour Pescennius Niger contre Sévère et souffrit de la bataille livrée sous ses murs. Au IIIe siècle (vers 258) elle fut brûlée par les Goths; dix ans après Claude II releva ses remparts (Dittenberger, *Sylloge*, n° 292). Nicée est la patrie de l'astronome Hipparque qui florissait vers 130 av. J.-C.

Le monnayage autonome de Nicée est représenté par une pièce de bronze unique (n° 1) de la collection Waddington dont la mauvaise conservation ne permet guère de préciser l'époque : on peut hésiter entre la période qui s'écoula depuis la mort de Lysimaque (281) jusqu'à l'annexion bithynienne et une des éclipses de la domination romaine au temps des guerres mithridatiques.

Le monnayage romain commence avec les bronzes des proconsuls Carbo (62-59) et Pansa (47-46) qui, comme ceux de plusieurs autres villes de la province (*suprà*, p. 213), portent des dates remontant à une ère de 282/1 av. J.-C., c'est-à-dire l'année de la mort de Lysimaque, considérée comme celle de l' « indépendance » des villes bithyniennes. Sous les premiers empereurs (jusqu'à Vespasien) les noms des proconsuls figurent régulièrement sur les monnaies, et même sous Auguste on y voit la tête du proconsul Thorius Flaccus. Un nom de proconsul se lira encore sur une pièce isolée de Marc Aurèle (n° 157). Le monnayage, interrompu sous les premiers Antonins, recommence avec Antonin le Pieux pour se continuer jusqu'à Gallien : il est le plus abondant de la Bithynie, supérieur même à celui de Nicomédie.

---

1. D'après Memnon, la ville devait son nom à des hommes de Nicaea (près des Thermopyles) qui avaient suivi l'armée d'Alexandre (FHG., III, 547).

Les habitants de Nicée se donnent sur les monnaies des épithètes louangeuses (εὐσεβεῖς εὐγενεῖς, n° 621, μέγιστοι ἄριστοι n°ˢ 822 suiv., 846 suiv.), ils intitulent leur ville χρυσέα πόλις (n° 82), la qualifient ou se qualifient de premiers (πρῶτοι, πρώτη πόλις) de la province, du Pont et de la Bithynie (n°ˢ 30 à 65 *passim*, Claude à Domitien) [1]; mais jamais Nicée ne prend le titre de métropole (que lui donnent cependant certains textes [2]), ni celui de néocore [3], quoiqu'elle eût dès le temps d'Auguste un temple « romain » de Rome et de Jules César (Dion Cassius, LI, 20).

Nicée a, sous les derniers empereurs, des monnaies d'alliance avec Byzance (n°ˢ 777 suiv.), où figurent des magistrats byzantins [4].

Les types mythologiques des revers se rapportent à la plupart des dieux et demi-dieux du Panthéon hellénique. Sont qualifiés de κτίστης Dionysos (n°ˢ 44, 54-55, 219, 696, 819, où il est associé à Artémis ou Nicaea; οἱ κτίσται), Héraclès (56-8, 108), et un héros militaire inconnu sur une galère, probablement un Argonaute (n° 225). Les types dionysiaques sont particulièrement nombreux; Dionysos lui-même est groupé avec des figures variées (Ariadne, Satyres, Nicaea); il est représenté tantôt sur un quadrige d'éléphants, tantôt sur un bige de panthères. Hadès-Sérapis est une fois figuré sur une galère (n° 469). Zeus reçoit les surnoms de Λιταῖος (38, 69) — c'est-à-dire père des Prières — et de Ἀγοραῖος (62, lecture douteuse). On notera la jolie représentation d'Hélios avec la Terre et le Zodiaque (n° 138). Parmi les demi-dieux et héros, signalons Thésée désigné par son nom (n°ˢ 274-275), la nymphe Nicaea, ordinairement tourelée, quelquefois avec les attributs d'Artémis (n° 77, avec la citation de Nonnus), la nymphe Adrastée (385), Prométhée (652). Deux monnaies singulières (82 Antonin, 706-7 Gordien) représentent un cheval fantastique (ἵππον βροτόποδα) monté par un cavalier qui a les attributs du dieu Mên, mais où l'on a voulu reconnaître Jules César divinisé [5], dont le cheval avait également un pied humain. Notons encore parmi les semi-divinités le fleuve Sangarios (386, 462-3, 547, 607) constamment appelé Σάγαρις, la Boulé et le Démos de Nicée (710), et parmi les personnages héroïsés Homère, Alexandre le Grand [6] et l'astronome Hipparque.

Les sujets architecturaux comprennent la basilique de Nicée qui doit dater du temps

---

1. Cf. aussi l'inscription (du temps d'Adrien), *Ath. Mitt.*, XXIV, 400 (= *Inscr. gr. rom.*, III, 37) où elle s'intitule πρώτη [τῆς ἐπαρχείας] πόλις κατὰ τὰ κρίματα τῶν αὐτοκρατόρων.

2. Strabon, XII, 4, 7. Ammien Marcellin, XXVI, 1, 3. Elle le reçut officiellement mais seulement *honoris causa* sous Valens et Valentinien (Concile de Chalcédoine, acte 13).

3. La légende de la pièce n° 696 est falsifiée.

4. Ces pièces ont été sûrement frappées à Byzance. Si nous les avons décrites, c'est parce que les monnaies de Byzance ne doivent pas figurer dans le présent recueil. En revanche, nous n'avons pas mentionné les prétendues monnaies d'alliance avec Cyzique sous Septime Sévère (l'empereur à cheval pourfendant un barbare) et avec Hadriani sous Tranquilline (Asclépios et Hygie) qui ne sont connues que par des descriptions suspectes de Vaillant (*Numismata imperatorum*, p. 85 et 159).

5. Voir la note p. 409 et, en outre, Pline, VIII, 155; Suéton, *Jul.*, 61 ; *Rev. num.*, 1892, p. 191; Perdrizet dans *Bull. corr. hell.*, XX, 72; A. B. Cook, dans *Journ. of hell. Studies*, XIV, 148; Drexler, dans le *Lexicon* de Roscher, II, 2693 suiv.

6. La pièce 291 avec son type lysippien et l'inscription Ἀλέξανδρον Νικαιεῖς semble se rapporter à une statue d'Alexandre érigée dans quelque lieu public. (Il doit en être de même d'Homère et d'Hipparque). On ne doit pas oublier que Nicée avait reçu des colons macédoniens (Dion Chrys., Or. 39, *init.*).

de Claude (27-28, 31-33), et, sous Gallien, une vue de l'enceinte fortifiée de la ville avec ses portes flanquées de tours (846-8, 867-8, 872-3), à la veille de leur incendie par les Goths.

Les monnaies à types agonistiques commencent au temps de Commode. Les jeux sont alors désignés tantôt sous le nom de ἱερὸς ἀγὼν Νικαιέων (304, 307-9, 311-15, 317-19), tantôt sous celui de Κομόδεια (305, 310, 316, 320) : ce sont évidemment deux termes synonymes. Sous Septime Sévère et ses fils, ces mêmes jeux prennent le nom de Σεουήρεια (346-7) ou plus complètement Σεουήρεια Φιλαδέλφεια (μεγάλα) (355 à 527 *passim*). A partir de Maximin ils s'intitulent Αὐγούστια Σευήρεια (659, 731), désignation qui reparaît sur une monnaie de Salonine (863). Mais sous Valérien et Gallien la désignation complète paraît avoir été (854) Οὐαλ(εριάνεια) Γαλ(λήνεια) Σευ(ήρεια) Διον(ύσια) Αὐγού(στια). Le mot Διονύσια manque souvent, tandis que sur d'autres pièces contemporaines on trouve simplement Πύθια (812), ou Διονύσια Πύθια (815, 851) [1].

Commencement du iiie siècle ?

1. Tête imberbe de Dionysos couronné de lierre, à dr.
   ℞. NIKAIEΩN. Taureau cornupète, à dr.; à l'exergue, traces d'une légende.
   Æ 18. — W (épaisse ; fruste) [**Pl. LXV, 1**].

C. *Papirius Carbo*, proconsul (62-59 av. J.-C.)

2. NIKAIEΩN. Canthare à long pied; à g. la date BKΣ (222) et le monogr. ⌘.
   ℞. EΠI ΓAIOY ‖ ΠAΠIPIOY | KAPBΩNOΣ. Caducée dont le manche est une massue.
   Æ 18 — P, W [**Pl. LXV, 2**], L (*Cat.*, pl. XXXI, 10), Mi, Imh, V (droit fruste), Löbb (fruste).

3. Lég. fruste. Canthare à long pied. Dans le champ, ΔKΣ (224) et le mon. ⌘.
   ℞. EΠI ΓAIO[Y] ‖ ΠAΠIPIOY | KAPBΩN[OΣ]. Caducée-massue.
   Æ 18 — Mi.

4. Variété avec la date ΔKΣ. Au droit, les restes de la légende ΠPOYΣIOY, et au revers les restes d'une tête de profil à droite (pièce surfrappée sur un bronze du roi Prusias).
   Æ 19 — P [**Pl. LXV, 3**].

5. NIKAIEΩN. Tête de Dionysos couronné de lierre, à dr.; dessous, la date BKΣ (222) et le monogr. ⌘.
   ℞. EΠI ΓAIOY ‖ ΠAΠIPIOY | KAPBΩNOΣ. A l'ex. PΩMH. Rome casquée assise à g. sur un monceau de boucliers, tenant sur sa main dr. une petite Victoire et s'appuyant de la g. sur sa lance.

---

1. La seule monnaie (660, Maximin) qui mentionne des Ἀσκλήπεια (*sic*) est d'attribution douteuse.

Æ 25 — P [**Pl. LXV, 4**], L (*Cat.*, pl. XXXI, 11), B, M (date peu lisible), Löbb, T (fruste), N (fruste).

6. Même description, avec la date ΔΚΣ (224), et le mon. ⊠.
Æ 25 — L, Löbb, H, Mi (fruste) ; 23 — T.

7. Variété avec la même date et le même monogr. Dans le ch. du revers sous le bras g. de la déesse, la lettre **M** '.
Æ 25 — L, P [**Pl. LXV, 5**], W [**Pl. LXVI, 6**], M, V (monogr. au droit indistinct), B, Imh, T (fruste).

8. ΝΙΚΑΙΕΩΝ. Tête laurée d'Apollon à dr. ; dessous, la date ΔΚΣ et le monogr. ⊠ ou ⊠.
℞. ΕΠΙ ΓΑΙΟΥ ‖ ΠΑΠΙΡΙΟΥ | ΚΑΡΒΩΝΟΣ. Thyrse.
Æ 21 — P [**Pl. LXV, 7**], L (*Cat.*, pl. XXXI, 12), M (lég : ΠΑΠΙΡΙΟΥ ‖ ΠΑΠΙΡΙΟΥ | ΚΑΡΒΩΝΟ[Σ] retouchée), V, Imh, H, T.

9. Autre, avec **M**, dans le champ du revers.
Æ 21 — L, Imh, B, P [**Pl. LXV, 8**].

10. ΝΙΚΑΙΕΩΝ (?). Buste de Dionysos à dr., le thyrse sur l'épaule.
℞. Même lég. Torche de coureur, allumée.
Æ 18 — H [**Pl. LXV, 9**].

C. Vibius Pansa, proconsul (47-46 av. J.-C.)

11. ΝΙΚΑΙΕΩΝ. Tête nue de Jules César, à dr.
℞. ΕΠΙ ΓΑΙΟΥ ‖ ΟΥΙΒΙΟΥ | ΠΑΝΣΑ. Niké debout à dr., tenant une couronne et une palme; dessous, la date ϚΛΣ (236). Dans le ch. les monogr. ⊠ et ⊠.
Æ 25 — P [**Pl. LXV, 10**], L (*Cat.*, pl. XXXI, 13), W [**Pl. LXV, 11**]. Imh, B, M, Mi, T, Löbb., V (fruste), Arolsen.

12. Tête de Dionysos à dr.
℞. A l'ex. ΝΙΚΑΙΕΩ[N]. Niké allant à dr., tenant une couronne et une palme.
Æ 18 — B (fruste) [**Pl. LXV, 12**].

Auguste.

Thorius Flaccus, proconsul.

13. [ΝΙΚΑ]ΙΕΩΝ. Tête nue d'Auguste, à g.
℞. ΕΠΙ | ΑΝΘΥΠΑΤ[ΟΥ] | ΘΩΡΙΟΥ | ΦΛΑΚΚ[ΟΥ]. Niké marchant à dr.

---

1. Sur l'exemplaire d'Athènes l'un de nous a lu **M**.

tenant une couronne de la main dr. et une palme de la g. ; au bas, le monogr. ℞ et la lettre Γ (ou ⌐) ; aux pieds de la déesse ΔP.
Æ 32 — Moscou, *Mus. hist.* [**Pl. LXV, 13**].

14. NIKAIEΩN. Tête nue d'Auguste, à g.
℞. Même lég. Niké marchant à dr. tenant une couronne et une palme ; dessous, la lettre ⌐ ; dans le ch. le monogr. ΛR.
Æ 28 — P [**Pl. LXV, 14**].

15. Même droit.
℞. Mêmes légende et type, avec les monogr. ΛK et ΛR
Æ 25 — Oxford.

16. [... ΣE]BAΣTO[Σ...]. Tête d'Auguste (?), à g.
℞. NIKA... Dauphin à dr. et trident.
Æ 16 — T (fruste ; attribution un peu douteuse).

17. NIKAIEΩN. Tête de Dionysos couronné de lierre, à dr.
℞. EΠΙ | ANΘΥΠΑΤΟΥ | ΘΩΡΙΟΥ | ΦΛΑ. Tête d'éléphant à dr. ; dans le ch. le monogr. ΛVK ; dessous, la lettre ⌐ ; à dr. B.
Æ 21 — W [**Pl. LXV, 15**].

18. Variété, avec ΦΛΑΚΚΟΥ, la lettre B (seule) et le monogr. Δ.
Æ 20 — Iᴍʜ (2ᵉ coll.) [**Pl. LXV, 16**].

19. NIKAIEΩN. Tête nue imberbe du proconsul Thorius Flaccus, à dr.
℞. EΠΙ ANΘΥΠΑΤΟΥ ΘΩΡΙΟΥ ΦΛΑΚΚΟΥ circ. A l'ex. HPA. Tête de Héra (Juno Lanuvina), à dr. ; dans le ch. à dr. ΔP, à g. ΛK.
Æ 20 — W [**Pl. LXV, 17**].

20. Variété, avec les monogr., à dr. ℞ ; à g. ℞.
Æ 20 — V [**Pl. LXV, 18**].

21. [NIKAIE]ΩN. Même tête de proconsul, à dr.
℞. Chaise curule, au-dessus EΠΙ | ANΘΥΠΑΤΟΥ ; à g. ΛT ; à dr. ℞.
Æ 25 — V (fruste) [1].

<hr>

1. *Non revues.* Tête jeune ; devant, une enseigne militaire et les lettres IE. ℞. NIKAIEΩN. Trois enseignes militaires. Æ 18. Mionnet, *Descr.* 203 (*Vienne ?*). — Autre. NEIKEA. Tête tourelée de femme ℞. NEIKAIEΩN... Niké marchant à g. Æ 21. Mionnet, *Suppl.* 400 (Sestini). — Autre. ... Tête d'Auguste. ℞. NIKAIEΩN. Zeus assis tenant sceptre et patère ; à ses pieds un aigle. Æ 18. Mionnet, *Suppl.* 405 (Vaillant).

Claude.

L. Mindius Balbus, proconsul.

22. ΤΙ ΚΛΑΥΔΙΟΣ ΚΑΙΣΑΡ ΣΕΒΑΣΤΟΣ ΓΕΡΜΑΝΙΚΟΣ. Tête laurée ou nue, à g.
℞. Λ ΜΙΝΔΙΟΣ | ΒΑΛΒΟΣ ΑΝΙΘΥΠΑΤΟΣ | ΝΕ (monogramme de Nicée). Le
tout dans une couronne de laurier.
Æ 27 — P [**Pl. LXV, 19**], L (*Cat.* pl. XXXI, 14), Iмн, **M**.

23. Même description.
Æ 35 — W [**Pl. LXV, 20**].

24. Même droit.
℞. Λ ΜΙΝΔΙΟΣ ΒΑΛΒΟΣ ΑΝΘΥΠΑΤΟΣ, cire. Dans le ch., le monogr. ΝΕ.
Æ 20 — P [**Pl. LXV, 21**], M, B, Mι, H, T (avec le mon. ΕΝΚ) [1].

P. Pasidienus Firmus, proconsul.

25. ΤΙ ΚΛΑΥΔΙΟΣ ΣΕΒΑΣΤΟΣ ΓΕΡΜΑΝΙΚΟΣ. Tête nue à g.
℞. ΠΑΣΙΔΙΗΝΟΣ ΦΙΡΜΟΣ ΠΑΤΡΩΝ ΠΟ [2]. Dans le ch. ΑΝΘΥΙΠΑΤΟΣ | ΕΝΚ
(monogramme de Nicée).
Æ 28 — W [**Pl. LXVI, 1**], P, L, H, V (fruste), Löвв.

26. Même lég. Tête nue à dr.
℞. Pareil au précédent.
Æ 20 — W [**Pl. LXVI, 2**], P, L, B, V, N (Santangelo).

C. Cadius Rufus, proconsul (entre 43 et 48 ap. J.-C.)

27. ΤΙ ΚΛΑΥΔΙΟΣ ΚΑΙΣΑΡ ΣΕΒΑΣΤΟΣ ΓΕΡΜΑΝΙΚΟΣ. Tête laurée à g.; devant
la poitrine, deux épis.
℞. Γ ΚΑ ΔΙΟΣ ΡΟΥΦΟΣ ΑΝΘΥΠΑΤΟΣ. Basilique à deux étages ayant
chacun quatre colonnes, surmonté d'une arcade centrale flanquée de
deux acrotères; sur la base, ΝΕΙΚΑΙΕΩΝ.
Æ 30 — P [**Pl. LXVI, 3**].

28. Variété : la basilique à six colonnes est surmontée d'un fronton triangulaire
avec un arc au tympan; l'inscription ΝΕΙΚΑΙΕΩΝ est sur la frise qui
sépare les deux étages; le soubassement est composé de trois marches.
Æ 30 — L (*Cat.* pl. XXXI, 15), B [**Pl. LXVI, 4**].

---

1. *Non revue.* Même droit. ℞. Λ ΜΙΝΔΙΟΣ ΒΑΛΒΟΣ ΑΝΘΥΠΑΤΟΣ. Temple hexastyle à
double étage, sur le fronton duquel on lit ΝΙΚΑΙΕΩΝ. Æ 24 — Mionnet, *Suppl.*, 410 (Morel).
2. Πάτρων πόλεως.

29. Même lég. Tête laurée à g.; devant, un lituus.

   ℞. Γ ΚΑΔΙΟΣ | ΡΟΥΦΟΣ ΑΝ|ΘΥΠΑΤΟΣ | Æ (monogramme de Nicée), dans une couronne de laurier.

   Æ 22 — Cop [**Pl. LXVI** 5], Imh, Ath (avec la division Α|ΝΘΥΠΑΤΟ); 20 — T fruste (même division).

30. ΠΡΩΤΗ ΠΟΛΙC ΤΗC ΕΠΑΡΧΕΙΑC. Tête tourelée de la Tyché, à dr.

   ℞. [Γ] ΚΑΔΙΟC ΡΟΥΦΟC ΑΝΘΥΠΑΤΟC. Dans le ch., le monogr. Æ.

   Æ 20 — P [**Pl. LXVI, 6**], M (fruste).

MESSALINE.

31. ΜΕΣΣΑΛΕΙΝΑ ΣΕΒΑΣΤΗ ΝΕΑ ΗΡΑ. Buste à dr., avec deux épis devant la poitrine.

   ℞. Γ ΚΑΔΙΟΣ ΡΟΥΦΟΣ ΑΝΘΥΠΑΤΟΣ. Basilique à deux étages ayant chacun quatre colonnes, surmontée d'une arcade flanquée d'acrotères; sur la base, ΝΕΙΚΑΙΕΩΝ.

   Æ 30 — P [**Pl. LXVI, 7**].

32. Variété : l'inscription ΝΕΙΚΑΙΕΩΝ est sur la frise qui sépare les deux étages.

   Æ 30 — L [**Pl. LXVI, 8**]; *Cat. Prowe*, n° 1194, pl. VI.

33. Même droit (sans les épis).

   ℞. Même lég. Basilique à deux étages ayant chacun quatre colonnes, mais dont la façade déborde les colonnes; fronton triangulaire ; sur le soubassement de l'édifice, ΝΕΙΚΑΙΕΩΝ.

   Æ 34 — W [**Pl. LXVI, 9**].

MESSALINE ET BRITANNICUS.

34. ΜΕΣΣΑΛΕΙΝΑ ΣΕΒΑΣΤΗ ΝΕΑ ΗΡΑ. Même buste de Messaline avec les deux épis.

   ℞. ΕΠΙ Γ ΚΑΔΙΟΥ ΡΟΥΦΟΥ ΑΝΘΥΠΑΤΟΥ ΠΑΤΡΩΝΟΣ. Buste lauré de Britannicus à gauche; devant, une lyre; dans le champ à g. le monogr. Æ (Nicée); à droite, Æ.

   Æ 30 — B (fruste), M₁ [**Pl. LXVI, 10**].

BRITANNICUS, *seul*.

35. ΒΡΙΤΑΝΝΙΚΟΣ ΚΑΙΣΑΡ ΣΕΒΑΣΤΟΥ ΥΙΟΣ. Buste, tête nue, à dr.

   ℞. Γ ΚΑΔΙΟC | ΡΟΥΦΟC ΑΝ|ΘΥΠΑΤΟC | Æ (Nicée). Le tout dans une couronne de laurier.

   Æ 23 — Ath [**Pl. LXVI, 11**].

Néron et Agrippine.

Attius Laco, proconsul (vers 55).

36. ΝΕΡΩΝΚΑΙΣΑΡ ΣΕΒΑΣΤΟΣ ΑΡΙΠΠΙΝΑ ΣΕΒΑΣ ou ΣΕΒΑΣΤΗ. Bustes accolés
de Néron lauré et d'Agrippine, à g.
℞. ΕΠΙ ΑΤΤΙΟΥ ΛΑΚΩΝΟΣ ΑΝΘΥΠΑΤΟΥ. Dionysos debout à g. sur une tête
d'éléphant à g.; il est vêtu d'un chiton et d'une diploïs; de la main
dr. il tient un canthare et il s'appuie de la g. sur un thyrse. Dans le
ch. ΝΕΙΚ.
Æ 27 — P [**Pl. LXVI, 12**], L (*Cat.* XXXII, 1); 29 — Iмн.

Néron.

37. ΝΕΡΩΝ ΚΛΑΥΔΙΟΣ ΚΑΙΣΑΡ ΣΕΒΑΣΤΟΣ ΕΡΜΑΝΙΚΟΣ. Tête laurée à dr.
℞. ΕΠΙ ΑΤΤΙΟΥ ΛΑΚΩΝΟΣ ΑΝΘΥΠΑΤΟΥ. Ciste dionysiaque posée sur
une table et ornée de bandelettes, avec le thyrse en sautoir, surmontée
de la nébride, de crotales, d'une corne d'abondance sur laquelle est
une couronne et du capricorne, à dr., posé sur un globe; sur la table, on
lit ΝΕΙΚΑΙ | ΕΩΝ.
Æ 35 — W [**Pl. LXVI, 14**], T, avec la légende tréflée ou refaite ΝΕΙΚΑ
ΝΕΙΚΑ ΕΩΝ.

38. ΝΕΡΩΝ ΚΛΑΥΔΙΟΣ ΚΑΙΣΑΡ ΣΕΒΑΣΤΟΣ. Tête nue à dr.
℞. ΕΠΙ ΑΤΤΙΟΥ ΛΑΚΩΝΟΣ ΑΝΘΥΠΑΤΟΥ. Dans le ch. ΝΕ — ΙΚ. Autel sur
lequel on lit : ΔΙΟΣ | ΛΙΤΑΙΙΟΥ.
Æ 22 — W [**Pl. LXVI, 13**], Iмн, Löbb.

M. Tarquitius Priscus, proconsul (avant 61).

39. ΝΕΡΩΝ ΚΛΑΥΔΙΟΣ ΚΑΙΣΑΡ ΣΕΒΑΣΤΟΣ ΓΕΡΜΑΝΙΚΟΣ. Tête laurée à g.
℞. Ε · Μ · ΤΑΡΚΥΙΤΙΟΥ ΠΡΕΙΣΚΟΥ ΠΑΤΡΩΝΟΣ ΑΝΘ. Ciste recouverte
d'une peau de panthère ; sur la ciste, un thyrse en sautoir et une corne
d'abondance surmontée d'une couronne; à g. un capricorne et un
globe ; sur la ciste, ΝΕΙ|ΚΑΙΕ.
Æ 29 — Bunbury.

40. Variété, avec la tête à droite et, au revers, sur la ciste, ΝΕΙΚ|ΑΙΕΩ.
Æ 35 — P (fruste) [**Pl. LXVI, 15**].

41. ΝΕΡΩΝ ΚΛΑΥΔΙΟΣ ΚΑΙΣΑΡ ΣΕΒΑΣΤΟΣ. Tête nue, à g.; devant, le lituus.
    ℞. Μ ΤΑΡΚΥΙΤΙΟΣ ΠΡΕΙΣΚΟΣ ΠΑΤΡΩΝ. Cuirasse et casque entre deux
      trophées à chacun desquels sont accrochés deux boucliers; dessous,
      ΝΕΙΚ; à l'exergue, un petit autel.
    Æ 25 — Iʍн [Pl. LXVI, 16], M [Pl. LXVI, 17].

42. Même description.
    Æ 20 — P (fruste), L.

43. Même lég. Tête nue à dr.
    ℞. Μ ΤΑΡΚΥΙΤΙΟΥ ΠΡΕΙΣΚΟΥ ΑΝΘΥΠΑΤΟ. Dans le ch., ΝΕ — ΙΚ. Autel
      allumé sur lequel on lit ΠΑΤ|ΡΩΝΙΟΣ.
    Æ 20 — P [Pl. LXVI, 18], V, Iʍн.

44. ΝΕΡΩΝ ΚΛΑΥΔΙΟΣ ΚΑΙΣΑΡ ΣΕΒ. Γ. Tête à dr.
    ℞. ΔΙΟΝΥΣΟΥ ΚΤΙΣΤΟΥ ΝΕΙΚΑΙΑ. Autel enguirlandé.
    Æ 20 — Löвв [Pl. LXVI, 19].

44 *bis*. Même droit (tête nue).
    ℞. Même légende. Autel sur la face duquel il y a un grand Κ.
    Æ 18 — Mι [Pl. LXVII, 1].

VESPASIEN.

M. *Plancius Varus*, proconsul (vers 70).

45. ΑΥΤΟΚΡΑΤΟΡΙ ΚΑΙΣΑΡΙ ΣΕΒΑΣΤΩ ΟΥΕΣΠΑΣΙΑΝΩ ΝΕΙΚΑΕΙΣ. Tête laurée,
    à dr.
    ℞. ΜΑΡΚΟΣ | ΠΛΑΝΚΙΟΣ | ΟΥΑΡΟΣ | ΑΝΘΥΠΑΤΟΣ, dans une couronne
      de laurier.
    Æ 38 — W [Pl. LXVII, 2], V.

46. Même droit.
    ℞. ΕΠΙ ΜΑΡΚΟΥ ΠΛΑΝΚΙΟΥ ΟΥΑΡΟΥ ΑΝΘΥΠΑΤΟΥ. Tête de Dionysos
      couronnée de lierre, à g.
    Æ 28 — P [Pl. LXVII, 3], Löвв.

47. Variété, avec ΝΕΙ (au lieu de ΝΕΙΚΑΕΙΣ) au droit.
    Æ 28 — P [Pl. LXVII, 4].

48. **ΑΥΤΟΚΡΑΤΟΡΙ ΚΑΙΣΑΡΙ ΣΕΒΑΣΤΩ ΟΥΕΣΠΑΣΙΑΝΩ ΝΕΙΚΑ** (ou **ΝΕΙΚΑΙ**). Tête laurée, à dr.

 ℞. Même légende. Panthère accroupie à g., posant une patte sur le bord d'un canthare.

 Æ 25 — P [**Pl. LXVII, 5**], L, B, ΙΜΗ.

49. Même droit (en contremarque, les lettres liées **ΜΗΤΕ**?)

 ℞. Même lég. Gerbe de six épis.

 Æ 25 — Comm. [1]

5o. **ΑΥΤ ΚΑΙΣΑΡΙ ΣΕΒΑΣΤΩ ΟΥΕΣΠΑΣΙΑΝΩ [Ν]Ε[ΙΚ]ΑΙ**. Tête laurée à droite.

 ℞. Même lég. Canthare.

 Æ 27 — Scholz (*Num. Zeit.*, XXXII, pl. VI, 44).

M. Salvidenus Asprenas, proconsul.

51. **ΑΥΤΟΚΡΑΤΩΡ ΚΑΙΣΑΡ ΣΕΒΑΣΤΟΣ ΟΥΕΣΠΑΣΙΑΝΟΣ**. Tête laurée à dr.

 ℞. **ΕΠΙ ΜΑΡΚΟΥ ΣΑΛΟΥΙΔΗΝΟΥ ΑΣΠΡΗΝΑ ΑΝΘΥΠΑΤΟΥ**. Dans le ch. **ΝΕΙΚΑΙ | ΓΡ · Β ·** [2]. Quadrige d'éléphants au pas à g., sur lequel est Dionysos assis sur un trône à gauche, tenant un canthare de la main dr. et la g. appuyée sur un thyrse.

 Æ 34 — H (*Cat.*, pl. XLVI, 10, fruste), Weber [**Pl. LXVII, 6**].

Titus, césar.

52. **ΑΥΤ ΤΙΤΟΣ ΚΑΙΣΑΡ ΣΕΒΑΣΤΟΥ ΥΙΟΣ**. Tête laurée, à dr.

 ℞. **ΕΠΙ Μ · ΣΑΛΟΥΙΔΗΝΟΥ ΑΣΠΡΗΝΑ ΑΝΘΥΠΑΤΟΥ**. Dans le ch. **ΝΕΙ-ΚΑΙ ΓΡ ΒΙ**. Ciste dionysiaque enguirlandée et recouverte de la peau de panthère; au dessus, une corne d'abondance.

 Æ 27 — W [**Pl. LXVII, 7**] [3].

---

1. *Non revue*. Même droit. ℞. **ΜΑΡΚΟΣ | ΠΛΑΝΚΙΟΣ | ΟΥΑΡΟΣ | ΑΝΘΥΠΑΤΟΣ | Ϻ** Æ 29. Mionnet, *Suppl.* 421 (Morel). Le mot **ΝΕΙΚΑ** manque probablement au droit; quant au monogr. du revers, il paraît n'être qu'une portion du monogr. bien connu de Nicomédie.

2. Νειχαεῖς πρῶτοι Βιθυνίας.

3. *Non revue*. **ΤΙΤΟΣ ΑΥΤΟΚΡΑΤΩΡ ΣΕΒ**. Tête laurée de Titus. ℞. **ΕΠΙ Μ ΣΟΥΛΠΙ-ΚΙΟΥ** (sans doute **ΣΑΛΟΥΙΔΗΝΟΥ**) **ΠΡΟΚΛΟΥ ΑΝΘΥΠΑΤ. ΝΕΙΚ**. Tête tourelée de femme. Æ 24. Mionnet, *Descr.* 311 (Gessner) et Mionnet, *Suppl.* 425 (Morel).

Domitien.

53. **AYT ΔOMITIANOΣ KAIΣAP ΣEB ΓEP.** Tête laurée, à dr.
    ℞. **NEIKAIEIΣ ΠΡΩΤΟΙ · ΤΗΣ ΕΠΑΡΧΕΙΑΣ.** Déméter debout à g. tenant
    dans la main dr. un pavot et des épis et dans la g. une longue torche.
    Æ 27 — P, L, M, V (la lég. se termine avec **ΕΠΑΡΧΕΙ**), Iᴍʜ [**Pl. LXVII, 8**],
    Löʙʙ, T, H.

54. **AYT ΔOMITIANOΣ KAIΣAP ΣEB ΓEP.** Tête laurée, à dr.
    ℞. **TON KTIΣTH** (*sic*) **NEIKAIEIΣ ΠΡΩΤΟΙ ΤΗΣ ΕΠΑΡΧΕΙ.** Tête de Dionysos
    jeune couronné de lierre, à g.
    Æ 27 — W [**Pl. LXVII, 9**].

55. Même droit.
    ℞. **TON KTIΣ NIKAEIΣ** (*sic*) **ΠΡΩΤΟΙ ΠΟΝΤ ΚΑΙ ΒΙΘ.** Dionysos en chiton
    talaire debout à g. tenant de la main dr. un canthare et s'appuyant de
    la g. sur son thyrse.
    Æ 27 — P [**Pl. LXVII, 10**], T (fruste).

56. **AYT ΔOMITIANOΣ KAIΣAP ΣEBA ΓEP.** Tête laurée, à dr.
    ℞. **TON KTIΣTH** (*sic*) **NEIKAIEIΣ ΠΡΩΤΟΙ ΤΗΣ ΕΠΑΡΧ.** Tête barbue d'Hé-
    raclès couronnée de feuillage, à g.
    Æ 25 — W [**Pl. LXVII, 11**], L (*Cat.*, pl. XXXII, 4), M (fruste).

57. Variété, avec **TON KTIΣTH NIKAEIΣ ΠΡΩΤΟΙ ΤΗΣ ΕΠΑΡΧΙ.**
    Æ 25 — Löʙʙ.

58. **AYT ΔOMITIANOΣ KAIΣAP ΣEB ΓEP.** Tête laurée ou radiée à dr.
    ℞. **TON KTIΣ NEIKAEIΣ ΠΡΩΤ ΠΟΝ ΚΑΙ Β.** Héraclès nu barbu, debout à
    dr., s'appuyant sur sa massue et sa peau de lion (Hercule Farnèse).
    Æ 25 — L; 23 — B, T, Löʙʙ; 22 — W [**Pl. LXVII, 12**].

59. Même droit.
    ℞ **NEIKAIEIΣ ΠΡΩΤΟΙ ΤΗΣ ΕΠΑΡΧΕΙΑΣ.** L'Abondance debout à g. tenant
    de la main g. une corne d'abondance et de la dr. baissée une branche
    d'arbre (de laurier?)
    Æ 23 — P [**Pl. LXVII, 13**]; 35 — Löʙʙ; 33 — Oxғᴏʀᴅ (l'Abondance
    tient une patère au lieu d'une branche).

60. Même droit (avec **ΓΕΡΜ** et tête laurée).

    ℞. **ΝΕΙΚΑΙΑ ΠΡΩΤΗ ΤΗΣ ΕΠΑΡΧΕΙΑΣ**. La Tyché de Nicée tourelée assise à g., tenant dans la main g. une corne d'abondance et dans la dr. étendue une couronne (?).

    Æ 32 — L [**Pl. LXVII, 14**].

61. Même droit (avec **ΣΕΒ · ΓΕΡ**).

    ℞. **ΡΩΜΗΝ ΜΗΤΡΟΠΟΛΙΝ ΝΕΙΚ ΓΡΩ ΒΙΘ ΚΑΙ Π.** Rome casquée, assise à g. sur un rocher ou sur des armes, tenant de la main dr. étendue une couronne.

    Æ 27 — L [**Pl. LXVII, 15**].

62. Même droit (tête radiée).

    ℞. **ΝΕΙΚΑΙΕΙΣ ΠΡΩΤΟΙ ΤΗΣ ΕΠΑΡΧΕΙΑΣ**. Autel allumé et enguirlandé sur lequel on lit : **ΔΙΟΣ | Α[ΓΟ]|[ΡΑΙΟΥ]** ?

    Æ 23 — P [**Pl. LXVII, 16**] [1].

63. Même droit.

    ℞. **ΝΕΙΚΑΙΕΙΣ ΠΡΩΤΟΙ ΤΗΣ ΕΠΑΡΧΕΙΑΣ**. Aigle sur un globe, les ailes éployées, de face.

    Æ 25 — W [**Pl. LXVII, 17**], Vatican.

64. **ΑΥΤ ΔΟΜΙΤΙΑΝΟΣ ΚΑΙΣΑΡ ΣΕΒ ΓΕ**. Tête laurée, à dr.

    ℞. **ΝΕΙΚΑΙΕΙΣ ΠΡΩΤΟΙ ΤΗΣ ΕΠΑΡΧ·** Caducée.

    Æ 17 — P [**Pl. LXVII, 18**], Cop.

65. **ΑΥΤ ΔΟΜΙΤΙΑΝΟΣ ΚΑΙ ΣΕΒ ΓΕΡΜ·** Tête radiée, à dr.

    ℞. **ΝΕΙΚΑΙΕΙΣ ΠΡΩΤΟΙ ΤΗΣ ΕΠΑΡΧΕΙΑ**. Autel rond enguirlandé et enflammé.

    Æ 22 — Löbb [**Pl. LXVII, 19**] [2].

---

1. On a attribué à Nicée les pièces suivantes : Même droit (fruste). ℞. **ΔΙΟΣ ΑΓΟΡΑΙΟΥ** circ. Autel allumé orné d'une guirlande. Æ 20 — V. — *Non revue.* ... **ΔΟΜΙΤ** ... Tête laurée. ℞. **ΔΙΟΣ ΑΓΟΡΑΙΟΥ**. Aigle debout. Æ 18. Mionnet, *Suppl.* 429 (San Clemente).

2. *Non revues.* ... Tête de Domitien. ℞. **ΝΙΚΑΙΕΙΣ ΖΕΥΣ ΜΗΛΙΟΣ**. Tête nue de Zeus. Æ module incertain. Mionnet, *Suppl.* 426 (Vaillant). — ... **ΜΙΤΙΑΝΟC·** Tête laurée de Domitien. En contremarque, un animal courant. ℞. **ΖΕΥΣ ΜΗΛΙΟΣ·** Zeus assis, tenant le foudre et le sceptre. Æ 25. Mionnet, *Suppl.* 427 (*Mus. Farn.*) — **ΑΥΤ · ΔΟΜΙΤΙΑΝΟΣ ΚΑΙΣΑΡ ΣΕΒ ΓΕΡ.** Tête de Domitien, à dr. ℞. **ΝΕΙΚΑΙΕΙΣ ΠΡΩΤΟΙ ΤΗΣ ΕΠΑΡΧΕΙ·** L'empereur debout, la main dr. étendue et tenant une haste de la g. Æ 32. Mionnet, *Suppl.* 433 (Theupoli). — Même droit. ℞. **ΝΕΙΚΑΙΕΙΣ ΠΡΩΤΟΙ ΤΗΣ ΕΠΑΡΧΕΙΑΣ·** L'Espérance marchant à gauche. Æ Médaillon, Mionnet, *Suppl.* 435 (Sestini).

TRAJAN [1].

HADRIEN [2].

AELIUS CAESAR [3].

ANTONIN LE PIEUX.

66. **AYT KAIC · T · AIA · AΔP ANTⲰNINOC**. Tête laurée, à dr.
℞. **NEIKAIEⲰN**. Zeus assis à g. demi-nu, tenant une patère de la main
dr. et s'appuyant de la g. sur son sceptre.
Æ 20 — P [**Pl. LXVIII, 1**].

67. Variété, avec **AYT KAI AΔPIANOC ANT**.
Æ 29 — V.

68. **AYT KAI AΔPIANOC ANTⲰNEINOC**. Tête nue, à dr., l'égide sur la poitrine.
℞. **NEIKAIEⲰN**. Zeus assis, de face, tenant le foudre et le sceptre, entre
les chars du Soleil et de la Lune et entouré des douze signes du
Zodiaque. A ses pieds, de chaque côté, une figure couchée à terre :
l'une tient une corne d'abondance et des épis ; l'autre tient d'une main
un aplustre et s'appuie de l'autre sur un gouvernail.
Æ 43 — P [**Pl. LXVIII, 2**].

69. **AYT KAICAP ANT**… Tête nue, à dr.
℞. **NIKAIEⲰN**. Autel allumé sur lequel on lit **ΔI|OC** ; à l'ex. **ΛITAIOY**.
Æ 18 — P [**Pl. LXVIII, 3**], V.

1. Nous décrirons aux *Incertaines* d'Asie mineure des pièces de Trajan sans nom de ville qui ont
été quelquefois attribuées à Nicée, telles que : Mionnet, *Description*, 218 et *Suppl.* 438 et 439. Les suivantes, décrites comme portant le nom ou le monogr. de Nicée, sont également d'une attribution douteuse : … Tête de Trajan. ℞. **NEIKAIEⲰN**. Tête tourelée. Æ 18. Mionnet, *Suppl.* 437 (Vaillant).
— **AYT NEPOYAΣ TPAIA[NO]Σ KAIΣAP ΣE ΓEP Δ**. Tête laurée à dr. ℞. Arès nu marchant
à dr., la chlamyde flottante, un trophée sur l'épaule g., la lance au poing droit. A g. **NK** à dr. **ΓP**.
Æ 35. V (peut-être de Nicomédie) [**Pl. LXVII, 80**].

2. *Non revues*. Tête d'Hadrien. ℞. **ΘEA ΔHMHT. NEIKAIEIC**. Déméter tenant deux flam-
beaux, dans un bige. Mionnet, *Suppl.* 440 (Gusseme). — Autre ℞. **YΓEIA KAI ACKΛHΠIⲰ**
NIKAIEIC. Asclépios et Hygie debout. Mionnet, *Suppl.* 441 (Hardouin).

3. *Non revues*. **Λ AIΛIOC KAICAP**. Tête nue d'Ælius. ℞. **NIKAIEⲰN**. Statue sur une colonne.
Æ 25. Mionnet, *Suppl.* 442 (Hardouin). — Autre. ℞. **NIKAIEⲰN**. Figure nue assise, soutenue par
des pieds de lion, tenant de la main dr. une haste et de la g. un objet recourbé (?). [illegible]
Suppl. 443 (Vaillant).

70. AYT KAI AΔPIANOC ANTΩNINOC. Tête laurée à dr.
℞. NEIKAIEΩN. Hadès-Sérapis assis à g. sur un trône, s'appuyant de la main g. sur son sceptre et posant la dr. sur Cerbère.
Æ 29 — V, B [**Pl. LXVIII, 4**].

71. AYT KAICAP ANTΩNINOC. Buste lauré à dr.
℞. NEIKAIEΩN. Poseidon debout à dr., le pied g. sur un rocher, la main dr. tenant le trident et la g. un dauphin.
Æ 27 — Iмн (2ᵉ coll.) [**Pl. LXVIII, 5**].

72. AYT KAICAP ANTΩNINOC. Tête nue, à dr.
℞. NEIKAIEΩN. Pallas debout à g., tenant une chouette de la main dr. et s'appuyant de la g. sur sa lance.
Æ 25 — P [**Pl. LXVIII, 6**].

73. AYT KAICAP ANTΩNINOC. Tête laurée à dr.
℞. NEIKAIEΩN. Pallas debout à g., tenant une patère de la main droite et s'appuyant sur son bouclier.
Æ 25 — M [**Pl. LXVIII, 7**], V.

74. Même droit.
℞. Même lég. Pallas debout à g. tenant une patère de la main dr. et s'appuyant de la g. sur sa lance; à ses pieds, son bouclier.
Æ 24 — Löвв [**Pl. LXVIII, 8**].

75. AYT KAICAP AΔPIANOC ANTΩNINOC. Tête laurée ou nue, à dr.
℞. ΘEA ΔHMHTPI NEIKAIEIC. Déméter voilée, tenant des deux mains une longue torche, debout à dr. dans un char traîné par deux dragons ailés.
Æ 40 — P [**Pl. LXVIII, 9**], Fl.

76. AYT KAI AΔPIANOC ANTΩNEINOC. Tête laurée, à dr.
℞. NEIKAIEΩN. Cybèle voilée et tourelée, assise sur un lion marchant à droite ; elle tient de la main dr. un sceptre et s'appuie du bras g. sur le tympanon.
Æ 30 — P [**Pl. LXVIII, 10**], V.

77. Même droit.
℞. NEIKAIEΩN. Buste tourelé de la nymphe Nicæa, à dr., avec l'arc devant la poitrine et le carquois sur l'épaule.
Æ 27 — P [**Pl. LXVIII, 11**] ¹.

---

1. Pour expliquer le carquois, attribut de Nicaea, cf. Nonnus, XV, 171, où elle est appelée ἄλλη Ἄρτεμις.

78. **AYT KAI T AIΛ AΔPI** (ou **AΔP**) **ANTΩNINOC CEB** (ou **CE**). Tête laurée
à dr.
℞. **ΔIONYCON KTIC NIKAIEIC.** Dionysos nu, debout à g., s'appuyant de la
main g. sur son thyrse et tenant un canthare de la droite.
Æ 22 à 25 — P [**Pl. LXVIII, 12**], V (fruste), Imh (2° coll.) [1].

79. **AYT KAICAP ANTΩ...** Tête laurée à dr.
℞. **NEIKAIEΩN.** Dionysos enfant, assis à dr. dans un berceau; à côté de
lui, le thyrse.
Æ 20 — Imh [**Pl. LXVIII, 13**].

80. **AYT KAI T AIΛ** (ou **AI**) **AΔPI** (ou **AΔP**) **ANTΩNINOC CE** (ou sans **CE**). Buste
lauré et cuirassé, à dr.
℞. **TON | KTICTHN**; à l'ex. **NIKAIEIC.** Dionysos tenant un canthare et un
thyrse, assis sur un char à quatre roues, conduit par quatre éléphants,
à g.
Æ 29 — W, P [**Pl. LXVIII, 14**] [2].

81. **AYTO KAICAP ANTΩ....** Tête laurée, à dr.
℞. **NEIKAIEΩN.** Helios nu marchant à dr., la tête radiée, un manteau
enroulé autour du bras g. et étendant le bras droit.
Æ 25 — P [**Pl. LXVIII, 15**].

82. **AYT KAI · T · AI · AΔPI ANTΩNINOC.** Buste lauré, à dr.
℞. **IΠΠON BPOTOΠOΔA N... XPYCEA** ex. **ΠOΛIC** [3]. Mên radié assis de
face, sur un cheval fantastique dont la queue se termine en serpent; le
pied gauche antérieur a la forme d'un pied humain et la jambe droite
antérieure celle d'un avant-bras humain dont la main s'appuie sur le
bâton d'Asclépios autour duquel est enroulé un serpent; les épaules de
Mên sont ornées du croissant et il tient de la main dr. une couronne.
Æ 30 — P [**Pl. LXVIII, 16**].

---

1. *Non revue.* Même droit. ℞. **ΔIONYCON KTICTHN NIKAIEIC.** Même type de Dionysos, avec, à ses pieds, une panthère. Æ 24. Mionnet, *Suppl.* 470 (Vaillant).

2. *Non revue.* **AYT KAICAP ANTΩNINOC.** Tête laurée. ℞. **NEIKAIEΩN.** Tête de la nymphe Nicæa couronnée de lierre. Æ 18 Mionnet, *Suppl.* 448 (Sestini, Hederwar).

3. Ἵππον βροτόποδα Ν[ίκαια] χρυσέα πόλις (ἀνέθηκε). Cf. pour le type, la monnaie de Gordien le Pieux ci-après. Il y avait à Nicée un temenos de Jules César (Dion Cass, LI, 20) et l'on a supposé qu'il était orné d'une statue équestre de César semblable à celle du Forum Julium à Rome dont le cheval avait les pieds de devant de forme humaine. Cf. Roscher, dans les *Berichte* de l'Acad. de Saxe. Leipzig, 1891, p. 96 et s.; Blanchet, *Rev. num.* 1894, p. 301 et s.

83. **AYTO KAI TI AIΛ AΔPI ANTΩNINOC**. Tête laurée à dr.
℞. **VΓEIA KAI AΣKΛHΠIΩ**, à l'ex. **NIKAIEIC**. Hygie et Asclépios debout se
regardant; Hygie donne à manger à un serpent et Asclépios s'appuie sur
son bâton; à côté d'Asclépios, le petit Télesphore debout de face.
Æ 40 — W [**Pl. LXVIII, 17**], F.

84. **AYT KAI T AI AΔP ANTΩNEINOC**. Tête laurée à dr.
℞. Même revers.
Æ 44 — *Cat. Prowe* 1904, n° 1195, pl. VI.

85. **... AΔPI ANTΩNEINOC**. Buste cuirassé à droite, tête nue.
℞. **CΩTHPI ACKΛHΠIΩ NIKAIE...** Buste nu d'Asclépios, à g., avec un ser-
pent devant la poitrine.
Æ 40 — P [**Pl. LXVIII, 18**].

86. **AY KAI TI (ou T) AI AΔPI (ou AΔP) ANTΩNEINOC**. Tête laurée à dr.
℞. **CΩTHPI ACKΛHΠIΩ NIKAIEIC**. Asclépios à demi-nu, debout à g. s'ap-
puyant sur son bâton.
Æ 26 — P [**Pl. LXVIII, 19**], Löbb, H.

87. **AYTO KAICAP ANTΩNINOC**. Buste lauré, à dr.
℞. **TON CΩTHPA NIKAIEIC**. Asclépios debout, comme ci-dessus.
Æ 18 — P [**Pl. LVXIII, 20**], M. V, Löbb.

88. Variété, avec la tête laurée et la lég. **TON CΩTHPA NIKAIEΩN**.
Æ 18 — P [**Pl. LXVIII, 21**].

89. **AYT KAI T AI AΔP ANTΩNEINO CEB**. Tête laurée à dr.
℞. **CΩTHP · ACKΛH · NIKAIEIC**. Asclépios debout, comme ci-dessus.
Æ 20 — P [**Pl. LVXIII, 22**].

90. **AYT KAICAP ANTΩNINOC**. Buste cuirassé, à dr.
℞. **TON KTICTHN NIKAIEIC**. Asclépios debout, comme ci-dessus.
Æ 20 — L.

91. **AYTO KAICAP ANTΩNINOC**. Buste lauré et cuirassé, à dr.
℞. **ΘEA YΓEIA NIKAIEIC**. Hygie debout à dr., donnant à manger à un ser-
pent.
Æ 25 — P [**Pl. LXIX, 1**], B.

92. Variété, avec **AYT** et tête nue à dr.
Æ 25 — W.

93. Variété avec AY KAI TI (*sic*) AI AΔPI ANTΩNINOC et la tête laurée.
Æ 25 — T.

94. AY KAIC T AI AΔPI ANTΩNEINOC. Tête laurée à dr.
℞. ACKΛHΠIΩ · KAI YΓEIA NIKAEIC. Hygie debout à dr., donnant à manger à un serpent.
Æ 27 — L, T (au droit, en contremarque, tête à dr.).

95. AYT KAICAP ANTΩNINOC. Tête nue ou laurée à dr.
℞. NEIKAIEΩN. Hygie debout à dr. comme ci-dessus.
Æ 19 — B, P [**Pl. LXIX, 2**], V.

96. AYT KAI T AIΛ ANTΩNEINOC CE. Tête nue ou laurée à dr.
℞. EΠIΦ · TEΛE · NIKAIEIC [1]. Télesphore drapé dans son manteau à capuchon, debout, de face.
Æ 20 — W [**Pl. LXIX, 3**], Löbb.

97. Variété, avec.... T AI AΔP ANTΩNEINO.
℞. TEΛEC ou TEΛ. Même type.
Æ 18 — B [**Pl. LXIX, 4 et 5**].

98. AYT KAI T AIΛ ANTΩNEINOC CE. Tête nue à droite.
℞. ΘEΩ TEΛE NIKAIEIC. Télesphore debout, comme ci-dessus.
Æ 20 — P.

99. AYT KAI TI AI AΔP ANTΩNEINOC. Tête laurée, à dr.
℞. ΘEΩ TEΛECΦOPΩ, ex. NIKAIEIC. Télesphore debout.
Æ 20 — P.

100. AYT KAICAP ANTΩNINOC. Tête nue, à dr.
℞. NIKAIEΩN. Autel autour duquel sont enroulés deux serpents.
Æ 18 — N [**Pl. LXIX, 6**].

101. AYT KAI T AI AΔP ANTΩNINOC CEB. Tête nue, à dr.
℞. CΩTHPI ACKΛH, ex. NIKAIEIC. Autel rond autour duquel est enroulé un serpent.
Æ 21 — Löbb ; 18 — L (*Cat.* pl. XXXII, 3), Mi.

102. Variété avec AYT K T AIΛ AΔP ANTΩNINOC et la tête laurée.
Æ 18 — P [**Pl. LXIX, 7**].

[1]. Ἐπιφανῆ Τελέσφορον Νικαιεῖς.

103. Variété, avec **CΩTHPI ACKΛHΠIΩ NEI**.
     Æ 19 — L (*Cat.* pl. XXXII, 5).

104. Variété avec **C[ΩTHPI] ACKΛHΠIΩ**, ex. **NIKAIEIC**.
     Æ 18 — T.

105. **AYT K T AI AΔP ANTΩNINOC [CЄB]**. Tête nue ou laurée, à dr.
     ℞. **NIKAIEΩN** (à l'ex.). Autel rond autour duquel est enroulé un serpent.
     Æ 21 — L (*Cat.* pl. XXXII, 6), P, M.

106. Variété, avec : **AYT KAICAP ANTΩNINOC**.
     Æ 18 — P [**Pl. LXIX, 8**] '.

107. **AYT KAICAP ANTΩ·····** Tête nue ou laurée, à dr.
     ℞. **NEIKAIEΩN**. Harpocrate nu debout à g., portant la main dr. à ses lèvres
     et tenant de la g. une corne d'abondance.
     Æ 18 — P [**Pl. LXIX, 9**], V, T (fruste).

108. **AYTO KAICAP ANTΩNEINOC**. Buste lauré, à dr.
     ℞. **TONKTICTHN NIKAIEIC**. Héraclès nu debout, de face, s'appuyant de la
     main dr. sur sa massue, et ayant sa peau de lion sur le bras g.
     Æ 27 — P (fruste) ; 29 — V.

108 *bis*. Variété, avec **[AYT K] T AIA AΔP ANTΩNEINOC·**
     Æ 27 — Iмн. [**Pl. LXIX, 10**].

109. **AYT KAICAP ANTΩNINOC**. Tête nue, à dr.
     ℞. **NEIKAIEΩN**. Némésis debout à g. découvrant son sein de la main dr.
     et tenant une baguette de la g. baissée.
     Æ 23 — B [**Pl. LXIX, 11**].

110. Autre. Némésis a une roue à ses pieds.
     Æ 23 — B [**Pl. LXIX, 12**].

111. **AYT KAIC T AIA AΔP ANTΩNINOC**. Tête laurée, à dr.
     ℞. **NEIKAIEΩN**. Tyché tutulée debout à g., tenant une corne d'abondance
     et un gouvernail.
     Æ 29 — P [**Pl. LXIX, 13**].

---

1. *Non revue.* Tête laurée d'Antonin le Pieux. ℞. **NIKAIEΩN**. Serpent dressé en spirale. Æ 18.
Mionnet, *Suppl.* 457 (Sestini).

112. Autre, avec **AYT KAICAP ANTΩNINOC** et, au revers, **NIKAIEΩN**.
Æ 27 — B; 21 — Löbb.

113. ... **AI AΔP ANTΩNINOC CEB**. Buste lauré, à dr.
℞. **IΠΠAPXOC NIKAIEΩN**. Buste de l'astronome Hipparque à dr.
Æ 26 — Imh (2ᵉ coll.) [**Pl. LXIX, 14**].

114. [**AYT**] · **KAI** · **T** · **AIA AΔP ANTΩNINOC CEB**. Tête laurée, à dr.
℞. **IΠΠAPXOC NIKAIEΩN**. Hipparque barbu, drapé, nu tête, assis à g. sur un siège carré, tenant un globe de la main dr., la gauche appuyée sur son siège.
Æ 25 — P [**Pl. LXIX, 15**].

115. **AYTO KAICAP ANT...** Tête laurée, à dr.
℞. **NEIKAIEΩN**. Griffon accroupi à dr., une patte de devant posée sur une roue.
Æ 18 — P [**Pl. LXIX, 16**].

116. **AYTO KAICAP ANTΩNEINO**. Tête laurée, à dr.
℞. **NEIKAIEΩN**. Tête de lion radiée, à dr.
Æ 18 — L [**Pl. LXIX, 17**].

117. [**AYTOK**]**PATΩP K ANTΩNEINOC**. Tête laurée, à dr.
℞. **NEIKAIEΩN**. Taureau (bœuf Apis) à dr., la tête surmontée du croissant.
Æ 18 — W [**Pl. LXIX, 18**], P, M.

118. **AYT KAICAP ANTΩNEINOC**. Tête laurée, à dr.
℞. **NEIKAIEΩN**. Taureau (bœuf Apis), à dr.
Æ 19 — P, B, Löbb [**Pl. LXIX, 19**].

119. ... **AN**[**T**]**ΩNEINOC AYΓO**. Tête barbue à dr. (Commode? fruste et incertain).
℞. **NIKAIEΩN**. Autel enguirlandé et allumé.
Æ 15 — Turin (fruste).

FAUSTINE, *la mère* [1].

1. Non décrite. Tête de l'Faustine. ℞ **NIKAIEΩN** Femme à demi nue assise, tenant un sceptre de la main dr.; devant elle une femme tourelée debout tenant une haste. Æ 24. Mionnet, *Suppl.* 475 (Vaillant).

Antonin le Pieux et Marc Aurèle.

120. AYT KAI AΔPIANOC ANTΩNEINOC. Tête nue d'Antonin le Pieux, à dr.,
l'égide sur la poitrine.
℞. M AYPHΛION KAICAPA, à l'ex. NEIKAIEIC. Marc Aurèle à cheval au
galop, à dr., la lance en arrêt, la chlamyde flottant sur les épaules.
Æ 39 — P [**Pl. LXIX, 20**].

121. .... AΔPIANOC ANTΩNEINOC. Tête laurée d'Antonin le Pieux, à dr.
℞. M · AYPHΛIOC OYHPOC KAICAP. Marc Aurèle à cheval, comme ci-
dessus.
Æ 29 — P [**Pl. LXIX, 21**].

Domitia Lucilla et Marc Aurèle.

122. ΔOMITIAN ΛOYKIΛΛAN NEIKAIEIC. Buste de Domitia Lucilla, mère de
Marc Aurèle, à dr.
℞. M · AYPHΛIOC OYHPOC KAICAP. Marc Aurèle à cheval, comme ci-
dessus.
Æ 29 — P [**Pl. LXIX, 22**].

Marc Aurèle, *césar*.

123. M AYPHΛ ANTωNINOC KAICAP. Buste imberbe, tête nue, à dr.
℞. NIKAIEΩN. Triptolème debout dans son char à dr., traîné par deux
dragons ailés.
Æ 35 — P (retouché) [**Pl. LXIX, 23**].

124. M AYPHΛIOC OY[HPOC KAICAP]. Buste jeune, tête nue, à dr.
℞. NIKAIEΩN. Tête d'Héraclès imberbe, coiffé de la peau de lion, à dr.
Æ 26 — P [**Pl. LXIX, 24**].

125. M AYPHΛIOC OYHP KAICAP. Buste, tête nue et barbue, à dr.
℞. ΔIONYCΩ ACYΛΩ EΦECTIΩ NIKAIEIC. Dionysos debout à g., tenant
son thyrse et versant avec un canthare une libation sur un autel.
Æ 27 — T [**Pl. LXIX, 25**].

126. M AYPHΛ ANTΩNINOC KAICAP. Buste imberbe à dr., tête nue.
℞. NIKAIEΩN. Asclépios debout, la tête à g.
Æ 26 — T.

127. M AYPH [ANTΩNI]NOC K. Buste, tête nue, à dr.
   ℞. NIKAIEΩN. Télesphore debout de face, drapé dans son court manteau
      à capuchon.
   Æ 17 — P [**Pl. LXIX, 26**], Comm.

128. ... ANTΩNINOC KAIC. Tête nue, à dr.
   ℞. NIKAI... Serpent dressé sur ses replis, à dr.
   Æ 15 — P [**Pl. LXIX, 27**].

129. M AY ANTΩNINOC KAIC. Tête nue, à dr.
   ℞. NIKA | IEΩN. Temple hexastyle avec un globule au fronton.
   Æ 18 — L [**Pl. LXIX, 28**].

130. M AYPH ANTΩNEINOC KAICAP. Buste, tête nue, à dr.
   ℞. NIKAIEΩN. Aigle légionnaire entre deux enseignes.
   Æ 27 — Löbb [**Pl. LXIX, 29**].

Marc Aurèle, empereur.

131. M AYPHAI ANTΩNI AYΓ. Tête nue, à dr.
   ℞. NIKAIEΩN. Zeus à demi nu, assis à g. sur un trône, tenant de la main
      dr. une patère et s'appuyant de la g. sur un sceptre.
   Æ 30 — W [**Pl. LXIX, 30**].

132. AYT KAI M AYPHAIOC ANTΩNINOC. Tête nue, à dr.
   ℞. NEIKAIE. Même type de Zeus.
   Æ 27 — M.

133. AYT KAI M AYΓII ANTΩNEINOC. Tête laurée à dr.
   ℞. NIKAIEΩN. Même type de Zeus ; à ses pieds un aigle.
   Æ 30 — B [**Pl. LXX, 1**].

134. M AYPHAIOC (ou AYPHAI) ANTΩNI AYΓ. Tête laurée, à dr.
   ℞. NIKAIEΩN. Buste de Sérapis, à dr., coiffé du modius.
   Æ 25 — P [**Pl. LXX, 2**], L.

135. Autre, avec AYT KAI M AYP ANTΩNINOC AYΓ.
   Æ 29 — N.

136. M AYPHAIOC ANTΩNI AYΓ. Même type.
   ℞. NIKAIEΩN. Zeus Sérapis debout à dr., s'appuyant sur son sceptre de la

main g., la main dr. oblitérée par une contremarque dans laquelle est une tête impériale de profil à dr.

Æ 3o — Löbb [Pl. **LXX, 3**].

137. **AYT KAI M AYPH ANTΩNINOC.** Buste lauré à dr.

R⁄. **NEIKAIEΩN.** Bustes accolés de Sérapis et d'Isis, à dr., l'un tutulé, l'autre surmonté du disque solaire.

Æ 3o — P [Pl. **LXX, 4**], L, N, Iмн ; 32 — Löbb.

138. **AYT K M AYPH ANTΩNЄINOC.** Buste cuirassé à dr., tête nue.

R⁄. à l'ex. **NIKAIEΩN.** Hélios debout dans son char traîné par quatre chevaux, s'élevant sur des nuages, à droite ; au bas, la Terre couchée à g., tenant des épis et une corne d'abondance ; au dessus, on aperçoit une portion du Zodiaque.

Æ 38 — P [Pl. **LXX, 5**].

13g. **[AY · K · M] · AYP ANTΩNINOC CЄ.** Buste, tête nue et barbue, à dr.

R⁄. **[NI]KAIEΩN.** Apollon lauré, nu, debout devant un grand trépied, tenant une branche de laurier de la main dr., sa chlamyde sur le bras g., la main tenant un arc dont l'extrémité repose sur un rocher ; derrière l'arc, un arbre autour duquel est enroulé un serpent.

Æ 27 — T [Pl. **LXX, 6**].

140. Lég. fruste. Tête laurée barbue, à dr.

R⁄. **NEIKAIEΩN.** Apollon nu, debout à g., la main dr. baissée, le bras gauche enroulé dans une draperie et s'appuyant sur sa lyre posée sur un cippe.

Æ 3o — Comm (anc. coll. Tochon).

141. ... **ANTΩNЄINOC.** Tête laurée à dr.

R⁄. **NIKAIEΩN.** Déméter debout à dr., tenant une torche allumée de la main dr., dans un char traîné par deux dragons ailés.

Æ 27 — P [Pl. **LXX, 7**].

141 *bis*. **AY · K · M · AYP · ANTΩN...** Tête laurée, à droite.

R⁄. **NIKAIEΩN.** Déméter debout à g., tenant un sceptre (ou une longue torche ?) de la main g. et des épis de la main droite.

Æ 25 — M [Pl. **LXX, 8**].

142. **AYT M AYPHA ANTΩNINOC.** Buste cuirassé, à droite.

R⁄. **NIKAIEΩN.** Triptolème debout dans un char traîné par deux dragons

ailés, à droite ; il a une chlamyde flottante sur les épaules et sème des
graines de la main droite.
Æ 29 — L [**Pl. LXX, 9**].

143. AYT M AYP ANTΩNINOC. Buste, tête nue, à dr.
℟. NEIKAIEΩN. Cybèle assise à dr. sur un trône, s'appuyant du bras g.
sur le tympanon ; à ses pieds, deux lions assis.
Æ 25 — W [**Pl. LXX, 10**].

144. [M AYPHAI] ANTΩNI AYT (*sic*). Tête nue, légèrement barbue, à dr.
℟. NIKAIEΩN. Pallas debout à g., s'appuyant de la main dr. sur sa lance
et de la g. sur son bouclier posé à terre.
Æ 25 — P [**Pl. LXX, 11**].

145. M AYPHAI ANTΩN.... Tête laurée.
℟. NIKAIEΩN. Pallas debout à g., s'appuyant de la main g. sur sa lance et
tenant de la main dr. une patère.
Æ 24 — Mɩ [**Pl. LXX, 12**] ¹.

146. M AYPHA ANTΩNINOC ... AVT (*sic*). Buste à dr., tête nue.
℟. NIKAIEΩN. Pallas debout à gauche, tenant une chouette et une haste ;
à ses pieds, son bouclier.
Æ 29 — Löвв [**Pl. LXX, 13**].

147. Même description, avec Pallas à droite.
Æ 26 — Coмм.

148. AYT KAI M AYPH ANT.... Buste, tête nue, à g.
℟. NIKAIEΩN. Pallas assise à g. sur un trône, s'appuyant du bras g. sur
son bouclier posé à terre, et présentant de la main dr. une patère au
serpent Érichthonios dressé devant elle et enroulé autour d'un olivier.
Æ 28 — P [**Pl. LXX, 14**] ².

149. AYT M AYPHA ANTΩNINOC. Buste à dr., tête nue.
℟. NIKAIEΩN. Artémis chasseresse debout marchant à dr., en chiton
court, tenant son arc de la main g. et prenant de la dr. une flèche dans
son carquois ; à ses pieds, un cerf.
Æ 30 — W [**Pl. LXX, 15**].

---

1. Mionnet donne la même pièce avec un bouclier au pied de la déesse, et du module 32, *Suppl.*,
142 (Vaillant).

2. *Non revue.* ℟. NIKAIEΩN. Rome casquée, assise, tenant une Victoire et une haste. Æ 24.
Mionnet, *Suppl.* 5o5 (Vaillant).

150. **AYT M AYPHΛ ANTΩNINOC**. Buste lauré et cuirassé, à dr.
℞. ex. **NIKAIEΩN**. Séléné drapée, le croissant sur les épaules, tenant de la main dr. levée une torche, et debout dans un char traîné par deux bœufs à gauche.
Æ 30 — H [**Pl. LXX, 16**].

151. **AY K M AYP ANTΩNIN**. Tête nue, à dr.
℞. **NEIKAIEΩN**. Dionysos enfant, assis à dr. dans un berceau et levant les deux mains.
Æ 18 — L [**Pl. LXX, 17**], V (fruste).

152. **AYT KAI MA AYP ANTΩNIN**. Tête nue, à dr.
℞. **NIKAIEΩN**. Dionysos debout à g., dans un temple tétrastyle à colonnes torses et ayant le fronton orné d'un disque.
Æ 23 — P [**Pl. LXX, 18**].

153. [**AY KA M AYP**] **ANTΩN[EINOC]**. Tête nue, à dr.
℞. à l'ex. **NIKAIEΩN**. Dionysos drapé assis à g., tenant le thyrse et détournant la tête pour regarder Pan qui s'éloigne en levant la main droite, un pedum dans la gauche.
Æ 25 — P [**Pl. LXX, 19**] [1].

154. **M AYPHΛIOC AYΓ**. Tête à dr.
℞. **NIKAIEΩN**. Ciste entr'ouverte d'où s'échappe un serpent.
Æ 16 — V (fruste).

155. **AY K M AYP ANTΩNEINOC**. Buste cuirassé et lauré, à dr.
℞. **NIKAIEΩN**. Pan nu debout à g., tenant de la main dr. un rameau et de la g. une outre posée à terre ; derrière lui, un terme de Priape.
Æ 28 — P [**Pl. LXX, 20**], Löbb.

156. ... **ANTΩNEINOC**. Buste lauré, à dr.
℞. **NIKAIEΩN**. Pan à pieds de bouc, debout à dr., coiffé d'un bonnet conique, tenant de la main dr. un rameau et de la g. une outre.
Æ 30 — V [**Pl. LXX, 21**].

---

1. *Non revue*. **AY K M AYP ANTΩNEINOC**. Tête nue à dr. ℞. **ΔIONYCON KTIC NIKAIEIC**. Dionysos nu debout, tenant une grappe de raisin et un thyrse. Æ 24. Mionnet, *Suppl.*, 492 (Vaillant).

157. Même droit. Légende fruste.

R̷. ΕΠ ΩΦΕ ΑΝΝ .... ΟΥ ex. ΝΙΚΑΙΕΩΝ [1]. Même type de Pan tenant une
outre.

Æ 41 — B [**Pl. LXX, 22**] (médaillon très épais, fruste).

158 .... ΑΝΤΩΝΕΙΝΟC... Tête laurée, à dr.

R̷. ΝΙΚΑΙΕΩΝ. Tête barbue de Satyre à dr., le derrière de la tête dans
une draperie striée.

Æ 18 — W [**Pl. LXX, 23**].

159. ΑΥΤ Α Υ (*sic*) Μ ΑΥΡΗΑΙΟC ΑΝΤΩΝΙΝΟC CΕ. Tête nue, à dr.

R̷. ΤΟΝ ΚΤΙCΤΗΝ ΝΙΚΑΙΕΙC. Héraclès jeune étouffant le lion.

Æ 29 — L [**Pl. LXX, 24**], (légendes retouchées).

160. ΑΥ Κ Μ ΑΥΡ ΑΝΤΩΝΕΙΝΟC CΕ. Buste drapé, à g.

R̷. [ΝΙ]ΚΑΙΕШΝ. Héraclès nu à dr. en marche, portant sur ses épaules un
sanglier renversé, et ayant sur son dos la peau de lion.

Æ 29 — N [**Pl. LXX, 25**].

161. ΑΥΤ ΚΑΙC Μ ΑΥΡ ΑΝΤΩΝΕΙΝΟC. Tête nue, à dr.

R̷. ΤΟΝ ΚΤΙCΤΗΝ ΝΙΚΑΙΕΙC. Héraclès nu debout à dr. (Hercule Farnèse)
s'appuyant de la main g. sur sa massue et sa peau de lion, sa main dr.
ramenée sur les reins.

Æ 30 — Iᴍʜ [**Pl. LXX, 26**].

162. ... Μ ΑΥΡ ΑΝΤΩΝΙΝΟC. Tête laurée, à dr.

R̷. ΤΟΝ ΚΤΙCΤΗΝ ΝΙΚΑΙΕ [...]. Héraclès nu, debout à dr., s'appuyant de la
main dr. sur la massue et tenant de la g. son arc et sa peau de lion.

Æ 29 — P [**Pl. LXX, 27**] [2].

163. ΑΥ Κ Μ ΑΥΡ ΑΝΤΩΝΙΝΟC CΕ. Buste légèrement barbu, à g.

R̷. ΝΕΙΚΑΙΕΩΝ. Thésée imberbe, nu, debout à dr., vu de dos, tenant de la
main dr. sa massue baissée et sa chlamyde sur le bras g.

Æ 30 — Académie d'Amsterdam [**Pl. LXXI, 1**].

1. Ἐπὶ Ὠφελίου Ἀννιανοῦ ? Il s'agirait, selon M. Regling, d'un proconsul (d'ailleurs inconnu) Ofellius (?)
Annianus (?). On pourrait aussi penser à A. Ofellius M...ius Macedo qui fut procurateur de Pont et
Bithynie (CIG. II, p. 983 = Le Bas II, 1076. *Prosop. rom.* n° 57).

2. Non reçues. ΑΥ Κ Μ ΑΥΡ ΑΝΤΩΝΕΙΝΟC. Tête laurée. R̷. ΤΟΝ ΚΤΙCΤΗΝ ΝΙΚΑΙΕΩΝ.
Même type d'Héraclès à g. Æ 24. Mionnet, *Suppl.*, 193 (Sestini, Hederwar). — Autre. R̷. ΝΙΚΑΙΕΩΝ.
Héraclès debout, tenant de la main dr. la peau de lion et de la gauche la massue. Æ 24. Mionnet,
Suppl., 501 (Vaillant).

164. **AYP · ANTΩNEI**. Tête nue, à dr.
  ℞. **TON CΩTHPA NEIKAIEIC**. Asclépios debout, s'appuyant sur son
  bâton.
  Æ 19 — B [**Pl. LXXI, 2**].

165. **... ANTΩNEINOC**. Buste lauré, à dr.
  ℞. **NEIKAIEΩN**. Asclépios debout comme ci-dessus.
  Æ 27 — P [**Pl. LXXI, 3**].

166. Lég. frust. Tête à dr.
  ℞. **NIK..** Asclépios debout.
  Æ 16 — M.

167. **M AYPHΛI ANTΩNINOC**. Buste lauré et cuirassé, à dr.
  ℞. **CΩTHP**. ex. **NIKAIEΩN**. Temple tetrastyle, sous lequel est une statue
  d'Asclépios debout à g.
  Æ 24 — B [**Pl. LXXI, 4**] '.

168. **M AYPHΛI ANTΩNI AYT** (*sic*). Buste à dr., tête nue.
  ℞. **ΘEA YΓEIA NIKAIEIC**. Hygie debout à dr. nourrissant un serpent.
  Æ 29 — P [**Pl. LXXI, 5**].

169. Variété, avec tête laurée et **AYT KAI M AYP ANTΩNINOC**.
  Æ 25 — V.

170. **M AYPHΛI ANTΩNI AYT** (*sic*). Tête nue, à dr.
  ℞. **NIKAIEΩN**. Même type d'Hygie.
  Æ 28 — P; 25 — Bunbury; 23 — Comm.

171. Variétés, avec **AY · K · M · AYP · ANTΩNINOC**; autre avec **...AYP ANTΩ-
  NEINOC**.
  Æ 29 — V.

172. **AY K M AY ANTΩNIN**. Tête nue, à dr.
  ℞. **NIKAIEΩN**. Serpent enroulé à dr. et étoile à la suite de la légende.
  Æ 17 — P [**Pl. LXXI, 6**]; — autre, sans étoile. Æ 17 — Löbb.

173. Autre.
  ℞. **NEIKAIEΩN**. Serpent enroulé autour d'un autel.
  Æ 18 — Mi.

---

1. *Non revue*. Même droit. ℞. **CΩTHPA ACKΛH NIKAIEIC**. Même type. Æ 21. Mionnet
Suppl., 483 (Vaillant).

174. .....ANTΩNINO. Même tête.
    ℞. NIKAIEΩN; à l'ex. CΩTHP[I?]. Même type.
    Æ 18 — T.

175. AYT M AYP ANTΩNINOC. Buste cuirassé à dr., tête nue.
    ℞. NIKAIEΩN. Harpocrate nu, debout à g., portant l'index de la main dr.
       à ses lèvres et tenant de la g. une corne d'abondance.
    Æ 23 — P [**Pl. LXXI, 7**].

176. AYT KAI M AYPH ANTΩNEINOC. Tête nue, à dr.
    ℞. NEIKAIA. Buste de la nymphe Nicæa, à dr., la tête surmontée du
       modius, le carquois sur l'épaule, l'arc devant la poitrine.
    Æ 29 — P [**Pl. LXXI, 8**].

177. AYT K M AYP ANTΩNEINOC. Tête laurée, à dr.
    ℞. NEIKAIA. Buste de la nymphe Nicæa à dr., la tête surmontée du mo-
       dius et couronnée de lierre, les cheveux enroulés en chignon.
    Æ 27 — P, Mɪ; 29 — Iᴍʜ [**Pl. LXXI, 9**].

178. AY K M AYP ANTΩNEINOC. Tête laurée, à dr.
    ℞. NEIKAIA. La nymphe Nicæa tutulée et drapée debout, à g., tenant de la
       main dr. un canthare renversé ; derrière elle, un arbre autour duquel
       est enroulé un serpent.
    Æ 29 — W [**Pl. LXXI, 10**].

178 *bis.* Variété, avec NIKAIEΩN.
    Æ 27 — T.

179. ...ANTΩNEINOC. Buste à dr., tête nue (Marc Aurèle ou Commode?)
    ℞. NIKAIEΩN. Tête tourelée et voilée de la Tyché, à dr.
    Æ 26 — P (lég. du droit altérée) [**Pl. LXXI, 11**].

180. AYT KAI M AYPH ANTΩNEINOC. Tête laurée, à dr. Deux contremarques :
    dans l'une, une tête de Marc-Aurèle à dr., dans l'autre une Niké debout.
    ℞. NIKAIEωN. Tyché à g., tenant une corne d'abondance et un gouvernail.
    Æ 30 — P [**Pl. LXXI, 12**].

181. Variété, avec le même droit, sans les contremarques.
    Æ 28 — P [**Pl. LXXI, 13**].

182. AYT KAI M AYP ANTΩNINOC. Tête laurée, à g.
    ℞. NEIKAIEωN. Femme tourelée (la Tyché) debout à g., tenant de la main

gauche la corne d'abondance et offrant de la dr. une libation sur un
autel allumé.

. Æ 23 — P [**Pl. LXXI, 14**].

183. M AYPHΛI ANTΩNI AYΓ. Buste cuirassé, tête nue, à dr.
℞. NIKAIEΩN. Même type.
Æ 29 — P [**Pl. LXXI, 15**], N.

184. Lég. indistincte. Tête laurée à dr.
℞. [NI]KAI[EΩN]. Femme debout à dr., tenant un objet indistinct.
Æ 21 — N (fruste).

185. AYT KAI M AYPH ANTΩNEINOC. Tête laurée, à dr.
℞. à l'ex. NEIKEEωN (*sic*). Niké debout tenant une couronne, dans un
bige au galop, à g.
Æ 29 — P [**Pl. LXXI, 16**], Löbb (Niké tient une palme).

186. AYT · K · M · AYP · ANTΩNEI. Buste lauré et cuirassé à dr.
℞. à l'ex. NIKAIEΩN. Même type de Niké tenant une palme dans un bige
au pas, à dr.
Æ 30 — B, P [**Pl. LXXI, 17**].

187. AYT KAI M AYPH ANTΩNEINOC. Tête laurée, à dr.
℞. NEIKAIEΩN. Niké debout marchant à g., tenant une palme et une cou-
ronne.
Æ 29 — P [**Pl. LXXI, 18**].

188. AY KAI M AYPH ANTΩNEINOC. Tête laurée, à dr.
℞. NIKAIEΩN. Même type.
Æ 28 — P.

189. AYT KAI M AYP ANTΩNINO CEB (ou sans CEB). Buste lauré, à dr.
℞. NEIKAIEΩN (en lég. rétrograde). Niké debout à g., tenant une palme et
une couronne.
Æ 25 — P [**Pl. LXXI, 19**], B, V (lég. directe), Löbb.

190. AY K M AY ANTΩNIN. Tête laurée, à dr.
℞. OMHPOC NIKAIEΩN. Tête d'Homère, ceinte du strophium, à dr.
Æ 17 — P [**Pl. LXXI, 20**], V.

191. .... Tête laurée de Marc-Aurèle (fruste).
   ℞. ΑΛΕΞΑΝΔΡΟΝ ΝΙΚΑΙΕΙC. Tête diadémée d'Alexandre le Grand, à dr.
   Æ 18 — VATICAN [**Pl. LXXI, 21**].

192. ΑΥΤ Κ Μ ΑΥΡ ΑΝΤΩΝΕΙΝΟC. Tête laurée et barbue, à dr.
   ℞. à l'ex. ΝΙΚΑΙΕΩΝ· L'empereur à cheval, au galop à dr., la lance en
      arrêt.
   Æ 29 — FL, N (fruste avec deux contremarques au dr. représentant une
      Niké et une tête impériale), V (avec les deux contrem.) [**Pl. LXXI, 22**],
      V (une seule contrem., Niké).

193. ΑΥΤ ΚΑΙ Μ ΑΥΡΗ ΑΝΤ..... Tête laurée à dr.
   ℞. ΝΙΚΑΙΕΩΝ. Personnage en costume militaire (l'empereur?) debout à
      g., tenant de la main g. sa lance et posant la main dr. sur la crinière
      de son cheval qui est à côté de lui.
   Æ 29 — B [**Pl. LXXI, 23**].

194. ΑΥ Κ Μ ΑΥΡ ΑΝΤΩΝΕΙΝΟC. Tête nue, à dr.
   ℞. ΝΙΚΑΙΕΩΝ· Taureau debout, à dr. (le bœuf Apis).
   Æ 18 — P [**Pl. LXXI, 24**], B.

195. ΑΥ Κ Μ ΑΥΡ ΑΝΤΩΝΕΙΝΟC. Tête laurée à dr.
   ℞. à l'ex. ΝΙΚΑΙΕΩΝ· Aigle debout sur une base, les ailes éployées, entre
      deux enseignes militaires ornées de capricornes.
   Æ 27 — P [**Pl. LXXI, 25**]; 29 — V [1].

FAUSTINE LA JEUNE.

196. ΦΑΥCΤΕΙΝΑ CΕΒΑCΤΗ· Buste à dr.
   ℞. ΝΙΚΑΙΕΩΝ· Zeus nicéphore assis à g.; à ses pieds, un aigle.
   Æ 29 — V [**Pl. LXXI, 26**] [2].

197. ΦΑΥCΤΕΙΝΑ CΕΒΑ[CΤΗ]. Tête à dr.
   ℞. ΝΙΚΑΙΕΩΝ. Pallas debout à g., tenant de la main g. sa lance et de la dr.

---

1. *Non revue.* ℞. ΝΙΚΑΙΕΩΝ· Urne des jeux, avec deux palmes entre lesquelles est un buste
barbu. Æ 24. Mionnet, *Suppl.*, 511 (Vaillant).
   2. *Non revues.* ΦΑΥCΤΕΙΝΑ CΕΒΑCΤΗ· Tête de Faustine. ℞. ΝΙΚΑΙΕΩΝ· Zeus assis tenant
une patère et une haste; à ses pieds, un aigle. Æ 25. Mionnet, *Suppl.*, 512 (Frœlich). — Autre.
Déméter tenant deux torches, debout dans un char traîné par deux dragons. Æ 25. Mionnet, *Suppl.*,
514 (Vaillant).

une patère; devant elle, le serpent Erichthonius enroulé autour du tronc
d'un olivier; à ses pieds la chouette sur un cippe.

Æ 30 — Löbb [**Pl. LXXI, 27**], P (fruste).

198. Même droit.

    ℞. **NIKAIEΩN**. Dionysos nu, debout de face, la main dr. sur sa tête, la g.
sur un thyrse orné; à ses pieds, à g. une panthère accroupie, la patte
droite sur un vase.

Æ 29 — Imh [**Pl. LXXI, 28**].

199. **ΦAYCTEINA CEBACTH**. Buste drapé à dr.

    ℞. **NIKAIEΩN**. Dionysos et la Tyché de Nicée assis côte à côte sur un
trône, à droite; Dionysos à demi nu, les jambes drapées, tient un thyrse
de la main dr.; Tyché, tourelée s'appuie de la main g. sur un sceptre.

Æ 30 — B [**Pl. LXXI, 29**] [1].

200. **ΦAYCTEINA CEBACTH**. Buste à dr.

    ℞. ex. **NIKAIEΩN**. Héraclès nu, couché à g. sur un lion marchant à dr.; le
héros tient sa massue et joue avec un petit Amour.

Æ 29 — P [**Pl. LXXII, 1**], N [2].

201. **ΦAYCTEINA CEBACTH**. Buste à dr.

    ℞. **CΩTHPI ACKΛHΠIΩ NIKAIEIC**. Asclepios drapé debout, s'appuyant de
la main dr. sur son bâton.

Æ 28 — W [**Pl. LXXII, 2**].

202. **ANNEA ΦAVSTEINA SEB** (*sic*). Buste à dr.

    ℞. **AΓAΘ TYXH** | ex. **NIKAIEΩN**. La Tyché de Nicée tourelée, assise à g.
sur un rocher, voilée et drapée, tenant des épis et un pavot dans sa
main dr.; à ses pieds, le génie d'un Fleuve, à la nage.

Æ 25 — L [**Pl. LXXII, 3**], T.

203. Variété, avec **ANNEA ΦAVCTINA CEB**.

    Æ 21 — P [**Pl. LXXIII, 4**].

204. **ΦAYCTEINA CEBACTH**. Tête à dr.

    ℞. **NIKAIEΩN**. Tyché debout à g. avec ses attributs.

Æ 30 — P [**Pl. LXXII, 5**].

---

1. *Non revue*. Même droit. ℞. **NIKAIEΩN**. Dionysos et Ariadne assis. Æ 21. Mionnet, *Suppl.*,
116 (Vaillant). Sans doute comme notre n° 199, mais d'un plus petit module.

2. *Non revue*. ℞. **NIKAIEΩN**. Divinité tenant une corne d'abondance et un sceptre et assise sur
un loup. Æ 32. Mionnet, *Suppl.*, 517 (Vaillant).

205. ΦΑΥϹΤΕΙΝΑ ϹΕΒΑϹΤΗ.Buste à dr.
  ℞. ΝΙΚΑΙΕΩΝ. Le groupe des trois Charites.
  Æ 29 — P [**Pl. LXXII, 6**], N [1].

Lucius Verus.

206. ΑΥ ... ΑΥΡΗΛΙΟϹ ΟΥΗΡΟϹ ΚΑΙ. Buste, tête nue, à dr.
  ℞. ΝΙΚΑΙΕΩΝ. Zeus drapé debout à g. tenant de la main dr. une patère et
  s'appuyant de la g. sur son sceptre.
  Æ 29 — P [**Pl. LXXII, 7**].

207. ΑΥ Κ Λ ΑΥΡ ΟΥΗΡΟϹ ϹΕΒ. Tête nue, à dr.
  ℞. ΝΙΚΑΙΕΩΝ. Zeus à demi nu, assis à g. sur un trône, s'appuyant de la
  main g. sur son sceptre et tenant de la dr. une patère.
  Æ 28 — P [**Pl. LXXII, 8**].

208. ... ΑΥΡΗ ΟΥΗΡ ΑΡΜΕ ΠΑΡ. Buste, tête nue, à dr. (légende refaite).
  ℞. ΝΕΙΚΑΙΕΩΝ. Têtes accolées de Sérapis et d'Isis, à dr., l'une ornée du
  modius et l'autre de la fleur de lotus.
  Æ 32 — Mı (retouchée ; attribution douteuse) [**Pl. LXXII, 9**].

209. ΑΥ Κ Λ ΑΥΡ ΟΥΗΡΟϹ. Tête nue, à dr.
  ℞. ΘΕΑ ΔΗΜΗΤΡΙ, ex. ΝΙΚΑΙΕΙϹ. Déméter tenant une torche, debout dans
  un char traîné par deux dragons ailés, à dr.
  Æ 29 — Iмн [**Pl. LXXII, 10**].

210. Autre, avec ΑΥ ΚΑΙ Λ ΑΥΡ ΟΥΗΡΟϹ ϹΕΒΑ. Buste lauré et cuirassé, à dr.
  Æ 28 — B.

211. ΑΥ · Κ · Λ · ΑΥΡ · ΟΥΗΡΟϹ ϹΕΒ. Buste, tête nue, à dr.
  ℞. ΝΙΚΑΙΕΩΝ et étoile. Pallas debout à g., tenant de la main dr. une patère
  et s'appuyant de la g. sur son bouclier posé à terre.
  Æ 25 — P [**Pl. LXXII, 11**], B.

212. ΑΥΤ Λ ΑΥΡΗΛΙΟϹ ΟΥΗΡΟϹ. Buste lauré, à dr.
  ℞. ΝΕΙΚΑΙΕΩΝ. Pallas debout à g., tenant de la main dr. une chouette et
  de la g. une haste ; à ses pieds, un bouclier.
  Æ 24 — Coмм (*Cat. Prowe*, nº 1196).

___

1. *Non revue*. Même pièce. 32. Mionnet, *Suppl.*, 520 (Sestini).

213. **AYT K Λ AYP OYHPOC C.** Buste, tête nue, à dr.
 ℞. **NIKAIEΩN.** Pallas debout à dr., s'appuyant de la main dr. sur sa lance et de la g. sur son bouclier posé à terre.
 Æ 23 — P [**Pl. LXXII, 12**], Löbb.

214. **AYT KAI Λ AYPHΛIOC OYHPO CEB.** Tête nue, à dr.
 ℞. **NIKAIEΩN.** Pallas assise à g. sur un trône à pieds de lion, tenant de la main dr. une patère avec laquelle elle donne à manger au serpent Erichthonius enroulé autour d'un olivier; du bras g. elle s'appuie sur le dossier de son trône; derrière, son bouclier sur lequel est posée une chouette.
 Æ 22 — P [**Pl. LXXII, 13**].

215. **AY K Λ AYP OYHPOC CEB.** Buste cuirassé, tête nue, à dr.
 ℞. **NEIKAIEΩN.** Pallas assise à g. s'appuyant de la main g. sur sa lance et tenant une patère de la main dr.
 Æ 24 — B [**Pl. LXXII, 14**].

216. **AY K Λ AYP OYHPOC CEB.** Tête nue à dr.
 ℞. **NIKAIEΩN.** Aphrodite nue debout, dans la pose de la Vénus de Médicis.
 Æ 21 — V, P [**Pl. LXXII, 15**].

217. **... Λ AYPH OYHPOC CE.** Buste lauré (?), à g.
 ℞. ex. **NIKAIEΩN.** Séléné, avec un croissant sur les épaules et tenant de la main dr. une torche allumée, debout dans un char traîné par deux bœufs au pas à gauche.
 Æ 29 — L [**Pl. LXXII, 16**].

218. **AY K Λ AYP OYHPOC CEB.** Buste, tête nue, à dr.
 ℞. **ЄΠAΓAΘΩ NIKAIEIC.** Séléné debout de face, détournant la tête, vêtue d'une robe talaire, les épaules ornées du croissant; de la main dr. elle tient une torche et de la g. elle s'appuie sur un long sceptre.
 Æ 28 — W [**Pl. LXXII, 17**] [1].

219. **AYT KAI Λ OYHPOC CE.** Buste, tête nue, à dr.
 ℞. **NIKAIEIC KTICTH.** Temple tétrastyle, dans lequel est Dionysos debout tenant le thyrse et le canthare.
 Æ 25 — V [**Pl. LXXII, 18**].

---

1. *Non revue.* ℞. **NIKAI...** Hélios nu, marchant, les bras étendus Æ 24. Mionnet, *Suppl.* 527 (Gessner).

220. **AYT KAISAP** (*sic*) **ΛOYK AYP O[YHPOC] AY.** Buste à dr., tête nue.
 ℞. **ACΚΛΗΠΙΩ ΚΑΙ ΥΓΕΙΑ**, ex. **ΝΙΚΑΙΕΙC.** Asclépios, Hygie et Télesphore
 debout.
 Æ 41 (médaillon) — P [**Pl. LXXII, 19**].

221. **AYT ΚΑΙ Λ OYHPOC C**, Buste lauré, à dr.
 ℞. **ΝΙΚΑΙΕΩΝ.** Asclépios et Hygie debout, en regard, avec leurs attributs.
 Æ 25 — P [**Pl. LXXII, 20**].

222. Même droit.
 ℞. **ΝΙΚΑΙΕΩΝ.** Hygie debout à dr., nourrissant son serpent.
 Æ 25 — B [**Pl. LXXII, 21**].

223. **AY ΚΑΙ Λ AYP OYHPOC.** Tête nue, à dr.
 ℞. **ΝΕΙΚΑΙΕΩΝ.** Autel rond enveloppé par un serpent.
 Æ 18 — T, V [**Pl. LXXII, 22**].

224. **AYT Κ Λ AYP OYHPO** (*sic*). Tête nue, à dr.
 ℞. **ΝΙΚΑΙΕΩΝ.** Serpent enroulé, à dr.
 Æ 18 — T [1].

225. ... **OYHPOΣ.** Buste à dr.
 ℞. **ΝΕΙΚΑΙΕΩΝ ΚΤΙΣΤΗΣ.** Héros en costume militaire, le bras droit levé,
 la main g. dans le bouclier, marchant à gauche, sur un navire.
 Æ 25 — M (fruste) [**Pl. LXXII, 23**].

226. **AYT ΚΑΙC AYP OYHP ΚΑΙCAP.** Tête nue.
 ℞. **ΝΙΚΑΙΕΩΝ OMONOIA.** Femme (Homonoia) debout, tenant de la main
 dr. une patère, et de la g. une corne d'abondance; à ses pieds, un autel.
 Æ 32   FL.

227. **AYT ΚΑΙ Λ.....** Tête nue, à dr.
 ℞. **ΝΕΙΚΑΙΕΩΝ.** Tête de la nymphe Nicæa, à dr., couronnée de lierre et les
 cheveux noués en chignon.
 Æ 16 — P [**Pl. LXXII, 24**].

228. **AYT Λ AYPHΛIOC OYH[POC] ΚΑΙ.** Buste, tête nue, à dr.
 ℞. **ΝΙΚΑΙΕΩΝ.** Tyché debout à g., tenant une corne d'abondance et un
 gouvernail.
 Æ 32 — LÖBB [**Pl. LXXIII, 1**].

---

1. *Non revues.* **AYT ΚΑΙC Λ OYHPOC.** Tête nue. ℞. **CΩΤΗΡΑ ΝΙΚΑΙΕΩΝ.** Autel enveloppé
par un serpent. Æ 18. Mionnet, *Suppl.* 538 (Sestini).

229. ΑΥΤ] ΚΑΙϹ Λ [ΑΥΡ] ΟΥΗΡΟϹ [ϹЄΒ]. Tête nue à dr.
   ℞. ΝЄΙΚΑΙЄΩΝ. Niké tenant une palme, debout dans un bige allant à dr.
   Æ 29 — Löbb [**Pl. LXXIII, 2**].

230. Autre. ℞. ΝΙΚΑΙЄΩΝ. Niké debout à g., tenant une palme et une couronne
   (ou un globe).
   Æ 21 — M [**Pl. LXXIII, 8**].

231. Autre, avec ΑΥ Κ Λ ΑΥΡ ΟΥΗΡΟϹ ϹЄΒΑ.
    Æ 25 — Löbb.

232. ΑΥΤ ΚΑΙϹ Λ ΑΥΡΗ ΟΥΗΡ ΑΡΜ ϹЄΒ. Buste, tête nue, à dr.
   ℞. ΡΩΜΑΙΩΝ ΝΙΚΗΝ ΝЄΙΚΑΙЄΙϹ. Niké debout à dr., écrivant sur un bou-
   clier posé sur une colonne.
   Æ 32 — B [**Pl. LXXIII, 4**].

233. Α Κ Μ ΑΥΡ ΛΟΥ ΟΥΗΡΟϹ ϹЄ. Tête laurée, à droite [1].
   ℞. ΡΩΜΑΙΩΝ ΝΙΚΗΝ; à l'ex. ΝΙΚΑΙЄΙϹ. L'empereur debout en habit militaire, tenant un sceptre court de la main g. et posant la droite sur un
   bouclier attaché à un trophée; au pied du trophée, un captif agenouillé
   tendant les mains à l'empereur.
   Æ 29 — H [**Pl. LXXIII, 5**].

234. Α Κ Μ ΑΥΡ ΛΟΥ ΟΥΗΡΟϹ ϹЄ. Tête nue, à dr.
   ℞. ΡΩΜΑΙΩΝ ΝΙΚΗΝ, ex. ΝΙΚΑΙЄΙϹ. L'empereur sur un cheval au galop,
   à dr., perçant de sa lance un barbare renversé à terre, son bouclier à côté
   de lui.
   Æ 28 — P [**Pl. LXXIII, 6**].

235. ΑΥΤ Κ[ΑΙ] Λ ΑΥΡΗ ΟΥΗΡΟϹ ϹЄΒΑ. Tête laurée, à dr.
   ℞. ΝЄΙΚΑΙЄΩΝ. L'empereur à cheval au pas à g., levant la main droite.
   Æ 32 — P [**Pl. LXXIII, 7**] [2].

---

1. La légende de cette pièce et de quelques autres se rapporte aux deux empereurs, bien qu'il n'y
ait que l'effigie de Vérus. Elle doit s'interpréter : Αὐτοκράτορες Καίσαρες Μάρκος Αὐρήλιος Λούκιος Οὔηρος
Σεβαστοί.

1. *Non revue*. Même droit. ℞. ΝΙΚΑΙΕΩΝ. Aigle sur un cippe entre deux enseignes militaires.
Æ 25. Mionnet, *Suppl.* 533 (Vaillant).

COMMODE, César.

236. Λ ΑΥΡΗ ΚΟΜΟΔΟC ΚΑΙCΑΡ. Buste imberbe, tête nue, à dr.
 ℞. ΝΙΚΑΙΕΩΝ. Marc Aurèle debout à dr. en toge, versant une libation
 sur un autel devant la statue de Zeus assis à g. qui tient une patère
 et s'appuie sur son sceptre.
 Æ 30 — Löbb, P [Pl. LXXIII, 8].

237. Λ ΑΥΡ ΚΟΜΟΔΟC ΚΑΙ. Buste imberbe, tête nue, à dr.
 ℞. ΝΙΚΑΙΕΩΝ. Buste radié de Hélios, à dr.
 Æ 29 — Löbb [Pl. LXXIII, 9].

238. ΚΟΜΟΔΟC ΚΑΙC. Tête nue, à dr.
 ℞. ΝΙΚΑΙΕΩΝ. Eros ailé, chevauchant un dauphin, à dr.
 Æ 17 — B [Pl. LXXIII, 10] ¹.

239. Λ ΑΥΡ ΚΟΜΟΔΟC · ΚΑΙC · ΓΕΡΜ. Buste imberbe, tête nue, à dr.
 ℞. ΝΕΙΚΑΙΕΩΝ. Dionysos enfant, assis à dr. dans un berceau et joignant
 les mains; derrière lui, un thyrse.
 Æ 18 — P [Pl. LXXIII, 11].

240. ΚΟΜΟΔΟC ΚΑΙCΑΡ. Buste imberbe, tête nue, à dr.
 ℞. ΝΕΙΚΛΙΕΩΝ circ. Dionysos enfant dans un berceau à g.; à côté de lui,
 le thyrse.
 Æ 14 — Löbb.

241. Autre, avec ΝΙΚΑΙΕΩΝ à l'exergue.
 Æ 19 — Löbb.

242. ΚΟΜΟΔΟC ΚΑΙCΑΡ. Buste imberbe, tête nue, à dr.
 ℞. ΝΙΚΑΙΕΩΝ. Dionysos à demi nu, assis à g. sur un trône, tenant le thyrse
 de la main g. et offrant de la main dr. à boire à une panthère qui est
 à ses pieds.
 Æ 25 — P [Pl. LXXIII, 12] ².

1. *Non revue.* ΑΥΤ ΑΥΡΗ ΚΟΜΟΔΟC ΚΑΙCΑΡ. Tête nue jeune. ℞. ΝΙΚΑΙΕΩΝ. Pallas
debout, la main droite sur la haste, la gauche sur le bouclier posé à terre. Æ 24. Mionnet, *Suppl.*
510 (Sestini).
2. *Non revue.* ΑΥ ΚΟΜ ΑΝ[ΤΩΝΙ]ΝΟC ΚΑΙCΑΡ. Tête jeune et nue. ℞. ΔΙΟΝΥCΟΝ Κ[ΤΙC
ΝΙ]ΚΑΙ[ΕΩΝ[. Dionysos couvert d'une pardalide, debout de face, tenant une grappe de raisin et un
thyrse. Æ 25. Mionnet, *Suppl.* 554 (Sestini).

243. Λ ΑΥΡ ΚΟΜΟΔΟC Κ.... Buste imberbe drapé, tête nue, à dr.
  ℞. ΝΙΚΑΙΕΩΝ. Satyre nu, couché à g. sur sa pardalide, la tête reposant
    sur une outre gonflée; il lève le bras droit, tenant un canthare et
    il pose la main g. sur son pedum.
  Æ 29 — B [**Pl. LXXIII, 13**].

244. Λ··· ΚΟΜΟΔΟC ΚΑΙCΑΡ. Tête jeune laurée, à dr.
  ℞. ΝΙΚΑΙΕΩΝ. Ciste entr'ouverte de laquelle s'échappe un serpent.
    Æ 16 — V [**Pl. LXXIII, 14**].

245. Λ ΑΥΡΗ ΚΟΜΟΔ · Κ. Buste, tête nue et imberbe, à dr.
  ℞. ΝΙΚΑΙΕΩΝ. Autel rond autour duquel s'enroule un serpent.
    Æ 17 — W [**Pl. LXXIII, 15**].

246. Λ ΑΥΡ ΚΟΜΟΔΟC Κ... Tête nue imberbe, à dr.
  ℞. ΝΙΚΑΙΕΩΝ. Héraclès assis sur sa peau de lion, la main droite étendue.
    Æ 27 — Comm.

247. ΛΟΥ ΑΥΡΗ ΚΟΜΟΔΟC ΚΙΑCΑΡ. Tête nue.
  ℞. ΝΙΚΑΙΕΩΝ. Tyché debout.
    Æ 29 — *Catal. Bunbury*.

248. ... ΚΟΜΟΔ Κ. Buste, tête nue à droite.
  ℞. ΝΙΚΑΙΕΩΝ. Télesphore debout.
    Æ 16 — Fl (cf. Scholz, *Num. Zeit.*, t. XXXIII, pl. VI, 46).

249. ΑΥΤ Μ ΑΥΡ ΑΝΤΩΝΙΝ (retouchée). Tête juvénile, à dr.
  ℞. ΟΜΗΡΟC [ΝΙΚΑΙΕΩΝ]. Tête d'Homère, à dr.
    Æ 17 — V [1].

COMMODE, empereur.

250. Α Κ Μ ΑΥ ΚΟΜ ΑΝΤΩΝΙΝ. Tête laurée et barbue, à dr.
  ℞. ΝΙΚΑΙΕΩΝ. Zeus à demi nu, assis à g. sur un trône, tenant de la main
    dr. une patère et s'appuyant de la g. sur son sceptre.
    Æ 29 — P [**Pl. LXXIII, 16**]; H (*Cat.*, pl. LXXIV, 12).

251. Autre, avec Μ ΑΥ ΚΟΜΟ ΑΝΤΩΝΕΙΝΟC et buste lauré et cuirassé, à dr.
    Æ 28 — B, T.

---

1. Le nom de la ville manque; Sestini classe une pièce analogue à Prusias ad Hypium, mais
Imhoof croit que le nom à restituer est celui de Nicée (*Journ. int. d'arch. num.*, t. I, p. 34, n° 27).

252. **M AY KOMO ANTΩ**. Tête laurée à dr. En contremarque, tête à dr.
  ℞. Même lég. et type.
  Æ 29 — V.

253. **M AY KOM ANTΩNEINOC**. Buste à dr., tête nue.
  ℞. **NIKAIEΩN**. Zeus à demi nu, assis à g. sur un trône, tenant de la
  main dr. une patère et s'appuyant de la g. sur son sceptre ; à ses
  pieds, un aigle.
  Æ 28 — P [**Pl. LXXIII, 17**].

254. **M AY KO ANTΩNI**... Buste lauré, à dr.
  ℞. **NIKAIEΩN**. Buste de Zeus Sérapis, à dr., la tête surmontée du modius.
  Æ 29 — P, Löbb.

255. Variété, avec **M AY · KOMO**... et tête laurée à dr.
  Æ 27 — P [**Pl. LXXIII, 18**].

256. Variété, avec **AYT KAI M AYPH [...ANTΩ]NEINOC**.
  Æ 24 — M.

257. Autre, avec **A K M AY KO ANTΩNI**. En contremarque, au droit, Niké
  debout, tenant une palme et une couronne.
  Æ 29 — N, T (fruste).

258. Autre, avec **A K M AY KOM A[NT]ΩN[EIN]OC**.
  Æ 29 — Löbb.

259. **AYT KA IM AYPH KOM**. Buste à dr., tête nue.
  ℞. **[NIKAI] EΩN**. Sérapis demi-nu, assis à g. ; le bras g. tient le sceptre,
  le bras dr. un objet indistinct.
  Æ 29 — M [**Pl. LXXIII, 19**] [1].

260. ... **ANTΩN**... Tête laurée de Commode, à dr.
  ℞. **NIKAIEΩN**. Déméter voilée debout à g., tenant de la main dr. des
  épis et s'appuyant de la g. sur une longue torche.
  Æ 17 — B [**Pl. LXXIII, 20**].

261. **M AY KO ANTΩNIN**. Buste lauré, à droite.
  ℞. **NIKAIEΩN**. Déméter debout à g., avec sceptre et épis.
  Æ 30 — V [**Pl. LXXIII, 21**].

---

1. *Non revue*. ℞. **NIKAIEΩN**. Sérapis debout, avec le modius, la main dr. levée et une haste
dans la g. Æ 24. Mionnet, *Suppl.*, 541 (Vaillant).

262. M · AY · KOM. ANTΩNINOC. Tête laurée, à dr.
  ℞. NIKAIEΩN. Hephæstos nu debout, à dr. tenant de la main dr. un
    marteau et de la g. un lingot de métal.
  Æ 29 — L [**Pl. LXXIII, 22**] [1].

263. [M] AY KOM ANTΩNINOC. Tête laurée, à droite.
  ℞. A l'ex. NIKAIEΩN. Triptolème, sa chlamyde sur ses épaules, debout,
    dans un char traîné par deux dragons ailés, à dr.
  Æ 29 — P [**Pl. LXXIV, 1**], L (*Cat.*, pl. XXXII, 11).

264. AY K KOMMOΔ ANTΩNEINOC. Tête laurée.
  ℞. NIKAIEΩN. Eros debout à g., essayant un arc.
  Æ 16 — Vatican [**Pl. LXXIV, 2**].

265. AYT KAI Λ..... Buste lauré et drapé de Commode, à dr.
  ℞. NEIKAIEΩN. Pallas debout à droite, s'appuyant de la main g. sur son
    bouclier posé à terre et de la dr. sur sa lance.
  Æ 27 — B [**Pl. LXXIV, 3**].

266. M AY KOM ANTΩNINOC. Tête nue, à dr.
  ℞. NIKAIEΩN. Pallas debout à g., s'appuyant de la main g. sur sa lance
    et tenant une patère de la dr.; à ses pieds, son bouclier.
  Æ 21 — P [**Pl. LXXIV, 4**], V.

267. A K M AY KO ANTΩNIN. Tête laurée, à dr.
  ℞. NIKAIEΩN. Pallas debout à g. s'appuyant de la main g. sur sa lance
    et tenant une chouette de la dr.; à ses pieds, son bouclier.
  Æ 29 — L [**Pl. LXXIV, 5**] ; 27 — N.

268. A K M AY KO ANTΩNIN. Tête barbue, laurée, à dr.
  ℞. PΩMHN MHTPOΠOΛIN TH.... [2]; à l'ex., NIKAI[EIC]. Rome assise te-
    nant une couronne.
  Æ 28 — Pe [**Pl. LXXIV, 6**].

269. AY KOM ANTΩNINOC. Tête laurée, à dr.
  ℞. TON | KTICTHN; à l'ex. NIKAIEIC. Dionysos assis sur un char à quatre
    roues, traîné par quatre éléphants, à g.; le dieu, à demi nu, s'appuie
    de la main g. sur son thyrse et tient de la dr. une grappe de raisin.
  Æ 29 — P [**Pl. LXXIV, 7**].

---

1. *Non revue.* ℞. NIKAIEΩN. Déméter marchant à droite, tenant dans chaque main un flambeau allumé. Æ 24. Mionnet, *Suppl.* 552 (*Vaillant*).
2. Probablement ΤΗ[ς οἰκουμένης].

270. **M AY KOM ANTΩNINOC**. Tête laurée, à dr.
   ℞. en haut **TON | KTICTHN** ; à l'ex. **NIKAIE**.... Le jeune Dionysos tenant
   un canthare (ou une grappe) dans la main dr., debout dans un chariot
   traîné par deux panthères à dr.
   Æ 29 — L, V [**Pl. LXXIV, 8**].

271. **A K M A K ANTΩNI**. Tête nue ou laurée, barbue, à droite.
   ℞. **NIKAIEΩN**. Ciste entr'ouverte, de laquelle s'échappe un serpent.
   Æ 16 — Fʟ, V [**Pl. LXXIV, 9**].

272. **....KOM[MOΔOC....]**. Tête laurée et barbue, à dr.
   ℞. **NIKAIEΩN**. Tête barbue de Satyre à dr. ; le derrière de la tête dans une
   draperie striée ou une corbeille d'osier.
   Æ 16 — V [**Pl. LXXIV, 10**].

273. **A K M AY KO ANTΩNI**. Buste lauré et cuirassé, à dr.
   ℞. **NIKAIEΩN**. Heraclès nu debout à dr., le bras droit ramené sur les
   reins, s'appuyant du bras gauche sur sa peau de lion et sa massue
   posée sur un rocher (Hercule Farnèse).
   Æ 27 — P [**Pl. LXXIV, 11**].

274. **AY K KOMOΔOC ANTΩNINOC**. Tête laurée, à dr.
   ℞. **ΘHCEA NIKAIEIC**. Tête imberbe de Thésée coiffée de la peau de lion,
   à dr.
   Æ 17 — Fʟ, P [**Pl. LXXIV, 12**].

275. Lég. fruste. Tête laurée, à dr.
   ℞. **ΘHCEA NIKAIEIC**. Thésée debout à g., nu, tenant sa massue de la
   main g. et de la dr. une patère.
   Æ 18 — B [**Pl. LXXIV, 13**].

276. **.... AY KOM ANTΩN...** Buste à dr. ; contrem. indistincte.
   ℞. **NIKAIEΩN**. Asclépios debout, tête à g.
   Æ 29 — V [**Pl. LXXIV, 14**] '.

277. **A K M AYP KO ANTΩNINOC**. Tête laurée à dr.
   ℞. **NIKAIEΩN**. Hygie debout à dr., nourrissant un serpent.
   Æ 21 — P [**Pl. LXXIV, 15**], T.

---

1. *Non revue*. Même pièce, avec une Niké en contremarque au droit. Æ 24. Mionnet, *Suppl.*, 55o
(Sestini).

278. A · K · M · AY · KOM · ANTΩNINOC. Tête laurée à dr.
 ℞. NI | KAIEΩN. Temple hexastyle dans lequel est une statue de Tyché debout; au fronton, un globule.
 Æ 29 — Iᴍʜ [**Pl. LXXIV, 16**], P (fruste).

278 *bis*. Même droit; deux contremarques : Niké tenant une palme et une couronne; tête impériale à dr.
 ℞. NIKAIEΩN. Temple tétrastyle dans lequel est une statue de Tyché debout.
 Æ 27 — N.

279. A K M AY KOM ANTΩNINOC. Tête laurée, à dr.
 ℞. NIKAIEΩN. Tyché debout à g., tenant une corne d'abondance et un gouvernail.
 Æ 28 — P [**Pl. LXXIV, 17**], B.

280. ... KOM· ANTΩNINOC. Tête laurée, à dr.
 ℞. NIKAIEΩN. La Tyché de Nicée ou Nicæa tourelée assise à dr., tenant sur sa main g. une petite Niké et s'appuyant de la dr. sur son sceptre.
 Æ 28 — Löʙʙ [**Pl. LXXIV, 18**].

281. M · AY · KOMO · ANTΩNIN. Tête laurée, à dr.
 ℞. NIKAIEΩN. Buste de Nicæa à dr., la tête tourelée, les cheveux en chignon.
 Æ 28 — B, Löʙʙ [**Pl. LXXIV, 19**].

282. A K M AY KOM (ou KO) ANTΩNIN (ou ANTΩNINOC). Tête laurée, à dr.
 ℞. NIKAIEШN. Buste tourelé de la nymphe Nicæa, à dr., ceinte d'une couronne de lierre et les cheveux noués en chignon.
 Æ 29 — W, P (contremarque au droit : Niké debout à dr.) [**Pl. LXXIV, 20**], L (*Cat.* pl. XXXII, 15), H, M. V. T. [1].

283. ..... KOMM ANTΩN..... Buste lauré, à dr.
 ℞. NEIKAIШN (*sic*). Niké debout à dr. écrivant sur un bouclier posé sur une colonne, le pied gauche sur un casque.
 Æ 29 — L [**Pl. LXXIV, 21**].

---

[1]. *Non revue.* Même lég. et même revers. Droit : Buste avec tête radiée à dr. ; deux contremarques, l'une avec Niké debout, l'autre, avec une tête de femme. Æ 24. Mionnet, *Suppl.* 546 (Sestini).

284. AY K M AYPH KOM ANTΩN. Buste cuirassé, tête nue, légers favoris, à dr.
℟. NIKAIEΩN. Niké s'avançant à g., tenant une palme et une couronne.
Æ 19 — H [**Pl. LXXIV, 22**].

285. M · AY · KOM · ANTΩNINOC. Buste à dr., tête nue.
℟. OMHPOC NIKAIEΩN. Homère assis à g. sur un siège, drapé, tenant un volumen de la main dr.
Æ 27 — P [**Pl. LXXIV, 23**], Gotha (Imhoof, *Journ. int. d'arch. numism.*, I, pl. B, 13).

286. AY K KOMΔOC (*sic*) ANTΩNINOC. Tête laurée, à dr.
℟. OMHPOC NIKAIEΩN. Homère assis à dr., comme ci-dessus.
Æ 17 — P [**Pl. LXXIV, 24**], M, B, T (fruste) (Imhoof, même recueil, I, 27, 33).

287. AY K KOMOΔOC ANTΩNIN. Tête laurée, à dr.
℟. AΛEΞANΔPON NIKAIEIC. Tête diadémée d'Alexandre le Grand, à dr.
Æ 18 — P [**Pl. LXXIV, 25**], L, Imh.

288. ... KOM ... ANT ... Buste à dr., tête nue.
℟. AΛEΞANΔPON NIKAIEIC. Tête diadémée d'Alexandre le Grand, à gauche.
Æ 17 — P [**Pl. LXXIV, 26**].

289. AY · K · M · AYPH KOM · ANT. Buste imberbe, cuirassé, à dr., tête nue.
℟. NIKAIEΩN. Tête diadémée d'Alexandre le Grand, à dr.
Æ 18 — P [**Pl. LXXIV, 27**].

290. A K M A KOM ANTΩNINOC. Tête barbue laurée, à dr.
℟. NIKAIEΩN. Tête diadémée d'Alexandre le Grand, à dr.
Æ 16 — W [**Pl. LXXIV, 28**], V (lég. du droit fruste).

291. AYT KOMOΔ ANTΩNIN. Tête laurée, à dr.
℟. AΛEΞANΔPON NIKAIEIC. Alexandre le Grand nu debout, en héros, s'appuyant de la main g. sur sa lance et tenant de la dr. son épée.
Æ 11 — P [**Pl. LXXIV, 29**] (*Alexandre* de Lysippe).

292. Variété, avec AY KOM ANTΩN..
Æ 18 — Imh., 2ᵉ coll. (*Kleinas. Münzen*, I. 9, pl. I, 12).

293. A K M AY KO ANTΩNEINOC. Buste, à dr., tête nue.
℟. IΠΠAPXOC NIKAIEΩN. L'astronome Hipparque à demi-nu assis à g.

sur un siège circulaire, posant la main dr. sur son genou et la main
g. sur son siège; devant lui, un cippe surmonté d'un globe.
Æ 26 — Iᴍʜ [**Pl. LXXIV, 30**].

294. AY M AY KOM ANTΩNINOC. Tête laurée ou buste lauré et cuirassé, à dr.
℞. NIKAIEΩN. L'empereur sur un cheval au galop à dr., combattant un
lion avec sa lance.
Æ 29 — L, B [**Pl. LXXIV, 31**].

295. M AY KOM ..... Tête nue, barbue.
℞. M AYP KOM ANTΩNINOC NIKAIEΩN. L'empereur à cheval au galop,
vêtu du paludamentum, la lance en arrêt.
Æ 29 — Fʟ.

296. AYT KOMOΔ ANTΩNIN .... Tête jeune laurée, à dr.
℞. NIKAIEΩN. L'empereur lauré en habit militaire, debout à g., tenant
de la main dr. un globe surmonté de la Victoire et de la g. une
haste; à ses pieds, un captif.
Æ 21 — Mɪ [**Pl. LXXIV, 32**].

297. A K M AY KOM · (ou KO) ANTΩNIN. Tête laurée, à dr.
℞. NIKAIEΩN à l'ex. Aigle debout la tête à dr., sur une base enguirlandée,
tenant dans son bec une couronne, et accostée de deux enseignes militaires.
Æ 28 — P [**Pl. LXXV, 1**], L, Löʙʙ.

298. ... M AY KO ANTΩNIN. Tête laurée à dr.
℞. NIKAIEΩN. Aigle légionnaire debout la tête à g., sur une base, tenant
dans son bec une couronne, et accostée de deux enseignes ornées de
capricornes.
Æ 27 — P [**Pl. LXXV, 2**] ¹.

299. M AY KOM ANTΩNINOC. Tête nue à dr.
℞. NIKAIEΩN. Lion marchant à dr.
Æ 15 — N [**Pl. LXXV, 3**].

300. Lég. fruste. Buste drapé, tête nue, à dr.
℞. NIKAIEΩN. Serpent dressé sur ses replis, à dr.
Æ 19 — B [**Pl. LXXV, 4**].

---

1. *Non revue*. KOMMOΔOC AYΓOYCTOC. Tête laurée à dr ; contremarque dans le champ.
℞. NIKAIEΩN. Aigle éployé détournant la tête et tenant dans son bec une couronne. Æ 18.
Mionnet, *Suppl.* 545 (Sestini, Hederwar).

3o1. [A · K] M AYP KO ANTⲰNEINOC. Tête radiée, à droite.
 ℞. NI|KAIEΩN. Temple hexastyle, avec un globule au fronton.
 Æ 29 — V [**Pl. LXXV, 5**].

3o2. A K M AY KO ANTΩNIN. Tête laurée, à dr.
 ℞. NIKAIEΩN. Temple tétrastyle, dans l'intérieur duquel on lit :
 KOMO|ΔEIA·
 Æ 25 — P [**Pl. LXXV, 6**].

3o3. ... M AY KOM ANTΩN. Tête laurée, à dr.
 ℞. NIKAIEΩN. Table des jeux surmontée du buste de Commode à dr. placé
 entre deux urnes d'où émergent des palmes ; sur la traverse de la table,
 des objets indistincts ; sur le bord, une inscription aussi indistincte.
 Æ 33 — P [**Pl. LXXV, 7**].

3o4. AY K M AY KOM · ANTΩNIN. Tête laurée, à dr.
 ℞. NIKAIEΩN. Table massive supportant deux urnes de chacune desquelles
 émerge une palme ; sur la table, on lit IEPOC, et dessous, A|ΓΩ|N.
 Æ 29 — Löбб [**Pl. LXXV, 8**].

3o5. A K M AY KO ANTⲰNIN. Buste lauré et cuirassé, à dr.
 ℞. NIKAIEⲰN. Table surmontée de deux urnes agonistiques contenant des
 palmes ; sous la table, on lit KOMO|ΔEIA·
 Æ 29 — P [**Pl. LXXV, 9**] ; 32 — L ; 35 — Löбб (*Zeitsch. für Numism.,*
 XII, 3o9, 3).

3o6. Variété, avec la tête nue, et NEIKAIEⲰN·
 Æ 29 — V.

3o7. Λ · K · M · AY · KΟM · ANTΩN. Tête laurée à dr.
 ℞. IEPOC ΑΓⲰN NIKAIEⲰN. Urne agonistique d'où émerge une palme.
 Æ 29 — P [**Pl. LXXV, 10**].

3o8. Variété avec NEIKAIEΩN· Même type.
 Æ 32 — M.

3o9. M AY KO ANT. ou ANTΩN. Tête nue, à dr.
 ℞. IEPOC ΑΓΩN NIKAIEΩN. Urne agonistique d'où émerge une palme.
 Æ 18 — P [**Pl. LXXV, 11**], Mı.

3io. M AY M A KO. Tête nue à droite.
 ℞. [KOMO]ΔEIA NIKAIEΩ[N]. Même type.
 Æ 18 — H.

311. **A K M A KO ANTΩN**. Tête nue, à dr.
℞. **IЄPOC AΓΩN NIKAIЄΩN**. Amphore accostée de deux palmes.
Æ 18 — L; 25 — V [**Pl. LXXV, 12**], fruste.

312. **A K M A KO ANTΩ**. Tête nue, à dr.
℞. **IЄPOC AΓΩN NIKAIЄΩN**. Œnochoé; à g. une palme.
Æ 15 — P [**Pl. LXXV, 13**].

313. Autre, avec **A K M A K · ANTΩNI**.
Æ 17 — P.

314. **A K M A K** (ou **KO**) **ANTΩNI** (ou **ANTΩN**). Tête nue et barbue, à dr.
℞. **IЄPOC AΓΩN NIKAIЄΩN**. Amphore; dessous, une palme.
Æ 18 — Fʟ, Iᴍʜ [**Pl. LXXV, 14**], H.

315. **AYT,K M AYP KOM ANTΩN**. Tête laurée, à dr.
℞. Trois urnes avec une palme dans chacune d'elles; en haut,
IЄPOC | AΓѠN; en bas, **NIKAIЄ|ѠN**.
Æ 27 — T.

316. **A K M A · KOM**... Tête nue, à dr.
℞. **KOMOΔЄIA NIKAIЄѠN**. Amphore agonistique.
Æ 17 — P [**Pl. LXXV, 15**], Mɪ.

317. **A K M AY · KO · ANTΩNIN**. Tête laurée, à dr.
℞. **IЄPOC AΓΩN NIKAIЄΩN**. Athlète nu, debout de face, tenant de la main
g. une palme et posant sur sa tête une large couronne.
Æ 33 — P [**Pl. LXXV, 16**].

318. Même description, avec **A · K · M · A** ou **AY**, etc.
Æ 16 — P [**Pl. LXXV, 17**], L (*Cat.*, pl. XXXII, 17), B, Vᴀᴛɪᴄᴀɴ, M.

319. **M · AYP · KO · ANTΩ**. Tête nue, à dr.
℞. **IЄPOC AΓΩN NIKÁIЄΩN**. Athlète nu debout de face, portant à sa tête
la main dr. et tenant la g. baissée; ses deux mains sont armées du ceste.
Æ 19 — Iᴍʜ [**Pl. LXXV, 18**].

320. **AY M AY KO ANTΩNЄIN**. Buste à dr. En contremarque, une Niké à dr.
℞. **KOMOΔЄIA**. A l'ex. [**NЄIKAIЄ**]**ѠN**. Trois athlètes nus debout, regardant
les sorts qu'ils viennent de tirer d'une urne placée au milieu d'eux;
l'un d'eux tient une palme.
Æ 29 — L [**Pl. LXXV, 19**].

321. A K M AY KO (ou KOM ANTΩNIN (ou ANTΩNINOC). Tête laurée, à dr.
     ℞. KOMOIΔOY BACIIΛEYONTOC | O KOCMOC | EYTYXEI | NIKAIEIΩN,
     dans une couronne de laurier.
     Æ 27 — P [Pl. LXXV, 20], Fʟ.

SEPTIME SÉVÈRE.

322. AYT K Λ CEΠT (ou CEΠ) CEYHPOC Π (ou ΠE). Tête laurée, à dr.
     ℞. NIKAIEΩN. Zeus à demi nu, assis à g. tenant une patère de la main
     dr. et s'appuyant de la g. sur son sceptre.
     Æ 25 — P [Pl. LXXV, 21] ; 26 — B (au droit, contrem. indistincte).

323. Même droit.
     ℞. NIKAIEΩN. Déméter debout à g.
     Æ 27 — V (fruste).

324. ... K Λ C CEY... Tête à dr.
     ℞. NIKAIEΩN. Déméter debout à g. s'appuyant de la main g. sur une
     longue torche et tenant des épis de la dr. baissée.
     Æ 16 — Cᴏᴍᴍ.

325. AYT · K Λ CEΠTI CEYHPOC Π. Tête laurée, à dr.
     ℞. NIKAIEΩN. Pallas debout à g., tenant de la main dr. sa lance et s'ap-
     puyant de la g. sur son bouclier.
     Æ 27 — L [Pl. LXXV, 22].

326. A · K · Λ · CEΠTI · CEOY ΠEP CE. Tête laurée, à dr.
     ℞. NIKAIEΩN. Pallas debout à g. s'appuyant de la main g. sur sa lance
     et tenant de la dr. une patère ; à ses pieds son bouclier.
     Æ 29 — B [Pl. LXXV, 23].

327. AYT... CEΠT CEYHPOC... Tête laurée, à dr. Deux contremarques ; dans
     l'une la tête de Septime Sévère à dr. ; dans l'autre, une Niké tenant
     une couronne.
     ℞. NIKAIEΩN. Pallas assise à g., tenant de la main dr. une petite Niké et
     accoudée du bras g. sur son bouclier.
     Æ 25 — M, P [Pl. LXXV, 24].

328. ... K Λ CEΠT CEYHPOC Π. Tête laurée, à dr. En contremarque, une Niké
     tenant une couronne.

℞. NIKAIEΩN. Dionysos à demi nu, assis à g. sur un trône, portant la main dr. au-dessus de sa tête et tenant un thyrse de la g.; à ses pieds, une panthère.

Æ 27 — P [**Pl. LXXV, 25**].

329. AYT · K · Λ · CEΠ · CEOYHPOC Π. Tête laurée, à dr.

℞. NIKAIEΩN. Dionysos et Ariadne assis à dr., côte à côte sur le même siège à pieds courbes; Dionysos tient un thyrse et Ariadne s'appuie sur un sceptre.

Æ 26 — B [**Pl. LXXV, 26**].

330. ... Λ CEΠ ... Tête nue, à dr.

℞. NIKAIEΩN. Ciste entr'ouverte d'où s'échappe un serpent à dr.

Æ 16 — L, P [**Pl. LXXV, 27**].

331. Variété, avec A K Λ C CEYHP.

Æ 16 — M.

332. AYT K Λ CE... Tête laurée, à dr.

℞. NIKAIEΩN. Asclepios et Hygie debout en regard; le dieu s'appuie de la main g. sur son bâton autour duquel est enroulé un serpent; la déesse donne à manger à un autre serpent.

Æ 24 — P [**Pl. LXXV, 28**].

333. Même droit (lég. confuse).

℞. NIKAIEΩN. Asclepios debout, la main dr. sur son bâton autour duquel est enroulé un serpent.

Æ 21 — Mi (retouchée).

334. A K CEΠ CEYH..... Tête nue, à dr.

℞. NIKAIEΩN. Le bâton d'Asclépios.

Æ 11 — Comm.

335. AYT (ou AY) K Λ CEΠ CEYHPOC ΠE. Tête laurée, à dr.

℞. NIKAIEΩN. Hygie debout à dr. donnant à manger à un serpent.

Æ 29 — L [**Pl. LXXV, 29**], V.

336. Λ CEΠ CEOYHPOC. Tête laurée, à dr.

℞. NEIKAEΩN. Télesphore debout, de face.

Æ 17 — B [**Pl. LXXV, 30**], M, L (fruste).

337. Λ CЄΠ CЄ NЄ CЄ. Tête nue, à dr.
    Ɍ. NIKAIЄΩN. Serpent enroulé, la tête dressée à dr. (ou à gauche).
    Æ 17 — P [**Pl. LXXV, 31**], P.

338. Autre, avec A K Λ CЄΠ CЄ ΠЄ (ou ΠЄP) CЄ.
    Æ 17 — N, H.

339. A K Λ CЄ CЄY ΠЄ. Tête laurée, à dr.
    Ɍ. Variété du précédent.
    Æ 16 — P [**Pl. LXXV, 32**].

340. Variété, avec ... CЄ... AYΓO.
    Æ 16 — M.

341. AY K Λ CЄΠ CЄYHPOC. Tête laurée, à dr.
    Ɍ. Pareil au précédent.
    Æ 18 — L, B.

342. ... Λ CЄΠTI CЄOYHPO... Tête laurée, à dr.
    Ɍ. NIKAIЄΩN. Héraclès barbu, debout à dr., sa peau de lion sur le bras g.
    En contremarque, une tête de face.
    Æ 27 — L (fruste) [**Pl. LXXVI, 1**] [1].

343. · A · K Λ CЄΠ. Tête laurée, à dr.
    Ɍ. NIKAIЄΩN Niké à g. avec palme et couronne.
    Æ 21 — T (fruste).

344. A (ou AY) K Λ · CЄΠTI · CЄOY · ΠЄP CЄ · (ou simplement CЄVHPOC). Tête
    laurée, à dr.
    Ɍ. NIKAIЄΩN. L'Équité debout à g. drapée, tenant de la main dr. une
    balance et de la g. une corne d'abondance.
    Æ 29 — L [**Pl. LXXVI, 2**], V (en contrem. au droit, tête de Sévère? à dr.).

345. ... AYT K Λ CЄΠ CЄYHPOC ΠЄ. Tête laurée, à dr.
    Ɍ. NIKAIЄШN. L'Abondance debout à g., tenant de la main g. une corne
    d'abondance et offrant de la dr. une libation sur un autel allumé.
    Æ 28 — Löвв [**Pl. LXXVI, 3**] [2].

1. *Non revue*. Autre. Ɍ. **NIKAIEΩN**. Héraclès saisissant un cerf par les cornes, massue à terre.
Æ 24. Mionnet, *Suppl.*, 594 (Vaillant).
2. *Non revue*. Autre, avec Tyché debout. Æ 24. Mionnet, *Suppl.* 596 (Vaillant).

346. ... Λ CЄΠΤ · CЄOYHPOC ΠЄP... Tête laurée à dr. En contremarque, Niké
tenant une couronne, à dr.
℞. CЄOYH[PЄIA] NIKAIЄΩN. Édifice tétrastyle, sous le portique duquel
sont trois figures debout sur des bases; au-dessus de l'entablement, trois
baies formant le second étage (revers retouché).
Æ 32 — P [**Pl. LXXVI, 4**].

347. AYT K Λ CЄΠΤ CЄOYHPOC AYΓ. Tête laurée, à dr.
℞. CЄOYHPЄIA NIKAIЄΩN. L'empereur en toge, debout à g., tenant de la
main dr. une patère et de la g. un sceptre surmonté d'un aigle. En
contremarque, une tête impériale.
Æ 27 — P [**Pl. LXXVI, 5**], V (fruste).

348. ... ... AYΓOYCTOC. Tête laurée, à droite.
℞. NIKAIЄΩN. Taureau (Apis?), à droite.
Æ 14 — M [**Pl. LXXVII, 6**].

349. AYT K Λ CЄΠ CЄYHPOC Π... Tête radiée, à dr. En contremarque, la tête
laurée de Septime Sévère à dr.
℞. NIKAIЄΩN (circ.). Aigle debout sur un cippe entre deux enseignes
militaires.
Æ 29 — W [**Pl. LXXVI, 7**].

350. Autre, avec la tête laurée et, au revers, NIKAIЄΩN, à l'ex.
Æ 26 — Comm.

351. AY K Λ CЄΠΤΙ CЄYHPOC Π. Tête laurée, à dr.
℞. NIKAI[I]ЄѠN. Aigle à g. sur un autel enguirlandé, détournant la tête,
tenant une couronne dans son bec, entre deux enseignes militaires.
Æ 29 — L [**Pl. LXXVI, 8**].

352. · AY K Λ CЄ CЄYHPOC. Tête laurée, barbue, à dr.
℞. NIKAIЄΩN. Aigle éployé debout à g. dépeçant un serpent.
Æ 16 — Sophia [1].

353. ... CЄOYHPOC AYΓOY... Tête laurée, à dr.
℞. NIKAIЄΩN. Aigle éployé, à dr., détournant la tête.
Æ 14 — P [**Pl. LXXVI, 9**].

---

1. Tacchella, *Rev. numism.*, 1893, p. 77, n° 47.

354. .... Λ CЄΠ CЄOYHPOC ΠЄ. Tête radiée, à dr.
      ℞. NIKAIЄΩN. Aigle militaire, entre deux enseignes.
      Æ 27 — L.

355. AYT [K Λ CЄ]ΠT CЄOYHPOC [ΠЄPT] AYГOY. Tête laurée, à dr. En contre-
      marque, Niké, à dr.
      ℞. CЄOYHPΙΑ ΦΙΛΑΔЄΛ[ΦЄΙΑ MЄ]ГΑΛΑ NIKAIЄΩN. Table sur laquelle est
      une urne agonistique entre les bustes de Caracalla et de Géta; sous la
      table, une amphore derrière laquelle sont deux palmes croisées.
      Æ 32 — L (*Cat.* pl. XXXIII, 2), V [**Pl. LXXVI, 10**].

356. .. Λ CЄΠT · CЄOYHPOC .... Tête laurée à dr. En contremarque, Niké à
      dr. tenant une couronne.
      ℞. CЄOYHPЄΙA ΦΙΛΑΔЄΛΦЄΙA, ex. NIKAIЄΩN. Urne agonistique d'où
      émergent deux palmes et sur la panse de laquelle on lit IЄPOC AГΩN.
      Æ 32 — P [**Pl. LXXVI, 11**].

357. .. CЄΠTΙ CЄOYHPOC AYГ. Tête laurée à dr. En contrem. Niké debout à
      dr. tenant une couronne.
      ℞. CЄOYHPЄΙA NIKAIЄΩN. Urne des jeux, ornée de globules et d'où émer-
      gent deux palmes.
      Æ 22 — Iʍн [**Pl. LXXVI, 12**], V.

358. CЄOYHPOC AYГO. Tête laurée, à gauche.
      ℞. NIKAIЄΩN. Urne agonistique d'où émerge une palme.
      Æ 16 — P [**Pl. LXXVI, 13**].

359. AYT K Λ CЄΠT CЄOYHPOC ΠЄPT AYГOY. Tête laurée, à dr.
      ℞. CЄOYHPЄΙA ΦΙΛΑΔЄΛΦЄΙA NIKAIЄΩN. Athlète nu debout, tenant une
      palme de la main g. et se posant de la main dr. une couronne sur la tête.
      Æ 32 — W (les bords sont relevés comme ceux de beaucoup de
      contorniates) [**Pl. LXXVI, 14**].

360. .. Λ CЄΠT CЄOYHPOC Π ... Tête laurée à droite. En contrem. Niké à dr.
      ℞. CЄOYHPЄΙA ΦΙΛΑΔЄΛΦЄΙA ex. NIKAIЄΩN. Athlète drapé, assis à g. sur
      une base où s'appuie sa main g. ; la droite tient une couronne (?). A ses
      pieds une urne agonistique.
      Æ 33 — V [**Pl. LXXVI, 15**].

361. Lég. fruste. Tête laurée à droite.
      ℞. NIKAIЄΩN. Autel allumé.
      Æ 16 — M ; 18 — V.

Julia Domna.

362. **IOYΛIA AYΓOYCTA**. Buste diadémé à dr,

    ℞. **NIKAIEΩN**. Zeus à demi-nu, assis à g. sur un trône, tenant de la main dr. une patère et s'appuyant de la g. sur son sceptre.

    Æ 27 — W [**Pl. LXXVI, 16**], Fʟ.

363. Même lég. Buste, tête nue, à dr.

    ℞. **NIKAIEΩN**. Hélios nu radié, s'avançant à g., levant la main dr. en avant et tenant de la g. son fouet et sa chlamyde enroulée.

    Æ 29 — P [**Pl. LXXVI, 17**].

364. Même droit.

    ℞. **NIKAIEΩN**. Buste radié de Hélios, à dr.; dessous, un bélier et un taureau affrontés.

    Æ 30 — Löʙʙ [**Pl. LXXVI, 18**].

365. Même droit.

    ℞. **NIKAIEΩN**. Hermès, nu, debout à g., tenant sa bourse de la main dr., son caducée et sa chlamyde de la g.

    Æ 29 — L, Löʙʙ [**Pl. LXXVI, 19**].

366. **IOYΛIA CEBACTH**. Buste, à dr.

    ℞. **NIKAIEΩN**. Deméter debout à g., drapée, tenant de la main dr. des épis et s'appuyant de la g. sur une longue torche.

    Æ 25 — P.

367. Autre, avec **IOYΛIA AYΓOYCTA**.

    Æ 29 — Löʙʙ, V [**Pl. LXXVI, 20**].

368. **IOYΛIA AYΓOYCTA**. Buste, tête nue, à droite.

    ℞. **NIKAIEΩN**. Pallas debout à g., s'appuyant de la main dr. sur sa lance et de la g. sur son bouclier posé à terre.

    Æ 29 — W [**Pl. LXXVI, 21**] ¹.

369. **IOYΛIA AYΓOYCTA**. Buste, à dr.

    ℞. **NIKAIEΩN**. La déesse Rome, casquée et drapée, assise à g. sur une

---

1. *Non revue.* **IOYΛIA ΠIA AYΓOYCTA**. Tête de Julia Domna. ℞. **NIKAIEΩN**. Pallas assise, tenant de la main dr. une patère et de la g. une haste. Æ 24. Mionnet, *Suppl.* 607 (Sestini).

cuirasse, tenant de la main dr. une petite Niké et s'appuyant de la g.
sur un sceptre.
Æ 28 — P [**Pl. LXXVI, 22**].

370. **IOYAIA ΔOMNA (CEB** ou **CEB)**. Buste, à dr.
    ℞. **NIKAIEΩN**. Artémis ou Bendis, un croissant sur le front et tenant deux
    torches, debout dans un bige de taureaux bondissant, à dr.
    Æ 29 — Fʟ.; 32 — P (en contremarque au droit, une tête impériale à
    dr.); B (en contrem. au droit, Niké debout à dr. tenant une couronne
    [**Pl. LXXVI, 23**].

371. **IOYAIA CEBACTH**. Buste, à dr.
    ℞. **NIKAIEIΩN**. Dionysos enfant, assis à dr. dans un berceau et joignant
    les mains, les bras levés ; derrière lui, un thyrse.
    Æ 18 — Iᴍʜ (*Jahrb. d. arch. Instit.*, III, 288, 8) ; 16 — P [**Pl. LXXVI, 24**].

372. **IOYAIA AYΓOYCTA**. Buste, à dr.
    ℞. **NIKAIEIΩN**. Dionysos et Ariadne assis sur un char traîné par un Cen-
    taure et une Centauresse à dr. ; l'attelage est précédé d'un jeune satyre ;
    un Eros se tient debout devant le couple divin; le coffre du char est orné
    d'une panthère.
    Æ 28 — P [**Pl. LXXVI, 25**], Iᴍʜ.

373. **IOYAIA CEBACTH**. Buste, à dr.
    ℞. **NIKAIEΩN**. Ciste entr'ouverte d'où s'échappe un serpent, à g.
    Æ 16 — P [**Pl. LXXVI, 26**].

374. **IOYAIA ΠIA AYΓOYCTA**. Buste, à dr.
    ℞. **NIKAIEΩN**. Asclépios debout à g., drapé., tenant de la main dr. son
    bâton autour duquel est enroulé un serpent.
    Æ 29 — L [**Pl. LXXVI, 27**].

375. Autre, avec **IOYAIA AYΓOYCTA**.
    Æ 25 — Mɪ¹.

376. **IOYAIA AYΓOYCTA**. Buste, à dr.
    ℞. **NIKAIEΩN**. Héraclès nu, debout à g., combattant l'Hydre de Lerne avec
    sa massue.
    Æ 28 — P [**Pl. LXXVI, 28**].

---

1. *Non revue*. ℞. **NIKAIEΩN**. Télesphore debout. Æ 18. Mionnet, *Suppl.* 611 (Vaillant).

377. **IOYΛIA AYΓO....** Buste, à droite.
R⁄. **NIKAIEΩN.** Héraclès à g., terrassant la biche.
Æ 29 — N, V [**Pl. LXXVI, 29**] ¹.

378. **IOYΛIA ΔOMNA.** Buste, à droite.
R⁄. **NIKAIEΩN.** Les Charites debout s'embrassant.
Æ 25 — V [**Pl. LXXVI, 30**].

379. **IOYΛIA ΠIA AYΓOYCTA.** Buste, à dr.
R⁄. **NIKAIEΩN.** Tyché debout à g., avec ses attributs.
Æ 28 — T.

380. **IOYΛIA CEBACTH.** Buste, à dr.
R⁄. **NIKAIEΩN.** Tyché debout à g., avec ses attributs.
Æ 14 — Comm.

381. **IOYΛIA AYΓOYCTA.** Buste, à dr.
R⁄, **NIKAIEΩN.** Temple hexastyle dans lequel est Tyché debout avec ses attributs.
Æ 25 — P [**Pl. LXXVI, 31**]; 3o — Löbb; 28 — Mi.

382. **IOYΛIA CEBACTH.** Buste, à dr.; en contremarque Niké debout, à dr.
R⁄. **OMONOIA NIKAIEΩN.** La Concorde assise à g., coiffée du modius, tenant dans la main dr. une patère et dans la g. un sceptre.
Æ 29 — L (*Cat.* pl. XXXIII, 3o); 33 — Imh [**Pl. LXXVI, 32**].

383. **IOYΛIA ΔOMNA CEBA.** Buste, à dr.
R⁄. **NIKAIEΩN.** Nemésis voilée, debout à dr., les deux mains sous les plis de son voile; à ses pieds, la roue.
Æ 26 — Imh [**Pl. LXXVII, 1**].

384. **IOYΛIA ΔOMNA.** Buste, à dr.
R⁄. **NIKAIEΩN.** Femme voilée et tenant un sceptre (?), debout à droite.
Æ 27 — V.

385. **IOYΛIA ΠIA AYΓOYCTA.** Buste, à dr.
R⁄. **NIKAIEΩN.** La Nymphe Adrastée (?), les cheveux flottants, marchant vivement à dr., retournant la tête, vêtue du chiton et du péplos, le

---

1. *Non revue.* Autre. R⁄. **NIKAIEΩN.** Héraclès debout, la main dr. sur sa massue, la dépouille de lion sur le bras g.; à ses pieds, Cerbère. Æ 32. Mionnet, *Suppl.* 620 (Vaillant).

pied droit sur un rocher; elle tient de la main g. un enfant (Zeus?)
contre son sein, et de la dr. levée son peplos pour cacher et protéger
l'enfant.

Æ 29 — Imh [**Pl. LXXVII, 2**].

386. IOYΛIA ΠIA AYΓOYCTA. Buste diadémé, à dr.
R⚹. NIKAIEΩN; à l'ex. ΣAΓAPIΣ. Le Sagaris assis à g., à demi-nu et détournant la tête; de la main dr. il tient une branche et il s'appuie de la g.
sur une urne renversée; à ses pieds, un roseau et une proue.
Æ 29 — P [**Pl. LXXVII, 3**], Vatican.

387. IOYΛIA ΔOMNA. Buste, à dr.
R⚹. NIKAIEΩN. L'empereur (Caracalla jeune?) debout à g., couronné par
Niké; il tient de la main dr. une patère et s'appuie de la g. sur sa lance.
Æ 28 — P [**Pl. LXXVII, 4**].

388. IOYΛIA AYΓOYCTA. Buste, à dr.
R⚹. NIKAIEΩN. Caracalla à cheval, au galop, à dr., la lance en arrêt.
Æ 28 — B [**Pl. LXXVII, 5**].

389. IOYΛIA CEBACTH. Buste, à droite.
R⚹. NIKAIEΩN. Taureau debout, à droite.
Æ 15 — Comm.

390. IOYΛIA CEBACTH. Buste diadémé, à dr.
R⚹. NIKAIEΩN. Temple hexastyle; au fronton et au centre de l'entrecolon-
nement, un globule.
Æ 25 — P [**Pl. LXXVII, 6**], V, Löbb.

391. IOYΛIA CEBACTH. Buste, à dr.
R⚹. NIKAIEΩN. Temple tétrastyle; au fronton, un globule.
Æ 14 — P [**Pl. LXXVII, 7**].

392. IOYΛIA..... Buste, à dr.
R⚹. NIKA[IEΩN]. Autel allumé et enguirlandé.
Æ 14 — P [**Pl. LXXVII, 8**].

393. IOYΛIA ΠIA AYΓOYCTA. Buste diadémé, à droite.
R⚹. Dans le ch. NIKAIIEΩN. Aigle légionnaire entre deux enseignes mili-
taires surmontées de capricornes.
Æ 29 — P [**Pl. LXXVII, 9**].

394. IOYΛIA CЄBACTH. Buste, à dr. En contremarque, une Niké.
    ℟. CЄOYHPЄIA ΦIΛAΔЄΛΦЄIA, ex. NIKAIEΩN. Table des jeux sur laquelle
       se trouve un petit vase entre deux urnes; sous la table, une amphore.
    Æ 28 — P [**Pl. LXXVII, 10**].

395. Même droit. En contremarque, une Niké.
    ℟. CЄOYH|PЄIA ΦIΛA|ΔЄΛΦЄIA | NIKAIE|ΩN, dans une couronne de lau-
       rier.
    Æ 27 — V, Löbb [**Pl. LXXVII, 11**].

396. IOYΛIA CЄBACTH. Buste, à dr.
    ℟. NIKAIEΩN. Urne des jeux d'où émerge une palme.
    Æ 16 — B [**Pl. LXXVII, 12**] [1].

Julia Domna

avec Caracalla Auguste et Géta César.

397. IOYΛIA CЄBACTH. Buste, à dr. En contremarque une Niké, à dr. tenant
    une couronne.
    ℟. ANTΩNINOC AYΓ ΓЄTAC KAI ΦIΛAΔЄΛΦIA, ex. NIKAIEΩN. Bustes de
      Caracalla lauré et de Geta nu, en regard.
    Æ 34 — P (retouchée) [**Pl. LXXVII, 13**].

Caracalla, César.

398. M AYPHΛ · ANTΩNINOC KAICAP. Buste drapé, tête nue, à dr.
    ℟. NIKAIEΩN. Zeus à demi nu, assis à g. sur un trône, tenant de la
      main dr. une patère et s'appuyant de la g. sur un sceptre.
    Æ 28 — Iмн [**Pl. LXXVII, 14**].

399. M A ANTΩNINOC KAICAP. Buste, à dr., tête nue. En contremarque, Niké
    debout à droite.
    ℟. NIKAIEΩN. Dionysos drapé debout à g., tenant le canthare de la main
      dr. et s'appuyant de la g. sur un thyrse.
    Æ 27 — P [**Pl. LXXVII, 15**].

---

1. *Non revues.* IOYΛIA CЄBACTH. Buste à dr.; en contremarque une Niké. ℟. NIKAIEΩN
CЄOYHPЄIA. Grande urne des jeux avec deux palmes. Æ 25. Mionnet, *Suppl.* 630 (Sestini). — Autre.
IOYΛIA AYΓOYC... Buste à dr. ℟. NIKAIEΩN. Homme debout (athlète?) tenant de la dr. un
objet indistinct et de la g. un long flambeau (palme?). Æ 32. Mionnet, *Suppl.*, 625 (Theupoli).

400. M AYPHΛ ANTⲰNINOC KAICAP. Buste lauré, à dr.
  ℞. NIKAIEΩN. Asclépios debout, la tête à gauche.
  Æ 27 — V [**Pl. LXXVII, 16**]; 18 — V (fruste) [1].

401. M AYP ANTΩNINOC KAI. Buste jeune, à dr.
  ℞. NIKAIEΩN. Niké debout à g. drapée, écrivant sur un bouclier placé
  sur une colonne devant elle ; de la main g. elle tient une palme.
  Æ 29 — L [**Pl. LXXVII, 17**].

402. M · AYPH · ANTΩNINOC KAICAP. Tête jeune, laurée, à droite.
  ℞. NIKAIEΩN. Tyché debout à g., tenant une corne d'abondance et un
  gouvernail.
  Æ 27 — Mɪ, M [**Pl. LXXVII, 18**].

403. M AYP ANTΩNINOC KAI. Buste jeune, à dr.
  ℞. NIKAIEΩN. Aigle légionnaire entre deux enseignes.
  Æ 27 — L [**Pl. LXXVII, 19**].

404. M AYP ANTΩNINOC KAI. Buste cuirassé, à dr., tête nue.
  ℞. NI | KAIEΩN. Aigle debout sur un autel rond, entre deux enseignes
  militaires.
  Æ 27 — Iᴍʜ [**Pl. LXXVII, 20**].

405. ...M ANTΩNINOC KAICAP. Buste, tête jeune et nue, à dr. En contremarque,
  Niké debout à dr.
  ℞. NIKAꟼIEΩN. Temple hexastyle, avec globule au fronton.
  Æ 27 — P [**Pl. LXXVII, 21**] [2].

Cᴀʀᴀᴄᴀʟʟᴀ Auguste.

406. ANTΩNINOC AYΓOYCTOC. Tête laurée, à dr.
  ℞. NIKAIEΩN. Zeus à demi nu, assis à g. sur un trône, tenant de la main
  dr. une petite Niké et s'appuyant de la g. sur son sceptre.
  Æ 30 — P [**Pl. LXXVII, 22**], L ; 32 — V (très fruste ; aux pieds de Zeus,
  un aigle).

1. *Non revue.* ℞. NIKAIEΩN. Hygie debout nourrissant son serpent. Æ 32. Mionnet, *Suppl.* 647
(Vaillant).
2. *Non revue.* M · AY ANTΩNINOC KAIC. Tête nue jeune, à dr. ℞. NIKAIEΩN. Temple
hexastyle. Æ 16. Mionnet, *Suppl.* 690 (Tochon).

407. Même droit.

℞. NIKAIEΩN. Zeus à demi-nu, assis à gauche sur un trône, tenant de la main droite une patère et s'appuyant de la gauche sur son sceptre.
Æ 28 — Mɪ [**Pl. LXXVII, 23**].

408. ΑΝΤΩΝΕΙΝΟC ΑΥΓ... Buste radié, barbu, à dr.
℞. NIKAIEΩN. Zeus à demi nu, assis à g. sur un trône, tenant de la main dr. une patère et s'appuyant de la g. sur son sceptre.
Æ 25 — P [**Pl. LXXVII, 24**] ¹.

409. ΑΝΤΩΝΙΝΟC (ou ΑΝΤΩΝΕΙΝΟC) ΑΥΓΟΥCΤΟC. Tête laurée et barbue, à droite.
℞. NIKAIEΩN. Zeus Serapis debout à dr., coiffé du modius, détournant la tête et levant la main dr. en arrière; de la main gauche il tient son sceptre; derrière lui, un autel allumé.
Æ 29 — L, V; 22 — P [**Pl. LXXVII, 25**], V, Cop.

410. Variété, avec la tête à gauche.
Æ 25 — P [**Pl. LXXVII, 26**].

411. ΑΝΤΩΝΕΙΝΟC ΑΥΓΟΥCΤΟC. Buste lauré et cuirassé, à dr.
℞. NIKAIEΩN. Apollon nu, marchant à droite et tirant de l'arc.
Æ 27 — P [**Pl. LXXVII, 27**].

412. ΑΝΤΩΝΙΝΟC ΑΥΓΟΥCΤΟC. Tête ou buste lauré et cuirassé à dr.
℞. NIKAIEΩN. Arès debout à g., en costume militaire, s'appuyant de la main g. sur sa lance et de la dr. sur son bouclier posé à terre.
Æ 29 — P [**Pl. LXXVII, 28**], B.

413. Variété. Arès est debout à droite.
Æ 29 — P [**Pl. LXXVII, 29**].

414. ΑΝΤΩΝΙΝΟC ΑΥΓΟΥCΤΟC. Buste barbu, lauré et cuirassé, à dr.
℞. NIKAIEΩN. Hermès nu, assis à g. sur un rocher, la tête retournée, le pied droit sur le rocher, tenant de la main dr. son caducée, la g. appuyée sur le rocher.
Æ 32 — L; 27 — V [**Pl. LXXVIII, 1**].

---

1. *Non revue.* ℞. NIKAIEΩN. Zeus nu debout, tenant de la main dr. une patère et de la g. une haste; à ses pieds un aigle. Æ 33. Mionnet, *Suppl.*, 632 (Frœlich).

415. ΑΝΤΩΝΕΙΝΟC ΑΥΓΟΥCΤΟC. Tête radiée, à dr.
  ℞. ΝΙΚΑΙΕΩΝ. Déméter debout à g., drapée, tenant de la main dr. baissée
  des épis et s'appuyant de la g. sur une longue torche noueuse.
  Æ 29 — P [**Pl. LXXVIII, 2**].

416. Autre, avec le buste lauré et cuirassé.
  Æ 28 — V '.

417. ... K · M · AYP · ANTΩN · AYΓ. Tête laurée à dr. En contremarque, Niké
  debout à dr., tenant une couronne.
  ℞. ΝΙΚΑΙΕΩΝ. Déméter debout, comme ci-dessus.
  Æ 27 — B [**Pl. LXXVIII, 3**].

418. ΑΝΤΩΝΙΝΟC ΑΥΓΟΥCΤΟC. Buste lauré, à dr.
  ℞. ΝΙΚΑΙΕΩΝ, à l'ex. Déméter debout dans un char traîné par deux dra-
  gons ailés, à g. ; la déesse tient des deux mains une torche allumée.
  Æ 29 — W [**Pl. LXXVIII, 4**], B.

419. M AYP ANTΩNIN... Tête laurée, à dr.
  ℞. ΝΙΚΑΙΕΩΝ. Déméter tutulée, drapée, assise à g., tenant de la main dr.
  des épis et s'appuyant de la g. sur un long sceptre.
  Æ 21 — Löbb [**Pl. LXXVIII, 5**].

420. M · AYP · ANTΩNINOC AYΓ. Tête laurée, à dr.
  ℞. ΝΙΚΑΙΕΩΝ. Torche autour de laquelle est enroulé un serpent, la tête
  à g. ; au-dessus, un pavot entre deux épis.
  Æ 32 — Iᴍʜ [**Pl. LXXVIII, 6**].

421. ΑΝΤΩΝΕΙΝΟC ΑΥΓΟΥCΤΟC. Buste lauré et cuirassé, à dr.
  ℞. ΝΙΚΑΙΕΩΝ. Pallas assise à g., sur un trône drapé, tenant une patère de
  la main dr. et de la gauche une épée ; derrière elle, son bouclier.
  Æ 29 — L [**Pl. LXXVIII, 7**].

422. Variété ; Pallas tient une haste de la main gauche, et un serpent va
  s'abreuver dans sa patère ; pas de bouclier.
  Æ 24 — V [**Pl. LXXVIII, 8**].

423. M AYP ANTΩN AYΓ. Buste lauré, à dr. ; en contremarque Niké debout à
  dr. tenant une couronne.

____

1. *Non revue.* ΑΝΤΩΝΙΝΟC ΑΥΓΟΥCΤΟC. Tête laurée à dr. ℞ pareil. Æ 24. Mionnet,
Suppl., 651 (Beaucousin).

℞. **NEIKAIEΩN**. Pallas debout à g., tenant une patère de la main dr. et une haste de la g.; à ses pieds, un bouclier.
Æ 27 — [**Pl. LXXVIII, 9**].

424. **ANTΩNINOC AΥΓOYCTOC**. Buste lauré et cuirassé, à dr.
℞. Pareil au précédent.
Æ 30 — T; 29 — B, P; 24 — V.

424 *bis*. Autre, avec la tête laurée à dr.
℞. Pallas debout à dr., tenant une patère et une haste; à ses pieds, un autel.
Æ 27 — T; 29 — V [**Pl. LXXVIII, 10**].

425. **ANTΩNINOC AΥΓOYCTOC**. Tête laurée, à gauche.
℞. **NIKAIEΩN**. Pallas debout à g., tenant de la main dr. une patère et s'appuyant de la g. sur sa lance (sans bouclier ni autel).
Æ 24 — B [**Pl. LXXVIII, 11**], V.

426. Variété, avec le buste lauré et cuirassé.
Æ 29 — Mɪ.

427. Même lég. Tête ou buste lauré, à dr.
℞. Même lég. Pallas debout à g., tenant une patère et une lance; à ses pieds son bouclier.
Æ 29 — Löʙʙ [**Pl. LXXVIII, 12**], L.

428. **ⲘAΥPH ANTΩNINOC AΥΓ**. Tête laurée, à dr.
℞. **NIKAIEΩN**. Pallas debout à g., tenant de la main g. son bouclier et sa lance et de la main dr. une patère.
Æ 24 — Coᴍᴍ.

429. Lég. fruste. Buste à droite.
℞. **NIKAIEΩN**. Pallas debout à g., posant son bouclier sur un cippe.
Æ 29 — V (fruste).

430. **M AΥP ANTΩNINOC AΥΓ**. Tête laurée, à droite.
℞. **NIKAIE|ΩN**. La déesse Rome assise à g., tenant sur sa main dr. une petite Niké et sa lance de la main gauche.
Æ 24 — L [**Pl. LXXVIII, 13**], N.

431. Autre, avec **AΥPH** et le buste à gauche.
Æ 24 — V.

432. ΑΝΤΩΝΙΝΟC ΑΥΓΟΥCΤΟC. Buste lauré et cuirassé, à dr.
℞. NIKAIEΩN. Dionysos nu, debout de face, sous un cep de vigne, portant la main dr. sur sa tête et étendant la main g. sur un jeune Satyre nu qui accourt à son côté, le pedum à la main gauche; au pied de Dionysos, une panthère.
Æ 27 — P [**Pl. LXXVIII, 14**], V [1].

433. Même droit.
℞. NIKAIEΩN. Dionysos nu, debout de face, tenant le canthare de la main dr., le thyrse de la main g. et accompagné de deux Satyres, l'un à droite, tenant le pedum, et l'autre à gauche; au pied du dieu, une panthère.
Æ 29 — P [**Pl. LXXVIII, 15**].

434. ΑΝΤΩΝΙΝΟC ΑΥΓΟΥCΤΟC. Buste radié et barbu, à dr.
℞. NIKAIEΩN. Dionysos drapé, debout à g., versant le canthare de la main dr. et s'appuyant de la g. sur un thyrse; à ses pieds, une tête d'éléphant.
Æ 29 — P [**Pl. LXXVIII, 16**].

435. ΑΝΤΩΝЄΙΝΟC ΑΥΓΟΥCΤΟC. Buste lauré, à dr.
℞. NIKAIEΩN. Dionysos nu, debout de face, versant le canthare de la main dr. et s'appuyant de la g. sur un thyrse noueux.
Æ 28 — P [**Pl. LXXVIII, 17**].

436. ΑΝΤΩΝЄΙΝΟC ΑΥΓΟΥCΤΟĊ. Tête barbue, radiée, à dr.
℞. NIKAIEΩN. Dionysos, à demi-nu, vêtu de la stola, assis à g., la tête tournée à dr.; il tient le thyrse de la main dr. et la main g. appuyée sur le siège; à ses pieds, une panthère accroupie; derrière lui, un satyre cornu, posant une couronne de la main dr. sur la tête de Dionysos et tenant le pedum de la main g.
Æ 29 — H [**Pl. LXXVIII, 18**].

437. ΑΝΤΩΝΙΝΟC ΑΥΓΟΥCΤΟC. Buste lauré, à dr.
℞. NIKAIEΩN. Dionysos assis à g. sur un char traîné par quatre éléphants; de la main dr. il tient une grappe de raisin et il s'appuie de la g. sur son thyrse.
Æ 28 — P [**Pl. LXXVIII, 19**].

---

1. *Non revue.* Variété, avec la tête impériale à gauche. Æ 27. Mionnet, *Suppl.*, 659 (Wiczay).

438. **ANTΩNINOC AYΓOYCTOC**. Buste barbu, lauré et cuirassé, à droite.
℞. **NIKAIEΩN**. Femme (Nicæa) tutulée et drapée, debout à g., tenant de
la main g. un thyrse et versant le contenu d'un canthare sur la ciste
bacchique d'où s'échappe, à gauche, un serpent.
Æ 28 — P [**Pl. LXXVIII, 20**].

439. Même lég. Tête laurée, à droite.
℞. **NIKAIEΩN**. Nicæa tutulée et drapée, debout à g., versant le canthare de
la main dr. et tenant le thyrse de la main gauche (tréflage).
Æ 29 — P [**Pl. LXXVIII, 21**].

440. **ANTΩNINOC AYΓOYCTOC**. Buste barbu, lauré et cuirassé, à dr.
℞. **NIKAIEΩN**. Nicæa tutulée, debout à g., drapée, tenant une patère de
la main dr. et un thyrse de la g.; à ses pieds, ciste ou autel.
Æ 28 — P [**Pl. LXXVIII, 22**], Comm (avec **NIKAIENΩ** *sic*).

441. Même droit.
℞. **NIKAIEΩN**. Nicæa tutulée, assise à gauche, tenant une patère de la main
dr. et s'appuyant de la g. sur un thyrse; devant elle, un autel allumé.
Æ 29 — Mi [**Pl. LXXVIII, 23**].

442. **ANTΩNINOC AYΓOYCTOC**. Tête laurée, à dr.
℞. **NIKAIEΩN**. Ciste mystique d'où s'échappe un serpent à gauche.
Æ 14 — B [**Pl. LXXVIII, 24**], T.

443. **ANTΩNINOC AYΓO**. Tête laurée, à dr.
℞. **NIKAIEΩN**. Ciste mystique d'où s'échappe un serpent à gauche.
Æ 14 — P [**Pl. LXXVIII, 25**].

444. **ANTΩNINOC AYΓOYCTOC**. Buste lauré et cuirassé à dr.
℞. **NIKAIEΩN**. Pan à pieds de bouc, debout à g. tenant une branche de pin
de la main dr. et de la g. une outre posée à terre; il est coiffé d'un
bonnet conique; derrière lui, un petit terme de Priape.
Æ 29 — P [**Pl. LXXVIII, 26**].

445. **ANTΩNINOC AYΓOYCTOC**. Buste lauré et cuirassé, à dr.
℞. **NIKAIEΩN**. Héraclès vêtu de la peau de lion, le carquois sur le dos,
s'élançant à droite et tirant de l'arc sur les oiseaux de Stymphale dont
deux tombent à terre.
Æ 28 — P [**Pl. LXXVIII, 27**].

446. ANTΩNЄINOC AΥΓOΥCTOC. Buste lauré, à dr. En contremarque une tête
    d'Héraclès coiffée de la peau de lion, à dr.
    ℞. NIKAIEΩN. Héraclès luttant avec Antée; les deux lutteurs sont nus; la
    massue d'Héraclès est dans le champ.
    Æ 29 — P, N [Pl. **LXXVIII, 28**].

447. ANTΩNINOC AΥΓOΥCTOC. Buste lauré et cuirassé, à dr.
    ℞. NIKAIEΩN. Héraclès à g., posant le genou droit sur le cerf de Cerynia
    dont il saisit les bois des deux mains.
    Æ 29 — L, V, B [Pl. **LXXVIII, 29**].

448. Même légende. Buste lauré et cuirassé, à dr.
    ℞. NIKAIEΩN. Héraclès nu, marchant à g. en détournant la tête et bran-
    dissant sa massue.
    Æ 27 — P [Pl. **LXXVIII, 30**].

449. M AΥPH ANTΩNINOC AΥΓ. Tête laurée, à dr.
    ℞. NIKAIEΩN. Héraclès à g., saisissant le taureau crétois par les cornes.
    Æ 24 — Löbb [Pl. **LXXVIII, 31**].

450. .. AΥPHΛIOC ANTωNЄINOC. Buste lauré et cuirassé, à dr.
    ℞. Mêmes lég. et type, mais à droite.
    Æ 27 — V.

451. ANTΩNЄINOC AΥΓOΥCTOC. Buste lauré et cuirassé, à droite.
    ℞. NIKAIEΩN. Héraclès nu, marchant à dr. en brandissant sa massue et
    traînant deux chevaux de Diomède.
    Æ 27 — V [Pl. **LXXVIII, 32**].

452. ANTΩNINOC AΥΓOΥCTOC. Tête laurée, à dr.
    ℞. ex. NIKAIEΩN. Héraclès couché à g. sur un lion marchant à dr.; le
    dieu tient de la main g. sa massue et de la dr. il joue avec un petit Eros.
    Æ 29 — Imh [Pl. **LXXVIII, 33**] [1].

453. ANTΩNЄINOC AΥΓOΥCTOC. Tête laurée, à dr.
    ℞. NIKAIEΩN. Némésis debout à g., drapée, tenant une baguette de la
    main g. baissée et soulevant de la main dr. le bord de sa robe sur son
    sein ; à ses pieds, la roue.
    Æ 29 — L [Pl. **LXXVIII, 34**].

---

1. *Non revues.* ℞. NIKAIEΩN. Héraclès debout étouffant le lion de Némée; à terre, la massue,
l'arc et le carquois. Æ 25. Mionnet, *Suppl.*, 675 (Vaillant). — Autre. ℞. NIKAIEΩN. Héraclès debout
tenant une pomme et la dépouille de lion de la main dr., la gauche appuyée sur sa massue. Æ 32.
Mionnet, *Suppl.*, 676 (Vaillant).

454. ANTΩNINOC AYΓOYCTOC. Tête laurée, à dr.
     ℞. NIKAIEΩN. Niké marchant à g., tenant une palme et une couronne.
     Æ 27 — B [**Pl. LXXIX, 1**].

455. ANTΩNINOC AYΓOYCTOC. Tête ou buste lauré, à droite.
     ℞. NIKAIEΩN. Tyché debout à g., tenant une corne d'abondance et un
        gouvernail.
     Æ 29 — P [**Pl. LXXIX, 2**], L, V, Löbb, Mi.

456. Variété, avec la tête laurée à g.
     Æ 25 — T.

457. ANTΩNINOC AYΓ. Tête laurée, à dr.
     ℞. NIKAIEΩN. Tyché debout à g. avec ses attributs.
     Æ 16 — Löbb.

458. ANTΩNINOC AYΓOYCTOC. Tête laurée et barbue, à g.
     ℞. NIKAIEΩN. Tyché debout à g. dans un temple hexastyle.
     Æ 25 — P [**Pl. LXXIX, 3**], V.

459. M AYP ANTΩNINOC AYΓ. Tête laurée, à dr.
     ℞. NIKAIEΩN. Femme drapée (l'Abondance?) debout à g., tenant une corne
        d'abondance et une patère.
     Æ 25 — V [**Pl. LXXIX, 4**].

460. ANTΩNINOC AYΓ. Tête laurée, à dr.
     ℞. NIKAIEΩN. Femme assise à g. sur un rocher (?) tenant de la main dr.
        avancée un objet indistinct (rameau?) et de la g. s'appuyant sur son
        sceptre.
     Æ 15 — Comm [1].

461. ANTΩNINOC AYΓOYCTOC. Buste lauré et cuirassé, à dr.
     ℞. ex. NIKAIE|ΩN. Temple hexastyle vu de trois quarts à g. et dans
        lequel est une statue de déesse nicéphore debout à côté d'un autel; dans
        le fronton, deux globules entre deux capricornes.
     Æ 30 — B [**Pl. LXXIX, 5**] [2].

---

1. *Non revues.* ANTΩNINOC AYΓOYCTOC. Buste barbu, lauré. ℞. NIKAIEΩN. L'Équité
debout tenant une balance et une haste. Æ 32. Mionnet, *Suppl.*, 662 (Sestini, Hederwar). — Autre.
Même type; mais l'Équité tient dans la main g. une corne d'abondance. Æ 24. Mionnet, *Suppl.*, 663
(Vaillant).

2. *Non revue.* Même droit. ℞. NIKAIEΩN. Temple polystyle vu de côté, dans lequel est une
idole. Æ 24. Mionnet, *Suppl.*, 689 (Sestini, Hederwar).

462. **ANTΩNEINOC AΥΓOΥCTOC**. Buste lauré et barbu, à droite.

℞. **NIKAIEΩN**; à l'ex. **CAΓAPIC**. Le fleuve Sagaris assis à g., à demi nu, tenant de la main dr. une proue de navire, de la g. un roseau et s'accoudant sur une outre renversée d'où s'échappent ses eaux.
Æ 32 — P [**Pl. LXXIX, 6**].

463. **M AΥPH ANTΩNINOC...** Tête laurée, à dr.

℞. **NIKAIEΩN**, ex. **CAΓAPIC**. Le Sagaris à demi nu, assis à g., détournant la tête, tenant de la main dr. une touffe de plantes marines et accoudé du bras g. sur une urne d'où s'échappent ses eaux.
Æ 23 — IMH. [**Pl. LXXIX, 7**].

464. **ANTΩNINOC AΥΓOΥCTOC**. Tête laurée, à dr.

℞. **NIKAIEΩN**. Héros ou dieu (Héphæstos, Zeus ou Héraclès ?) nu, debout de face, tenant de la main g. baissée des objets indistincts (arc et flèches, tenailles, foudre ?) et de la droite une patère avec laquelle il offre une libation sur un autel.
Æ 27 — P [**Pl. LXXIX, 8**].

465. Même droit.

℞. **NIKAIEΩN**. Héros imberbe (?) à demi nu, debout à dr., la main dr. ramenée sur la hanche et tenant de la main g. avancée un objet indistinct.
Æ 29 — LÖBB [**Pl. LXXIX, 9**] [1].

466. **ANTΩNINOC AΥΓOΥSTOC** (*sic*). Buste lauré, à dr.

℞. **NIKAIEΩN**. L'empereur en costume militaire, debout, s'appuyant de la main g. sur sa lance et tenant de la main dr. une patère avec laquelle il verse des parfums sur un autel allumé devant lui.
Æ 27 — P [**Pl. LXXIX, 10**].

467. **ANTΩNEINOC AΥΓOΥCTOC**. Buste lauré, à dr.

℞. **NIKAIEΩN**. L'empereur en costume militaire, debout de face, regardant à g., tenant une lance et une patère (sans autel).
Æ 30 — LÖBB [**Pl. LXXIX, 11**].

468. **ANTΩNEINOC AΥΓOΥCTOC**. Tête laurée, à dr.

℞. **NIKAIEΩN**. L'empereur lauré, portant la cuirasse et le paludamentum, debout à g., tenant dans la main dr. une patère (?) et dans la

---

1. *Non revue*. ℞. **ΘHCEA NIKAIEΩN**. Thésée debout, tenant une patère de la main dr. et s'appuyant de la g. sur une massue. Æ 22. Mionnet, *Suppl.* (Vaillant).

g. une épée au fourreau ; à côté de lui, Sérapis, coiffé du modius et
drapé, lui pose une couronne sur la tête de la main dr., tandis que
de la g. il s'appuie sur son sceptre.

Æ 3o — L [**Pl. LXXIX, 12**].

469. ΑΝΤΩΝΙΝΟC ΑΥΓΟΥCΤΟC. Buste lauré et cuirassé, à dr.

℞. **NIKAIEΩ|N**. Galère à g. avec ses rameurs ; à la proue, Sérapis debout
à dr., tenant son sceptre et levant la main dr. ; en face de lui est assis
Caracalla qui tient son sceptre et une patère ; sur la proue, l'aigle
romaine ; sur la poupe, un vexillum.

Æ 27 — L [**Pl. LXXIX, 13**].

470. Même droit.

℞. **NIKAI|EΩN**. Même type de la galère, avec Caracalla, mais sans Sérapis.

Æ 27 — M [**Pl. LXXIX, 14**].

471. ΑΝΤΩΝΙΝΟC ΑΥΓΟΥCΤΟC. Buste barbu, lauré et cuirassé, à dr.

℞. **NIKAIEΩN**. L'empereur à cheval au galop à dr., tenant sa lance en arrêt ;
peut-être, à terre, un ennemi terrassé.

Æ 29 — H [**Pl. LXXIX, 15**].

472. ΑΝΤΩΝΕΙΝΟC ΑΥΓΟΥCΤΟC. Buste lauré, à dr.

℞. **NIKAIEΩN**. L'empereur tenant son sceptre, debout dans un quadrige
à dr.

Æ 29 — P [**Pl. LXXIX, 16**].

473. ΑΝΤΩΝΕΙΝΟC.... Tête jeune laurée, à dr.

℞. **NIKAIEΩN**. Taureau (Apis) debout à dr., le disque entre les cornes.

Æ 14 — H [**Pl. LXXIX, 17**] '.

474. [M] ΑΥΡ ΑΝΤΩΝΕΙΝΟC .... Buste imberbe, à dr. Deux contremarques : une
Niké debout et la tête de Caracalla, à dr.

℞. . NI | KAIEΩN. Temple hexastyle, avec un globule au fronton et un
autre dans l'entrecolonnement.

Æ 27 — P [**Pl. LXXIX, 18**], V.

475. M ΑΥΡ ΑΝΤΩΝΙΝΟC ΑΥΓ. Tête laurée, à dr.

℞. NI — KAI|EΩN. Temple hexastyle sur deux degrés.

Æ 24 — Iмн, B [**Pl. LXXIX, 19**].

---

1. *Non revue*. ℞. **NIKAIEΩN**. Aigle tenant dans son bec une couronne. Æ 15. Mionnet, *Suppl.*,
695 (Arigoni).

476. **ANTΩNINOC AYΓOYCTOC**. Tête laurée et barbue, à dr.
R⁄. **NIKAI | EΩN**. Temple hexastyle, avec un globule au fronton.
Æ 24 — P; 26 — L, V [**Pl. LXXIX, 20**], Löbb; 32 — V.

477. **ANTΩNINOC AYΓOYCTOC**. Buste lauré, à droite.
R⁄. **NIKAIEΩN**. Temple tétrastyle vu de trois quarts; le grand côté a neuf
colonnes.
Æ 27 — V, M₁ (fruste).

478. Autre. R⁄. **TY-XH | AΓA-ΘH | NIKAIEΩN**. Temple hexastyle.
Æ 29 — V [**Pl. LXXIX, 21**].

479. **ANTΩNINOC AYΓ**. Tête jeune laurée, à dr.
R⁄. **NIKAIEΩN**. Temple tétrastyle (avec deux globules), sur des degrés.
Æ 18 — P [**Pl. LXXIX, 22**], L; 16 — M, Iᴍʜ, B.

480. Variété, avec **M AYP ANTΩNEINOC AYΓ** (sans les globules, au revers).
Æ 17 — P [**Pl. LXXIX, 23**] [1].

481. **ANTΩNINOC AYΓOYCTOC**. Tête laurée et barbue, à dr.
R⁄. **NIKAIEΩN**. Aigle légionnaire entre deux enseignes.
Æ 25 — P [**Pl. LXXIX, 24**], N, V [2].

482. **M AYPH** (ou **AYP**) **ANTΩNINOC AYΓ**. Tête laurée, barbue, à dr.
R⁄. **NIKAIEΩN**. Aigle légionnaire entre deux enseignes surmontées de
capricornes.
Æ 25 — P [**Pl. LXXIX, 25**], N, M; 24 — B.

483. Même droit.
R⁄. **NIKAIEI|ΩN**. Vexillum entre deux enseignes surmontées de capricornes.
Æ 22 — L [**Pl. LXXIX, 26**].

484. **M AYP ANTΩNINOC AYΓ**. Buste lauré, à dr.
R⁄. **NIKAIEΩN**. Trois enseignes militaires (sans capricornes).
Æ 22 — T.

---

1. *Non revues.* **ANTΩNINOC AY... OC.** Tête laurée. R⁄. **NIKAIEΩN.** Temple à dix colonnes.
Æ 24. Mionnet, *Suppl.*, 692 (San Clemente). — Autre. R⁄. **NIKAIEΩN.** Autel allumé. Æ 22. Mionnet,
Suppl., 697 (Arigoni).
2. *Non revue.* R⁄. **NIKAIEΩN.** Aigle légionnaire avec trois enseignes militaires. Æ 24. Mionnet,
Suppl., 694 (Vaillant).

485. **ΑΥΤ · Κ · Μ · ΑΥΡΗ · ΑΝΤѠΝΙΝΟϹ ΑΥΓΟΥ**. Buste jeune, lauré, à dr. En contremarque, Niké debout à dr.
℞. **ϹΕΟΥΗΡΕΙΑ ΦΙΛΑΔΕΛΦΕΙΑ**, ex. **ΝΙΚΑΙΕѠΝ**. Caracalla et Geta en toge, debout en regard, se donnant la main au-dessus d'une table sur laquelle est placée l'urne des jeux.
Æ 33 — W [**Pl. LXXIX, 27**], P.

486. Même droit, sans contremarque.
℞. **ΦΙΛΑΔΕΛΦΕΙΑ ΝΙΚΑΙΕѠΝ**. Même type.
Æ 27 — V.

487. **Α Κ Μ ΑΥΡΗ · ΑΝΤѠΝΕΙΝΟϹ ΑΥΓ**. Tête laurée, à dr.; en contremarque, Niké debout à dr.
℞. **ϹΕΟΥΗΡΕΙΑ ΝΙΚΑΙΕѠΝ**. Athlète debout à gauche, tenant de la main dr. avancée l'urne des jeux.
Æ 29 — V (fruste).

488. **.... ΑΥΡΗ ΑΝΤѠΝΕΙΝΟϹ ΑΥΓ**. Tête jeune laurée, à dr.; en contremarque, Niké debout à dr.
℞. **ϹΕΟΥΗ|ΡΕΙΑ ΦΙΛΑ|ΔΕΛΦΕΙΑ | ΝΙΚΑΙΕ|ѠΝ**, dans une couronne de laurier.
Æ 27 — P [**Pl. LXXIX, 28**].

489. **ΑΝΤѠΝΕΙΝΟϹ ΑΥΓΟ**. Tête jeune, laurée, à dr.
℞. **ΝΙΚΑΙΕѠΝ**. Amphore d'où émergent deux palmes.
Æ 16 — P [**Pl. LXXIX, 29**], M [1].

Caracalla et Géta.

490. **ΑΥΤ Κ Μ ΑΥΡΗ ΑΝΤѠΝΕΙΝΟϹ ΑΥΓ**. Tête jeune, laurée, à dr.
℞. **Π ϹΕΠΤΙ ΓΕΤΑΝ ΚΑΙϹΑΡΑ**; à l'ex. **ΝΙΚΑΙΕΙϹ**. Géta à cheval au galop, à dr.
Æ 28 — L, Löbb [**Pl. LXXIX, 30**].

491. **ΑΥΤ Κ Μ ΑΥΡΗ ΑΝΤѠΝΙΝΟ....** Tête jeune, laurée, à dr.
℞. **ΓΕΤΑΝ ΚΑΙϹΑΡΑ ΝΙΚΑΙΕΙϹ**. Géta en toge, debout à g., tenant de la main dr. une patère et de la g. un sceptre.
Æ 27 — Mandl à Pesth [**Pl. LXXIX, 31**].

---

1. *Non revue.* ℞. **ΝΙΚΑΙΕѠΝ**. Urne des jeux avec palmes. Æ 21. Mionnet, *Suppl.*, 703 (Vaillant).

Plautilla.

492. **ΦΟΥΛ · ΠΛΑΥΤΙΛΛΑ CЄBAC.** Buste à dr. En contrem., Niké debout à dr.
℞. **NIKAIEΩN.** Pallas debout à g., s'appuyant de la main g. sur sa lance et tenant de la main dr. une patère ; à ses pieds, son bouclier.
Æ 29 — P [**Pl. LXXX, 1**].

493. Variété, avec **ΠΛΑΥΤΙΛΛΑ AY**.
℞. Même lég. et type, sans le bouclier.
Æ 23 — M [**Pl. LXXX, 2**].

494. **ΦΟΥΛ · ΠΛΑΥΤΙΛΛΑ CЄBAC.** Buste à droite.
℞. **NIKAIEΩN.** Déméter debout à g., drapée, tenant de la main dr. des épis et s'appuyant de la g. sur une longue torche.
Æ 27 — W [**Pl. LXXX, 3**], V.

495. Même droit. En contrem., Niké debout à dr. tenant une couronne.
℞. **NIKAIEΩN.** Femme tutulée (Nicæa) assise à g. sur un trône à pieds de lion, tenant de la main dr. une patère et s'appuyant de la g. sur un sceptre.
Æ 29 — Löbb; 26 — W [**Pl. LXXX, 4**].

495 *bis*. **ΠΛΑΥΤΙΛΛΑ CЄBACTH.** Buste à dr.; contrem. indistincte.
℞. Comme le précédent, mais aux pieds de Nicæa, un autel allumé.
Æ 27 — V [**Pl. LXXX, 5**].

496. **ΦΟΥΛ · ΠΛΑΥΤΙΛΛΑ CЄBAC.** Buste, à dr.
℞. **OMONOIA NIKAIEΩN.** La Concorde tutulée debout à g., tenant une patère de la main dr. et une corne d'abondance de la g.
Æ 29 — W [**Pl. LXXX, 6**].

497. [**ΦΟΥ]Λ · ΠΛΑΥΤΙΛΛΑ · CЄB.** Buste à dr. En contremarque, une Niké debout à dr.
℞. **NI − KAI|EΩN.** Tyché debout à g., dans un temple hexastyle sur des degrés.
Æ 27 — P [**Pl. LXXX, 7**].

498. **ΠΛΑΥΤΙΛΛΑ CЄBACTH.** Buste à dr.
℞. **NIKAIEΩN.** Niké marchant à g., tenant une couronne et une palme.
Æ 30 — Löbb [**Pl. LXXX, 8**] [1].

---

1. *Non revues* ℞. **NIKAIEΩN.** Tyché debout à g. avec un gouvernail et une corne d'abondance. Æ 24. Mionnet, *Suppl.*, 708 (Vaillant).

Géta, césar.

499. Λ CΕΠΤΙΜ ΓΕΤΑC ΚΑΙ. Buste cuirassé de Géta, à dr.
℞. ΝΙΚΑΙΕΩΝ. Zeus assis à g., tenant une patère de la main dr. et s'appuyant de la g. sur un sceptre ; à ses pieds, un aigle.
Æ 25 — H [**Pl. LXXX, 9**].

500. Autre ; au dr., en contrem., tête à dr.; autre contrem. indistincte.
Æ 25 — V (fruste, pas d'aigle).

501. Λ CΕΠΤΙ ΓΕΤΑC ΚΑΙ. Tête nue de Géta, à dr.
℞. ΝΙΚΑΙΕΩΝ. Zeus nu, debout, regardant à g., tenant une patère et s'appuyant de la g. sur un sceptre ; à ses pieds, un aigle.
Æ 16 — H [**Pl. LXXX, 10**].

502. Λ CΕΠΤΙ ΓΕΤΑC ΚΑΙ. Tête nue, à dr.
℞. ΝΙΚΑΙΕΩΝ. Pallas debout à g., s'appuyant de la main g. sur sa lance et de la main dr. sur son bouclier posé à terre.
Æ 14 — P [**Pl. LXXX, 11**], V.

503. Λ CΕΠΤ ΓΕΤΑC ΚΑΙCΑS (*sic*). Tête laurée, à dr.
℞. ΝΙΚΑΙΕΩΝ. Pallas ou Rome assise à g., tenant sur sa main droite une petite Niké et s'appuyant de la g. sur son bouclier posé à terre.
Æ 27 — P [**Pl. LXXX, 12**].

504. Λ · CΕΠΤΙ ΓΕΤΑC ΚΑΙCΑP. Buste cuirassé, tête nue, à dr.
℞. ΝΙΚΑΙΕΩΝ. Déméter voilée, debout à g., tenant de la main dr. des épis et s'appuyant de la g. sur une longue torche.
Æ 26 — B [**Pl. LXXX, 13**].

505. Autre, avec ΚΑΙ au lieu de ΚΑΙCΑP.
Æ 14 — Iмн.

506. Λ CΕΠΤ ΓΕΤΑC ΚΑΙ. Buste à dr., tête nue.
℞. ΝΙΚΑΙΕΩΝ. Torche autour de laquelle est enroulé un serpent, la tête à droite.
Æ 16 — W [**Pl. LXXX, 14**].

507. Λ CΕΠΤΙ ΓΕΤΑC ΚΑΙ. Tête nue, à dr.
℞. ΝΙΚΑΙΕΩΝ. Eros funèbre ailé, debout à g., s'appuyant sur une torche renversée et posée sur un cippe.
Æ 16 — P [**Pl. LXXX, 15**].

5o8. Λ CЄΠΤΙΜ ΓЄΤΑC ΚΑΙ. Buste jeune cuirassé, à dr.
    ℞. ΝΙΚΑΙЄΩΝ. Dionysos nu, debout de face, levant la main dr. au-dessus
    de sa tête, soulevant le bras gauche sur la tête d'un jeune satyre qui
    danse à son côté ; à gauche, une panthère et un cep de vigne.
    Æ 27 — Université de Bologne [Pl. **LXXX, 16**].

5o9. Π CЄΠΤΙ ΓЄΤΑC... Tête nue, à dr.
    ℞. ΝΙΚΑΙЄΩΝ. Dionysos enfant, assis à g. dans un berceau (le van
    mystique) et tendant les mains ; à côté de lui, le thyrse.
    Æ 18 — B [Pl. **LXXX, 17**].

5io. Π CЄΠΤΙ ΓЄΤΑC ΚΑΙ. Buste à droite, tête nue.
    ℞. ΝΙΚΑΙЄΩΝ. Ciste dionysiaque entr'ouverte, de laquelle s'échappe à g.
    un serpent.
    Æ 16 — Mi, Löbb [Pl. **LXXX, 18**].

5ii. Λ ΣЄΠ ΓЄΤΑΣ Κ. Tête nue de Geta, à dr.
    ℞. ΝΙΚΑΙЄΩΝ. Télesphore debout, de face.
    Æ 17 — V.

5i2. Λ CЄΠΤ ΓЄΤΑC ΚΑΙCΑ. Buste à dr., tête nue.
    ℞. ΝΙΚΑΙЄΩΝ. Héraclès nu, debout à dr., combattant l'hydre de Lerne
    avec sa massue.
    Æ 25 — P [Pl. **LXXX, 19**] [1].

5i3. Λ CЄΠ ΓЄΤΑC Κ. Tête nue, à dr.
    ℞. ΝΙΚΑΙЄΩΝ. Massue.
    Æ 14 — P [Pl. **LXXX, 20**].

5i4. Λ CЄΠΤΙ ..[ΓЄΤ]ΑC ΚΑΙ. Tête à dr.
    ℞. ΝΙΚΑΙЄΩΝ. Némésis debout, tenant le fouet de la main dr., la roue de
    la gauche.
    Æ 16 — V.

5i5. ΓЄΤΑC ΚΑΙCΑΡ. Buste, tête nue, à dr.
    ℞. ΝΙΚΑΙЄΩΝ. Niké debout à dr., tenant une palme et une couronne.
    Æ 16 — Imh [Pl. **LXXX, 21**].

5i6. ΓЄΤΑC ΚΑΙCΑΡ. Buste à droite, tête nue.
    ℞. ΝΙΚΑΙЄΩΝ. Eléphant, à dr.
    Æ 17 — L [Pl. **LXXX, 22**].

---

1. *Non revue.* ℞. ΝΙΚΑΙЄΩΝ. Héraclès étouffant Antée. Æ 24. Mionnet, *Suppl.*, 718 (Vaillant).

517. **ΓΕΤΑC ΚΑΙCΑΡ.** Tête nue, à dr.
 ℞. **ΝΙΚΑΙΕΩΝ.** Serpent roulé, la tête à g.
 Æ 14 — P.

518. **Λ CΕΠΤΙΜ ΓΕΤΑC ΚΑΙ.** Buste à dr., tête nue.
 ℞. **ΝΙΚΑΙΕΩΝ.** Aigle debout à dr. sur un autel enguirlandé, tenant une couronne dans son bec; de chaque côté, une enseigne militaire.
 Æ 25 — P [**Pl. LXXX, 23**].

519. Même droit.
 ℞. **ΝΙΚΑΙΕΩΝ.** Aigle debout à dr., les ailes éployées, tenant une couronne dans son bec (sans enseignes).
 Æ 18 — B [**Pl. LXXX, 24**].

520. **Π CΕΠ ΓΕΤΑC ΚΑΙ.** Tête nue, à dr.
 ℞. **ΝΙΚΑΙΕΩΝ.** Temple tétrastyle sur des degrés.
 Æ 16 — Comm.

521. **Λ CΕΠΤΙ ΓΕΤΑC ΚΑΙ.** Tête à droite.
 ℞. **ΝΙΚΑΙΕΩΝ.** Temple tétrastyle; globules au fronton et dans l'entre-colonnement.
 Æ 17 — V.

522. **ΓΕΤΑC ΚΑΙCΑΡ.** Tête à dr.
 ℞. **ΝΙΚΑΙΕΩΝ.** Temple tétrastyle.
 Æ 14 — P.

523. **Π CΕΠΤΙΜΙΟC ΓΕΤΑC ΚΑΙCΑΡ.** Buste à dr., tête nue.
 ℞. **CΕΥΗΡΕΙΑ ΦΙΛΑΔΕΛΦΕΙΑ ΜΕΓΑΛΑ** ex. **ΝΙΚΑΙΕΩΝ.** Table des jeux sur laquelle est une urne entre deux bustes.
 Æ 33 — V.

524. Même droit.
 ℞. **CΕΟΥΗΡΕΙΑ ΦΙΛΑΔΕΛΦΕΙΑ** ex. **ΝΙΚΑΙΕΩΝ.** Table des jeux; dessus, deux urnes; entre elles, une diota d'où sort une palme; de chaque côté

de la diota, une palme ; entre les pieds de la table, diota d'où émergent
deux palmes.

Æ 27 — V (fig.).

525. ΓΕΤΑC ΚΑICΑΡ. Tête nue à droite.
    ℞. ΝΙΚΑΙΕΩΝ. Urne des jeux d'où émerge une palme.
    Æ 15 — P [Pl. [**LXXX, 25**], V, B.

526. CΕΠΤΙΜΙΟC ΓΕΤΑC · ΚΑICΑΡ. Buste cuirassé, à dr., tête nue. En contre-
    marque, Niké debout à dr.
    ℞. CΕΟΥΗΡΕΙΑ ΦΙΛΑΔΕΛΦΕΙΑ | ΝΙΚΑΙΕΩΝ. Urne d'où émergent deux
    palmes et sur laquelle on lit ΙΕΡΟC ΑΓΩΝ.
    Æ 33 — L [**Pl. LXXX, 26**].

527. Π CΕΠΤΙΜΙΟC ΓΕΤΑC ΚΑICΑΡ. Buste à dr., tête nue. En contremarque,
    Niké, debout à dr.
    ℞. CΕΟΥΗ | ΡΕΙΑ ΦΙΛΑ | ΔΕΛΦΕΙΑ | ΝΙΚΑΙΕ | ΩΝ, dans une couronne de
    laurier.
    Æ 29 — W [**Pl. LXXX, 27**].

528. Π CΕΠ... [ΓΕ]ΤΑC ΚΑΙ. Tête nue, à dr.
    ℞. ΝΙΚΑΙΕΩΝ. Corne d'abondance.
    Æ 14 — B [**Pl. LXXX, 28**].

Géta, Auguste.

529. ΑΥΤ Κ Π CΕΠΤΙ ΓΕΤΑC ΑΥΓ. Buste lauré et cuirassé, à droite.
    ℞ ΝΙΚΑΙΕΩΝ Sérapis debout, la tête à gauche, le sceptre sur le bras g.,
    la droite levée au-dessus d'un autel allumé.
    Æ 32 — V [**Pl. LXXXI, 1**] [1].

530. Variété, avec le buste à g. et CΕΠΤ ΑΥΓΟ.
    Æ 32 — Th. Reinach.

531. ΑΥΤ Κ Π CΕ ΓΕΤΑC. Buste cuirassé et lauré, à dr.
    ℞. ΝΕ[Ι]ΚΑ[Ι]ΕΩΝ. Asclepios debout, s'appuyant sur son bâton autour
    duquel est enroulé un serpent.
    Æ 17 — L [**Pl. LXXXI, 2**].

---

1. *Pièce suspecte* : Même droit. ℞. CΑΡΑΠΙΝ ΓΡΕCΒΕΥ ΝΙΚΑΙΕΙC. Même type. Æ 32 —
Scholz (*Num. Zeit.*, XXXIII, pl. VI, 47).

532. **AY** (ou **AYT**) **K Π CEΠTI** (ou **CEΠT**) **ΓΕΤΑC AYΓOYCTOC** (ou **AYΓ**). Buste
lauré, à droite.
  ℞. **NIKAIEΩN**. L'Abondance debout à g., tenant de la main dr. une patère
  et de la g. une corne d'abondance.
  Æ 32 — P [**Pl. LXXXI, 3**]; 35 — V (à ses pieds, autel allumé).

533. **AY K Π CEΠT ΓΕΤΑC AYΓO**. Buste lauré et cuirassé, à g.
  ℞. **NIKAIEΩN**. La Tyché tutulée, assise à g. sur un trône, s'appuyant de
  la main gauche sur un sceptre et tenant de la main dr. une patère avec
  laquelle elle fait une libation sur un autel allumé.
  Æ 30 — T [**Pl. LXXXI, 4**].

534. **AYT · K · Π · CEΠ · ΓΕΤΑC AYΓOY**. Buste lauré et cuirassé, à gauche.
  ℞. **NIKAIEΩN**. Geta, debout à g., lauré, cuirassé, tenant dans la main dr.
  une petite Niké et dans la g. une haste; à ses pieds, un autel allumé.
  Æ 33 — L [**Pl. LXXXI, 5**].

535. **AYT · K · Π · CEΠT · ΓΕΤΑC AYΓ** (ou **AYΓOYC**). Buste lauré et cuirassé,
  à dr.
  ℞. **NIKAIEΩN**. Aigle debout à g., sur un autel enguirlandé, tenant dans
  son bec une couronne; de chaque côté, une enseigne militaire surmontée d'un capricorne.
  Æ 32 — L, W [**Pl. LXXXI, 6**], V [1].

MACRIN.

536. **AYT K M OΓEΛ CEOYHP MAKPEINOC** [**AYΓ**]. Buste lauré et cuirassé, à dr.
  ℞. **NIKAIEΩN**. Sérapis debout à g., tenant dans la main dr. des épis et
  dans la g., un sceptre.
  Æ 28 — L [**Pl. LXXXI, 7**].

537. **AYT K M OΓEΛ CEOYHP MAKPEINOC AYΓ**. Tête laurée, à dr.
  ℞. **NIKAIEΩN**. Sérapis debout à dr., la tête surmontée du modius, levant
  la main dr. et portant un long sceptre sur son épaule gauche.
  Æ 29 — P [**Pl. LXXXI, 8**].

538. Variété, avec **AYT K M OΓEΛ CEOYHP MAKPINOC AYΓ**.
  Æ 27 — P.

1. *Non revue.* **AY Λ CEΠ ΓΕΤΑC AYΓOY**. Tête laurée. ℞. **NIKAIEΩN**. Trois enseignes
militaires avec des couronnes au-dessus. Æ 18. (Mionnet, *Suppl.*, 728 (Sestini, Hederwar).

539. ΑΥΤ Κ Μ ΟΠΕΛ ϹΕΟΥΗℙ ΜΑΚΡΙΝΟϹ ΑΥΓ. Tête laurée, à dr.
   ℟. ΝΙΚΑΙΕΩΝ. Hadès Sérapis assis à g., s'appuyant de la main g. sur un
      sceptre et touchant de la main dr. la tête de Cerbère assis à son côté.
   Æ 29 — Imh [**Pl. LXXXI, 9**].

540. ΑΥΤ Κ Μ ΟΠΕΛ (ou ΟΓΕΛ) ϹΕΟΥΗℙ (ou ϹΕΟΥΗℙ) ΜΑΚℙΕΙΝΟϹ ΑΥΓ. Buste
   lauré, à dr.
   ℟. ΝΙΚΑΙΕΩΝ. Pallas debout à g., tenant de la main dr. une patère avec
      laquelle elle fait une libation sur un autel allumé à ses pieds ; de la
      main g. baissée elle tient sa lance et son bouclier posé à terre.
   Æ 29 — W [**Pl. LXXXI, 10**], B.

541. Même droit, avec ΜΑΚℙΙΝΟϹ.
   ℟. ΝΙΚΑΙΕΩΝ. Pallas ou Rome debout à g., tenant sur sa main dr. une
      petite Niké et de la g. sa lance transversale ; du bras g. elle est accou-
      dée sur un cippe.
   Æ 30 — W (fruste) [**Pl. LXXXI, 11**].

542. ΑΥΤ Κ Μ ΟΠΕΛ ϹΕΟΥΗℙ ΜΑΚℙΙΝΟϹ... Tête laurée, à dr.
   ℟. ΝΙΚΑΙΕΩΝ. Déméter debout à g., tenant de la main dr. des épis et
      s'appuyant de la g. sur une torche allumée.
   Æ 26 — P [**Pl. LXXXI, 12**].

543. ΑΥΤ Κ Μ ΟΓΕΛ ϹΕΟΥΗℙ ΜΑΚℙΕΙΝΟϹ ΑΥΓ. Tête laurée, à dr.
   ℟. ΝΙΚΑΙΕΩΝ. Dionysos debout à g., s'appuyant de la main g. sur le thyrse
      et versant de la main dr. le contenu d'un canthare.
   Æ 29 — B [**Pl. LXXXI, 13**].

544. ΑΥΤ Κ Μ ΟΓΕΛ ϹΕΟΥΗℙ ΜΑΚℙΕΙΝΟϹ ΑΥΓ. Buste lauré et cuirassé, à dr.
   ℟. ΝΙΚΑΙΕΩΝ. Pan à pieds de bouc, nu, cornu, debout de face, la tête à
      gauche, portant de la main dr. son pédum sur son épaule, et de la g. sa
      pardalide et une syrinx ; à ses pieds, une panthère renversée sur le dos
      et jouant avec le pied de Pan.
   Æ 28 — W [**Pl. LXXXI, 14**], T ; 29 — Fl. [1].

545. ΑΥΤ Κ Μ ΟΓΕΛ ϹΕΟΥΗℙ ΜΑΚℙΕΙΝΟϹ ΑΥΙ. Tête laurée, à dr.
   ℟. ΝΙΚΑΙΕΩΝ. Heraclès nu, couché à g. sur un lion marchant à dr., tenant
      de la main dr. une coupe et de la g. sa massue et sa peau de lion.
   Æ 29 — P [**Pl. LXXXI, 15**], V, Löbb.

---

1. Le même type sous Caracalla, à Hadrianopolis de Thrace, *Catal. Berlin*, p. 169, 16, fig.; Imhoof-
Blumer, *Journ. int.*, t. I, p. 29, n° 4 et pl. B, 19.

546. AYT · K M OΠΕΛ CЄOYHP MAKPЄINOC (ou MAKPINOC) AYΓ. Tête laurée
à dr.
R⁊. NIKAIEΩN à l'ex. Héraclès couché sur un lion, comme ci-dessus, mais
tenant de la main dr. un petit Éros avec lequel il joue.
Æ 28 — W [**Pl. LXXXI, 16**], PE, V, B.

547. AYT K M OΠΕΛ CЄOYHP MAKPЄINOC AYΓ. Buste lauré et cuirassé, à dr.
R⁊. NIKAIEΩN; à l'ex. CAΓAPIC. Le Sagaris, à demi-nu, assis à g. et
détournant la tête; de la main dr. il tient une branche et de la g. un
roseau; du bras g. il s'appuie sur une urne renversée d'où s'échappent
ses eaux.
Æ 29 — W [**Pl. LXXXI, 17**].

548. Même lég. Tête laurée, à dr.
R⁊. NIKAIEΩN. Némésis debout à g., tenant de la main g. le frein et soule-
vant de la dr. le bord de sa tunique sur son sein; à ses pieds, la roue.
Æ 27 — P [**Pl. LXXXI, 18**].

549. AYT K M OΠΕΛ CЄOYHP MAKPЄINOC AYΓ. Buste lauré et cuirassé, à dr.
R⁊. NIKAIEΩN. L'Abondance ou Cybèle tourelée, assise à g. sur un trône,
détournant la tête, tenant de la main dr. un sceptre et de la g. une
corne d'abondance.
Æ 29 — P [**Pl. LXXXI, 19**].

550. AYT K M OΠΕΛ CЄOYHP MAKPINOC AYΓ. Buste lauré et cuirassé, à dr.
R⁊. NIKAIEΩN. La Tyché (Nicæa) tourelée, assise à g. sur un rocher,
tenant de la main dr. des épis; à ses pieds, le génie d'un fleuve à la
nage.
Æ 28 — P [**Pl. LXXXI, 20**].

551. AYT K M OΠΕΛ CЄOYHP MAKPЄINOC AYΓ. Buste lauré et cuirassé, à dr.
R⁊. NIKAIEΩN. L'Equité debout à g., tenant une balance de la main dr.
et une corne d'abondance de la gauche.
Æ 29 — P [**Pl. LXXXI, 21**], B.

552. Même lég. Tête laurée, à dr.
R⁊. NIKAIEΩN à l'ex. Femme tourelée (Nicæa?), debout à g., dans un
temple hexastyle; de la main g. elle tient une corne d'abondance, et de
la main dr. elle offre une libation sur un autel allumé.
Æ 28 — W [**Pl. LXXXI, 22**].

553. ΑΥΤ Κ Μ ΟΠΛ (*sic*) ϹΕΟΥΙꝐ ΜΑΚΡΕΙΝΟϹ ΑΥΓ. Tête laurée, à dr.
  ℞. ΝΙΚΑΙΕΩΝ. Tyché debout, à g.
  Æ 28 — M [**Pl. LXXXI, 23**].

554. ΑΥΤ Κ Μ ΟΠΕΛ ΣΕΟΥΙꝐ ΜΑΚΡΙΝΟΣ ΑΥΓ. Tête laurée, à dr.
  ℞. ΝΙΚΑΙΕΩΝ. Hipparque à demi-nu, les jambes drapées, assis à g. et étendant la main dr. vers un globe placé sur un cippe, la main g. s'appuyant
  sur une base.
  Æ 27 — V [**Pl. LXXXI, 24**].

555. ΑΥΤ Κ Μ ΟΓΕΛ ϹΕΟΥΙꝐ ΜΑΚΡΕΙΝΟϹ ΑΥΓ. Tête laurée, à dr.
  ℞. ΝΙΚΑΙΕΩΝ. Eléphant allant à dr., monté par son cornac qui tient une
  petite baguette.
  Æ 29 — L [**Pl. LXXXI, 25**].

556. ΑΥΤ Κ Μ ΟΓΕΛ ϹΕΟΥΙꝐ ΜΑΚΡΕΙΝΟϹ ΑΥΓ. Buste lauré et cuirassé, à dr.
  ℞. ΤΥ-ΧΗ | ΑΓΑ-ΘΗ, ex. ΝΙΚΑΙΕ | ΩΝ. Temple hexastyle.
  Æ 28 — Iᴍʜ [**Pl. LXXXI, 26**].

557. Même lég. Buste lauré, à dr.
  ℞. ΝΙΚΑΙΕΩΝ. Aigle légionnaire entre deux enseignes militaires surmon-
  tées de capricornes.
  Æ 29 — P [**Pl. LXXXI, 27**] ; 26 — Cᴏᴍᴍ.

Eʟᴀɢᴀʙᴀʟᴇ.

558. Μ ΑΥΡ ΑΝΤΩΝ.... Tête laurée, à dr.
  ℞. ΝΙΚΑΙΕΩΝ. Déméter debout à g., tenant une torche de la main g. et
  des épis de la droite.
  Æ 24 — M [**Pl. LXXXI, 28**].

559. Μ ΑΥΡ ΑΝΤΩΝΙΝΟϹ ΑΥΓ. Tête laurée, à dr.
  ℞. ΝΙΚΑΙΕΩΝ. Rome ou Pallas nicéphore assise à g.
  Æ 25 — V, L.

560. Μ ΑΥΡ ΑΝΤΩΝΙΝΟϹ ΑΥΓ. Tête laurée, à dr.
  ℞. ΝΙΚΑΙΕΩΝ. Ciste dionysiaque d'où s'échappe un serpent.
  Æ 23 — Löʙʙ [**Pl. LXXXI, 29**].

561. [... ΑΝΤΩ]ΝΕΙΝΟϹ ΑΥΓ. Buste cuirassé, à dr.
  ℞. ΝΙΚΑΙΕΩΝ. Pan à pieds de bouc, debout à g., le pedum sur l'épaule
  dr., la chlamyde sur le bras g., et repoussant du pied (?) une outre (?).
  Æ 28 — T.

562. ... **AYPH ANTΩNINOC AYΓ**. Tête laurée, à dr.
℞. **NIKAIEΩN**. Héraclès domptant le taureau crétois, à dr.
Æ 25 — V [**Pl. LXXXI, 30**].

563. ... **ANTΩNINOC**... Tête laurée, à dr.
℞. **NIKAIEΩN**. Femme tutulée (Nicæa ?) assise à g., tenant le sceptre et
des épis.
Æ 25 — V [**Pl. LXXXI, 31**] [1].

564. **M AYP ANTΩNINOC AYΓ**. Tête laurée, à dr.
℞. **NIKAIEΩN**. Éléphant couvert d'une selle et de harnachements, allant à
dr. et monté par un cornac qui tient dans chaque main un aiguillon
crochu.
Æ 25 — V, Löbb, P [**Pl. LXXXII, 32**].

565. **ANTΩNEINOC AYΓ**. Buste lauré, à dr.
℞. **NIKAIEΩN**. Aigle debout, tête à g., tenant une couronne dans son bec.
Æ 16 — T.

566. **M AYP ANTΩNINOC AYΓOYC** ou **AYΓ**. Tête laurée à dr., quelquefois à
gauche.
℞. **NIKAIEΩN**. Temple hexastyle avec une étoile au fronton et un globule
dans l'entrecolonnement.
Æ 24 — V, B, P [**Pl. LXXXII, 1**], M.

567. **M AYPH · ANTΩNINOC AYΓOYC**. Tête laurée, à dr.
℞. **NIKAIEΩN**. Aigle légionnaire entre deux enseignes surmontées de
capricornes.
Æ 25 — P [**Pl. LXXXII, 2**], L, Löbb, N.

568. **M AYP ANTΩNINOC AYΓ**. Tête laurée, à dr.
℞. **NIKAIEΩN**. Aigle légionnaire entre deux enseignes militaires.
Æ 21 — P, V, B, M.

569. **M AYPH · ANTΩNINOC AYΓOYC**. Tête laurée, à dr.
℞. **NIKAIEΩN**. Deux enseignes militaires entre deux aigles légionnaires.
Æ 22 — Comm.

---

1. *Non revue.* ℞. **NIKAIEΩN**. Cybèle tourelée assise entre deux lions. Æ 24. Mionnet, *Suppl.*,
743 (Vaillant).

570. **M AYPH ANTΩNINOC AYΓ**. Tête laurée, à dr.
   Rx. **NIKAIE | ΩN**. Vexillum surmonté d'une couronne entre deux enseignes
    militaires surmontées de capricornes.
   Æ 25 — P [**Pl. LXXXII, 3**].

571. **M AYP ANTΩNINOC AYΓ**. Buste ou tête laurée, à dr.
   Rx. **NIKAIE ΩN**. Trois enseignes militaires.
   Æ 24 — P [**Pl. LXXXII, 4**], L, V, Löbb, H, T.

Julia Paula.

572. **IOYΛ KOPNHΛIA ΠAYΛA CE**. Buste de Julia Paula, à droite.
   Rx. **NIKAIEΩN**. Tyché debout, à g.
   Æ 24 — V (fig.).

Annia Faustina [1].

Aquilia Severa [2].

Julia Maesa.

573 **IOYΛIA MAICA AYΓ**. Buste à dr.
   Rx. **NIKAI | EΩN**. Serpent enroulé, la tête à dr.
   Æ 18 — P [**Pl. LXXXII, 5**], V (fruste).

574. Même droit.
   Rx. **NIKAIE ΩN**. Trois enseignes militaires.
   Æ 22 — P [**Pl. LXXXII, 6**], V.

575. Même droit.
   Rx. **NIKAIEΩN**. Urne des jeux d'où émerge une palme.
   Æ 22 — P [**Pl. LXXXII, 7**].

1. *Non revue.* **ANNIA ΦAYC**.... Tête d'Annia Faustina. Rx. **NIKAIΩN** (*sic*). Trois enseignes
militaires. Æ 21. Mionnet, *Suppl.* 756 (Sestini).

2. *Non revue.* **IOYΛIA CEY · (AKYΛIA) CEB**. Tête d'Aquilia Severa. Rx. **NIKAIEΩN**. Temple
hexastyle. Æ 24. Mionnet, *Suppl.* 757 (Sestini).

576. Même droit.

    ℞. **NIKAIEΩN**. Temple hexastyle.

    Æ 22 — V.

SÉVÈRE ALEXANDRE, César.

577. **M AYP AΛEZANΔPOC KAI**. Tête nue, à dr.

    ℞. **NIKAIEΩN**. Artémis chasseresse debout ou en marche, à dr., prenant de la main dr. une flèche dans son carquois et tenant son arc de la g.

    Æ 21 — V (2 ex.) (fig.).

578. Même lég. Buste, tête nue, à droite.

    ℞. **NIKAIEΩN**. Némésis debout à g., tenant de la main g. le frein et découvrant son sein de la main droite ; à ses pieds, la roue.

    Æ 28 — P [**Pl. LXXXIII, 8**].

579. **M AYP AΛEΞANΔPOC KAI**. Tête nue, à dr.

    ℞. **NIKAIEΩN**. Temple hexastyle.

    Æ 21 — V [**Pl. LXXXII, 9**].

580. **M AYP AΛEZANΔPOC KAI** ou **K**. Buste cuirassé, tête nue, à dr.

    ℞. **NIKAIEΩN**, dans le champ. Trois enseignes militaires (sans aigle).

    Æ 23 — B, H, L.

SÉVÈRE ALEXANDRE, Auguste.

581. **M AYP CEH** (*sic*) **AΛEΞANΔPOC AYΓ**. Buste lauré, à dr.

    ℞. **NIKAIEΩN**. Zeus à demi nu, assis à g., tenant de la main dr. une patère et s'appuyant de la g. sur son sceptre.

    Æ 25 — P [**Pl. LXXXII, 10**], V.

582. **M AP C AΛEΞANΔPOC AV**. Tête laurée ou radiée, à dr.

    ℞. Pareil au précédent.

    Æ 18 — P [**Pl. LXXXII, 11**], COMM.

583. M AYP CEYH ΑΛΕΖΑΝΔΡΟC AYΓ. Tête ou buste lauré, à dr.

℞. NIKAIEΩN. Pallas debout à g., tenant de la main dr. une patère et s'appuyant de la g. sur sa lance ; son bouclier est à ses pieds.

Æ 27 à 3o — P [Pl. **LXXXII, 12**], L, V, M, B.

584. Même description.

Æ 22 — P [Pl. **LXXXII, 13**] [1]. .

585. M AYP CEYH · ΑΛΕΞΑΝΔΡΟC A. Tête laurée, à dr.

℞. NIKAIEΩN. Apollon nu, debout à dr., tenant de la main dr. un rameau et de la g. un bâton transversal ; il est accoudé du bras g. sur un trépied autour duquel est enroulé un serpent.

Æ 27 — LÖBB [Pl. **LXXXII, 14**].

586. M AYP CEYH ΑΛΕΖΑΝΔΡΟC AVˉ. Buste lauré, à dr.

℞. NIK | AIEΩN. Hélios radié, nu, debout dans son quadrige au galop à dr.

Æ 25 — IMH [Pl. **LXXXII, 15**].

587. .... CEY · ΑΛΕΞΑΝΔΡΟC AY. Tête laurée, à droite. En contremarque, une tête à droite.

℞. NIKAIEΩN. Hermès debout à g., vêtu de la chlamyde, tenant la bourse et le caducée.

Æ 27 — M [Pl. **LXXXII, 16**].

588. M AYP CEY ΑΛΕΙΑΝΔΡΟC AYΓ. Tête laurée, à dr.

℞. NIKAIEΩN. Aphrodite nue, accroupie à dr., lissant sa chevelure et détournant la tête pour se regarder dans un miroir que lui présente un Eros porte-flambeau ; un autre Eros, debout devant elle, tient aussi un flambeau.

Æ 20 — P (fruste, le nom de la ville est illisible), V [Pl. **LXXXII, 17**] [2].

589. ... ΑΛΕΞΑΝΔΡΟC AYΓ. Buste lauré, à dr.

℞. [NIKAI]EΩN. Isis Pharia debout, à dr., tenant une voile.

Æ 24 — T (attrib. douteuse).

59o. M AYP CEYEH (*sic*) ΑΛΕΞΑΝΔΡΟC AVˉ. Buste lauré, à dr.

℞. NIKAIEΩN. Dionysos assis sur un char traîné par quatre éléphants, à g. ; de la main dr. il tient le canthare et de la g. il s'appuie sur le thyrse. En contremarque, Niké debout à dr.

Æ 24 — P [Pl. **LXXXII, 18**].

1. *Non revue*. ℞. NIKAIEΩN. Pallas ou Rome, assise, portant sur la main dr. une Niké et tenant sa haste de la g. ; à ses pieds un bouclier. Æ 24. Mionnet, *Suppl.* 764 (Vaillant).

2. Voir le même type à Prusias *ad mare*.

591. **M · AYP · CEYH · AΛEZANΔPOC AYΓ**. Tête laurée à dr.; contremarque
indistincte.
   ℞. **NIKAIEΩN**. Dionysos debout à g., drapé, tenant de la main dr. une
patère et de la g. le thyrse.
   Æ 27 — N [**Pl. LXXXII, 19**].

592. **M AYP CEYH AΛE... AV**. Tête laurée, à dr.
   ℞. **NIKAIEΩN**. Ciste d'où s'échappe un serpent.
   Æ 22 — B [**Pl. LXXXII, 20**].

593. **M AYP CEYH · AΛEANΔPOC A**. Buste lauré, à dr.
   ℞. **NIKAIEΩN**. Pan barbu, coiffé d'un bonnet conique, ayant les jambes et
une queue de bouc; de la main dr. il tient un rameau et de la g. une
outre.
   Æ 27 — M [**Pl. LXXXII, 21**].

594. **M AYP CEYH AΛEANΔPOC AYΓ**. Tête laurée, à dr.
   ℞. **NIKAIEΩN**. Pan à g., tenant un rameau dans la main g.
   Æ 21 — T (fruste).

595. **M AYP CEY AΛEZANΔPOC AY**. Buste lauré, à dr. En contrem., une tête
laurée à dr.
   ℞. **NIKAIEΩN**. Héraclès nu, debout à dr., tenant sa massue de la main dr.
et saisissant de la g. par les rênes les deux cavales de Diomède dressées
devant lui.
   Æ 26 — B [**Pl. LXXXII, 22**].

596. **M AYP CEYH AΛEZANΔPOC AYΓ**. Tête laurée, à dr.
   ℞. **NIKAIEΩN**. Asclépios debout à g., avec son bâton.
   Æ 25 — P [**Pl. LXXXII, 23**].

596 *bis*. Variété, avec le buste radié, à dr.
   Æ 25 — Comm.

597. **M AYP CEYH AΛEANΔPOC AYΓ**. Buste lauré, à dr.
   ℞. **NIKAIEΩN**, à l'ex. Asclépios assis à g. sur un dragon ailé qui marche à
dr.; le dieu détourne la tête et tient de la main dr. un masque et de la
main g. son bâton autour duquel est enroulé un serpent.
   Æ 28 — P [**Pl. LXXXII, 24**], Löbb [1].

---

1. *Non revues*. **M AYP CEY AΛEANΔPOC AYΓ**. Tête laurée à dr. ℞. **NIKAIEΩN**. Hygie
debout donnant à manger à un serpent. Æ 21. Mionnet, *Suppl.*, 768 (Sestini, Hederwar). — Autre.
℞. **NIKAIEΩN**. Harpocrate debout, portant la main dr. à sa bouche et tenant une corne d'abondance de la g. Æ 24. Mionnet, *Suppl.*, 773 (Vaillant).

598. M AYP CЄY AΛЄΞANΔPOC AY. Buste lauré, à dr.
    ℞. NIKAIEΩN. Niké ailée debout dans un quadrige au galop, à droite.
    Æ 27 — P (fruste) [Pl. LXXXII, 25].

599. M AYP CЄYH AΛЄΞANΔ.... Buste lauré, à dr.; en contremarque, une tête
    laurée, à dr.
    ℞. NIKAIEΩN. Femme tourelée (Nicæa) assise à g. sur un rocher et tenant
    un rameau de la main dr.
    Æ 25 — W [Pl. LXXXII, 26].

600. M AYP CЄYH (ou CЄY) AΛЄΞANΔPOC AYΓ. Tête laurée ou radiée, à dr.
    ℞. NIKAIEΩN. Femme tutulée (Nicæa) debout à g., drapée, tenant de la
    main dr. une patère et s'appuyant de la g. sur un thyrse à hampe noueuse.
    Æ 27 — P [Pl. LXXXII, 27], L, B, V.

601. Même légende. Buste lauré, à dr.
    ℞. NIKAIEΩN. Némésis debout à g., tenant de la main g. le frein et
    découvrant son sein de la main droite; à ses pieds, une roue.
    Æ 28 — P [Pl. LXXXII, 28].

602. M AYP CЄYH AΛЄΞANΔPOC AYΓ. Buste lauré, à dr.
    ℞. NIKAIEΩN. L'Abondance tutulée, debout à g., tenant de la main dr.
    des épis et de la g. une corne d'abondance.
    Æ 21 — V, P.

603. AYT K M AYP AΛEZANΔPOC AYΓ. Même tête laurée, à dr.
    ℞. NIKAIEΩN. L'Equité debout à g., tenant une balance et une corne
    d'abondance.
    Æ 25 — V [Pl. LXXXII, 29].

604. [M] AYP AΛЄΞAN[ΔPO]C AY. Buste lauré à dr., en contremarque 𝔄𝔄.
    ℞. NIKAIEΩN. Femme tutulée debout à gauche, tenant une corne d'abon-
    dance sur le bras g. et de la main droite un objet indistinct.
    Æ 27 — P [Pl. LXXXII, 30] (fruste).

605. M AYP CЄYH AΛEZANΔPOC AYΓ. Tête laurée ou buste cuirassé, à dr.
    ℞. NIKAIEΩN. Tyché debout à g., tenant une corne d'abondance et un
    gouvernail.
    Æ 29 — P [Pl. LXXXII, 31], B, Löbb.

606. Variété, avec une proue aux pieds de Tyché.
    Æ 26 — P [Pl. LXXXII, 32], Mı (fruste).

607. **M AYP ϹEY AΛEΞANΔPOϹ AY**. Buste lauré et cuirassé, à dr.

   ℞. **NIKAIEΩN**, ex. **ϹAΓAPIϹ**. Le Sagaris couché à g., détournant la tête, tenant de la main dr. une branche et s'appuyant de la g. sur une urne renversée.

   Æ 29 — L [**Pl. LXXXII, 33**].

608. **M AYP ϹEY AΛEΞANΔPOϹ AY**. Buste lauré et cuirassé, à dr.

   ℞. **IΠΠAPXOϹ NIKAIEΩN**. L'astronome Hipparque assis à g. sur un cippe, le torse nu, les jambes drapées, s'appuyant de la main g. sur son siège et étendant la droite ; à sa droite, un globe posé sur une colonnette.

   Æ 23 — P [**Pl. LXXXIII, 1**], Aᴛʜ.

609. **M AYP ϹEY** (ou **ϹEYH**) **AΛEZANΔPOϹ A** (ou sans **A**). Buste lauré, à dr.

   ℞. **IΠΠAPXOϹ**. L'astronome Hipparque assis comme ci-dessus, sur un siège en forme de pliant, la main gauche sur le siège, étendant la main droite ; devant lui, un globe posé sur une colonnette.

   Æ 21 — L (*Cat.*, pl. XXXIII, 9), P [**Pl. LXXXIII, 2**].

610. **M AYP ϹEYH AΛEZANΔPOϹ AYΓ**. Tête laurée, à dr.

   ℞. **NIKAIEΩN**. L'empereur allant à cheval, au pas à g., la main droite étendue, et vêtu du costume militaire.

   Æ 28 — W [**Pl. LXXXIII, 3**].

611. **M AYP ϹEOY AΛEΞANΔPOϹ**. Buste lauré, à dr.

   ℞. **NIKAIEΩN**. Lion bondissant à gauche, et posant l'une de ses pattes de devant sur un bucrane.

   Æ 20 — W [**Pl. LXXXIII, 4**], V.

612. **M AYP ϹEY AΛEΞANΔPOϹ AY**. Buste cuirassé et lauré, à dr. Contremarque indistincte.

   ℞. **NIKAIE|ΩN**. Lion bondissant à droite, et posant les pattes de devant sur un bucrane.

   Æ 24 — H.

613. **M AYP ϹEYH AΛEZANΔPOϹ AY** ou **AY** ou **AYΓ**. Tête ou buste lauré, à dr.

   ℞. **NIKAIEΩN**. Temple hexastyle.

   Æ 27 — B [**Pl. LXXXIII, 5**] ; 22-25 — P [**Pl. LXXXIII, 6**], V ; 20 — Cᴏᴍᴍ [1].

614. **M AYP Ϲ]EY AΛEZANΔPOϹ A/Γ**. Tête radiée, à dr. (retouché).

   ℞. **NIKAI|EΩN**. Temple hexastyle.

   Æ 25 — Mɪ.

---

1. *Non revue*. ℞. **NIKAIEΩN**. Temple tétrastyle. Æ 24. Mionnet, *Suppl.*, 787 (Vaillant).

6r5. **M AYP CEYH AΛEZANΔPOC AV⁻**. Buste radié, à dr.
　　℞. **NIKAIEΩN**. Autel allumé et enguirlandé sur lequel on lit **ΔIǀOC**, ex.
　　ΛITAIOY·
　　Æ 20 — V, Löbb [**Pl. LXXXIII, 7**].

6r6. **M AYP CEYH AΛEZANΔPOC AYΓ**. Tête laurée ou buste radié, à dr.
　　℞. **NIKAIEǀΩN**. Aigle légionnaire entre deux enseignes.
　　Æ 23 — P [**Pl. LXXXIII, 8**], L, Löbb; 20 — P; 18 — T, Mɪ.

6r7. **M AYP CEYH** (ou **CEY**) **AΛEZANΔPOC AYΓ** ou **AY** ou **AV⁻** (quelquefois **AYΓ**
　　manque). Buste lauré ou radié, à dr.
　　℞. **NIKAIEΩN** (sur une ou deux lignes). Trois enseignes militaires.
　　Æ 23 à 20 — P [**Pl. LXXXIII, 9 et 10**], L, V, M, N, Löbb, T, Mɪ.

6r8. **M AYP CEY AΛEZANΔPOC AY**. Buste lauré, à dr.
　　℞. **NIKAIEΩN**. Table des jeux surmontée d'une urne; sous la table, une
　　amphore.
　　Æ 25 — P [**Pl. LXXXIII, 11**] (fruste).

6r9. **M AYP CEY AΛE...** Buste à dr.
　　℞. **NIKAIEΩN**. Table à quatre pieds sur laquelle est posée une urne avec
　　des palmes; de chaque côté, une petite urne.
　　Æ 24 — T (fruste).

620. **M AYP CEY** (ou **CEYH**) **AΛEZANΔPOC A** (ou **AYΓ**). Tête laurée, à dr.
　　℞. **NIKAIEΩN**. Urne des jeux d'où émerge une palme; parfois, sous l'urne,
　　étoile.
　　Æ 20 à 24 — P [**Pl. LXXXIII, 12**], B, V.

62r. **M AYP CEYH AΛEZANΔPOC AYΓ**. Buste lauré et cuirassé, à dr.
　　℞. **EY ǀ CEBΩN ǀ EYΓENΩN ǀ NIKAIEǀΩN**, dans une couronne de laurier.
　　Æ 26 — L (*Cat.*, pl. XXXIII, 10); P (avec **NEIKAIǀEΩN**) [**Pl. LXXXIII, 13**].

JULIA MAMAEA.

622. **IOYΛIA MAMAIA AYΓ** ou **AYΓOY**. Buste diadémé, à dr.
　　℞. **NIKAIEΩN**. Pallas debout à g., tenant de la main ǀdr. une patère et
　　s'appuyant de la g. sur sa lance; à ses pieds, son bouclier.
　　Æ 27 — L (contremarque au droit); 24 — P [**Pl. LXXXIII, 14**], V; 20 — Mɪ.

623. IOYΛIA MAMAIA AYΓOY. Buste diadémé, à dr.

R⁄. NIKAIEΩN. Femme (Nicæa) tutulée et drapée, debout à g., s'appuyant de la main g. sur un thyrse et versant de la main dr. une libation sur un autel allumé à ses pieds.

Æ 27 — W [**Pl. [LXXXIII, 15]**.

624. Même droit (avec AYΓ).

R⁄. Même lég. Némésis debout à g., se découvrant le sein de la main droite, la g. baissée tenant le frein ; à ses pieds à sa dr., la roue.

Æ 21 — V (fig.).

625. IOYΛIA MAMAIA CEB. Buste diadémé, à dr.

R⁄. NIKAIEΩN. Niké debout à g., tenant une palme et une couronne.

Æ 25 — P [**Pl. LXXXIII, 16**] ; 27 — V.

626. IOYΛIA MAMAIA AYΓ. Buste à dr.

R⁄. NIKAIEΩN. L'Abondance debout à g., tenant une patère (?) de la main dr. et une corne d'abondance de la g.

Æ 26 — V [**Pl. LXXXIII, 17**].

627. IOYΛIA MAMAIA AYΓ. Buste à dr.

R⁄. NIKAIEΩN. Autel carré surmonté de deux têtes de bœuf côte à côte.

Æ 21 — P [**Pl. LXXXIII, 18**].

628. IOYΛIA MAMAIA AYΓOY (ou AYΓ). Buste à dr.

R⁄. NIKAIEΩN. Trois enseignes militaires.

Æ 23 à 21 — L, P [**Pl. LXXXIII, 19**], B, N, M, V, T, Mɪ.

629. IOYΛIA MAMAIA AYΓOY ou AYΓ. Buste à dr.

R⁄. NIKAIEΩN. Urne des jeux d'où émerge une palme.

Æ 23 à 21 — H, V, B, Löʙʙ [**Pl. LXXXIII, 20**].

MAXIMIN.

630. Γ IOY OH (*sic*) MAΞIMEINOC AY. Buste lauré, à dr.

R⁄. NIKAIEΩN. Sérapis debout, tête à g., la main droite levée, tenant deux épis et s'appuyant de la g. sur une haste.

Æ 24 — V [**Pl. LXXXIII, 21**].

631. Γ ΙΟΥ ΟΥΗ ΜΑΙΜΕΙΝΟC ΑΥΓ. Buste lauré, à dr.
℞. ΝΙΚΑΙΕΩΝ. Arès debout à g., tenant de la main g. sa lance et de la dr.
une patère avec laquelle il offre une libation sur un autel.
Æ 27 — B [**Pl. LXXXIII, 22**].

632. Γ ΙΟΥ ΟΥΗ ΜΑΙΜΕΙΝΟC ΑΥΓ. Tête laurée, à dr.
℞. ΝΙΚΑΙΕΩΝ. Pallas casquée, debout, tenant de la main dr. une petite
Niké, et de la g. une haste; à ses pieds, son bouclier.
Æ 25 — Mɪ.

633. Autre. Pallas tient au bras g. son bouclier.
Æ 25 — Löbb.

634. Autre. Pallas tient une patère.
Æ 25 — P [**Pl. LXXXIII, 23**] (contremarque au revers), Mɪ (sans la
contrem.).

635. [Γ] ΙΟΥ ΟΥ ΜΑΙΜΕΙΝΟC ΑΥΓ. Buste lauré, à dr.
℞. ΝΙΚΑΙΕΩΝ. Pallas assise à g., tenant de la main dr. une patère et de la
g. une haste; à ses pieds, son bouclier.
Æ 22 — M [**Pl. LXXXIII, 24**].

636. Γ ΙΟΥ ΟΥΗ ΜΑΙΜΕΙΝΟC ΑV. Buste lauré, à dr.
℞. ΝΙΚΑΙΕΩΝ. Déméter voilée, assise à g. sur un trône, tenant de la main
dr. des épis et s'appuyant de la g. sur une torche.
Æ 26 — W [**Pl. LXXXIII, 25**]; 21 — T.

637. Même droit.
℞. ΝΙΚΑΙΕΩΝ. Déméter debout à g.
Æ 27 — T (fruste).

638. [Γ] ΙΟΥ ΟΥΗ ΜΑΙΜΕΙΝΟC ΑΥ. Buste lauré et cuirassé à dr. En contremarque, une tête à dr.
℞. ΝΙΚΑΙΕΩΝ. Déméter assise à g. sur la ciste, tenant de la main dr. des
épis et de la g. une longue torche.
Æ 27 — L [**Pl. LXXXIII, 26**].

639. ... ΜΑΙΜΕΙΝΟC ΑΥ. Buste lauré, à dr.
℞. ΝΙΚΑΙΙΕΩΝ. Triptolème debout dans un char traîné par deux dragons
ailés, à dr.
Æ 24 — Ìмʜ [**Pl. LXXXIII, 27**].

640. **Γ ΙΟΥ ΟΥ** (ou **ΟΥΗ**) **ΜΑΖΙΜΕΙΝΟC ΑΥΓ**. Buste lauré, à dr.
R⁄. **ΝΙΚΑΙΕΩΝ**. Jeune Pan à pieds de bouc, nu, marchant, la tête à gauche;
de la main dr. étendue il tient une clochette (?) et de la gauche le pedum.
Æ 26 — P (fruste) [**Pl. LXXXIII, 28**].

641. Même droit (en contrem., tête à dr.).
R⁄. **ΝΙΚΑΙΕΩΝ**. Pan à g., coiffé du bonnet conique, tenant de la main dr.
levée une branche, de la gauche une clochette et piétinant une outre
A g., terme de Priape.
Æ 23 — Mi (fruste et troué; cf. descript. de Mionnet, *Suppl.*, 823).

642. Même droit.
R⁄. **ΝΙΚΑΙΕΩΝ**. Jeune Pan à pieds de bouc, debout à g., levant le pied
droit, tendant la main droite et tenant de la main g. une branche de
pin.
Æ 26 — Imh [**Pl. LXXXIII, 29**], Weber (*Journ. int.*, t. I, pl. B, 20).

643. **Γ ΙΟΥ ΟΥΗ · ΜΑΞΙΜΕΝΟC** (*sic*) **ΑV⁻**. Buste lauré, à dr.
R⁄. **ΝΙΚΑΙΕΩΝ**. Hygie assise à g. sur un trône et donnant à manger à un
serpent qui se dresse devant elle.
Æ 25 — P [**Pl. LXXXIII, 30**] [1].

644. Variété, avec **Γ ΙΟΥ ΟΥΗ ΜΑΞΙΜΕΙΝΟC ΑΥΓ**.
Æ 26 — Comm.

645. **Γ ΙΟΥ ΟΥΗ ΜΑΞΙΜΕΙΝΟC ΑΥ**. Buste lauré, à dr.
R⁄. **ΝΙΚΑΙΕΩΝ**. Hygie debout à dr. nourrissant son serpent.
Æ 24 — Comm.

646. **Γ ΙΟΥ ΟΥΗ ΜΑΞΙΜΕΙΝΟC ΑΥΓ** (ou **ΑΥ⁻**). Buste lauré, à dr.
R⁄. **ΝΙΚΑΙΕΩΝ**. Némésis debout à g. découvrant son sein de la main dr. et
tenant de la g. une baguette; à ses pieds, une roue.
Æ 24 — Löbb [**Pl. LXXXIII, 31**].

647. Même droit.
R⁄. **ΝΙΚΑΙΕΩΝ**. Nicæa (?) tourelée assise à g., tenant une patère de la main
dr. et une corne d'abondance de la g.
Æ 24 — T, M [**Pl. LXXXIV, 32**].

---

[1]. *Non revue.* Même droit. R⁄. **ΝΙΚΑΙΕΩΝ**. Asclépios debout. Æ 24. Mionnet, *Suppl.*, 813 (Arigoni).

648. Même droit.

    ℞. **NIKAIEΩN**. Femme tourelée (Nicæa?) assise à g. et détournant la tête, tenant de la main dr. un thyrse et de la g. une corne d'abondance. En contremarque, Niké debout.

    Æ 25 — W [**Pl. LXXXIII, 33**].

649. Même droit.

    ℞. **NIKAIEΩN**. Femme tutulée (l'Abondance?) debout à g., tenant de la main dr. une patère et de la g. une corne d'abondance.

    Æ 24 — P [**Pl. LXXXIII, 34**].

650. Même droit. En contremarque, une tête de femme à dr.

    ℞. **NIKAIEΩN**. L'Equité debout à g., tenant de la main dr. une balance et s'appuyant de la g. sur un sceptre.

    Æ 24 — P [**Pl. LXXXIII, 35**], T (fruste).

651. Même droit.

    ℞. **NIKAIEΩN**. Tyché debout à g., avec ses attributs.

    Æ 27 — V, N (contremarque indistincte au droit).

652. **Γ ΙΟΥ ΟΥΗ ΜΑΖΙΜΕΙΝΟC ΑΥΓ**. Buste lauré, à dr.

    ℞. **NIKAIEΩN**. Prométhée assis à dr. sur un rocher et façonnant l'homme figuré debout devant lui sur une petite éminence.

    Æ 23 — P [**Pl. LXXXIII, 36**] (2 ex.; sur l'un, une contremarque indistincte).

653. Même droit.

    ℞. **NIKAIEΩN**. L'empereur sur un cheval au galop, à droite.

    Æ 24 — V [**Pl. LXXXIII, 37**].

654. **Γ ΙΟΥ ΟΥΗ ΜΑΞΙΜΙΝΟC ΑΥΓ**. Buste lauré, à dr.

    ℞. **NIKAIEΩN**. Taureau et cheval affrontés; au-dessus d'eux, la tête d'Hélios, radiée, à dr.

    Æ 24 — P [**Pl. LXXXIII, 38**].

655. **Γ ΙΟΥ ΟΥΗ ΜΑΞΙΜΕΙΝΟC ΑV**. Buste lauré et cuirassé, à dr.

    ℞. **NIKAIE[ΩN**. Lion bondissant à dr., tenant un bucrane sous ses pattes de devant.

    Æ 27 — L (*Cat.*, pl. XXXIII, 12.)

656. **Γ ΙΟΥ ΟΥΗ ΜΑΞΙΜΕΙΝΟC ΑΥΓ**. Buste lauré, à dr. En contremarque, une tête humaine.

℞. **NIKAI|EΩN.** Lion bondissant à dr., tenant un bucrane sous ses pattes de devant.

Æ 21 — P [**Pl. LXXXIII, 39**], Mɪ, V.

657. [**Γ**] **IOY OYH MAΞIMEINOC.** Buste lauré, à dr.

℞. **NIKAIEΩN** à l'ex. Temple hexastyle vu de trois quarts à dr.

Æ 24 — L [**Pl. LXXXIII, 40**].

658. **Γ IOY OYH MAΞIMEINOC AV̄.** Buste lauré et cuirassé, à dr.

℞. **NIK|AIEΩN.** Temple hexastyle, de face.

Æ 24 — L, P (en contremarque une tête humaine) [**Pl. LXXXIII, 41**].

659. Même droit.

℞. **NIKAIEΩN ;** à l'ex. **AYΓOYCTIA** (*sic*) **CEYHPEIA.** Deux urnes des jeux avec des palmes.

Æ 24 — B [**Pl. LXXXIV, 1**].

660. **Γ IOY OYH MAΞIMEINOC AY.** Tête laurée, à droite.

℞. **ACKAHΠEIA** .(*sic*). Urne des jeux avec deux palmes ; au-dessous **NI...**

Æ 24 — V (attribution douteuse) [**Pl. LXXXIV, 2**] ¹.

Mᴀxɪᴍᴇ César.

661. **Γ IOY OYH MAZIMOC K.** Buste à dr., tête nue ; en contremarque, tête voilée de Déméter, à dr.

℞. **NIKAIEΩN.** Zeus assis à g. sur un trône, s'appuyant de la main g. sur un sceptre et tenant une patère de la main dr.

Æ 26 — P [**Pl. LXXXIV, 3**], P (sans contremarque).

662. Même droit.

℞. **NIKAIEΩN.** Sérapis debout à dr. détournant la tête et levant le bras droit en arrière comme pour appeler ; de la main g., il tient son sceptre.

Æ 23 — Löʙʙ [**Pl. LXXXIV, 4**].

663. **Γ · IOY · OYH · MAΞIMOC · K.** Buste cuirassé à dr., tête nue.

℞. **NIKAI|EΩN.** Hélios dans un quadrige à dr., tenant le fouet de la main dr., les rênes de la g.

Æ 14 — L [**Pl. LXXXIV, 5**].

---

1. *Non revues*. Même droit. ℞. **NIK|AIEΩN.** Trois enseignes militaires. Æ 21. Mionnet, *Suppl.*, 830 (Vaillant) — Autre .....**INOC.** Tête à dr. ℞. **NIKAIEΩ [BY]ZANTINΩN.** Les deux instruments de pêche de Byzance. Æ 17 (Webster. *Num. Chron.*, 1873, p. 27).

664. Γ ΙΟΥ ΟΥΗ ΜΑΖΙΜΟϹ Κ. Buste à dr., tête nue ; en contrem. tête voilée de
Déméter, à dr.

℞. ΝΙΚΑΙΕΩΝ. Pallas debout à g., tenant une patère de la main dr. et
s'appuyant de la g. sur sa lance ; à ses pieds son bouclier.

Æ 22 à 24 — L, B, P (sans contremarque) [**Pl. LXXXIV, 6**].

665. Variété. Au revers, en contremarque, Niké debout.

Æ 23 — P [**Pl. LXXXIV, 7**], P (sans contremarque au droit).

666. Même droit. En contremarque, une tête à dr.

℞. ΝΙΚΑΙΕΩΝ. Déméter debout à g., tenant de la main dr. des épis et
s'appuyant de la g. sur une torche à hampe noueuse.

Æ 24 — P [**Pl. LXXXIV, 8**], Löbb, B (sans contremarque au droit ; mais
au revers, en contremarque, Niké debout à dr. tenant une couronne) '.

667. Même droit.

℞. ΝΙΚΑΙΕΩΝ. Déméter assise à g. sur une ciste, tenant de la main dr. des
épis et de la g. une longue torche.

Æ 24 — V [**Pl. LXXXIV, 9**] ².

668. Même droit.

℞. ΝΙΚΑΙΕΩΝ. Hermès nu, debout à g., tenant la bourse et le caducée.

Æ 23 — Löbb [**Pl. LXXXIV, 10**].

669. Γ ΙΟΥ ΟΥΗ ΜΑΞΙΜΟϹ Κ. Buste à dr., tête nue.

℞. ΝΙΚΑΙΕΩΝ. Héraclès nu, debout à dr., la peau de lion sur les épaules
et tuant avec son arc les oiseaux de Stymphale, dont deux tombent à
terre, percés chacun d'une flèche.

Æ 23 — W [**Pl. LXXXIV, 11**], V.

670. Même droit.

℞. ΝΙΚΑΙΕΩΝ. Héraclès nu, étouffant le géant Antée qu'il soulève et étreint
contre sa poitrine.

Æ 24 — P [**Pl. LXXXIV, 12**].

671. Même description. Au revers, en contremarque, Niké debout à dr.

Æ 12 — L.

---

1. *Non revue.* Γ ΙΟΥ ΟΥΗ ΜΑΞΙΜΟϹ Κ. Tête de Maxime ; en contrem., la tête du même
empereur. ℞. ΝΙΚΑΙΕΩΝ. Cybèle tourelée assise à g., la main dr. sur le tympanon, tenant un
sceptre de la g. Æ 24. Mionnet, *Suppl.*, 824 (Sestini). Pièce surfrappée sur un ancien type dont il
reste un taureau à g.

2. *Non revue.* ΝΙΚΑΙΕΩΝ. Satyre debout, tenant un chalumeau et un flambeau. Æ 24. Mionnet,
Suppl. 840 (Vaillant).

672. Même lég. Buste cuirassé, tête nue, à dr.; en contremarque, une tête à droite.
℞. NIKAIEΩN. Asclépios debout à g.
Æ 23 — H [Pl. **LXXXIV, 13**].

673. Γ IOY OYH MAZIMOC K. Buste à dr., tête nue.
℞. NIKAIEΩN. Tyché debout à g., tenant la corne d'abondance et le gouvernail.
Æ 24 — P [Pl. **LXXIV, 14**], V, B (avec deux contremarques indistinctes au droit.

674. Γ · IOY OYH MAΞIMOC · K. Buste cuirassé, à dr., tête nue.
℞. NIKAIEΩN. L'Équité debout à g., tenant dans la main dr. une balance et dans la gauche une corne d'abondance.
Æ 27 — L; 22 — P [Pl. **LXXXIV, 15**].

675. Variété; au droit, contremarque indistincte.
℞. Même lég. L'Équité (?) paraît tenir un objet autre qu'une balance (patère ?).
Æ 24 — V.

676. Même droit.
℞. NIKAIEΩN. Femme (l'Abondance) debout à g., tenant une patère et une corne d'abondance.
Æ 24 — B [Pl. **LXXXIV, 16**].

677. Γ IOY OY MAΞIMOC K. Buste cuirassé, à dr., tête nue. En contremarque, un casque.
℞. NIKAIEΩN. Femme (Abondance, Concorde ?) assise à g., tenant dans la main dr. une patère et dans la gauche une corne d'abondance.
Æ 27 — L [Pl. **LXXXIV, 17**].

678. Γ IOY OYH MAΞIMOC K. Tête nue, à dr.
℞. NIKAIEΩN. Femme drapée et tourelée (Nicæa), assise à g., regardant derrière elle, tenant une corne d'abondance de la main g. et un thyrse de la main droite.
Æ 24 — Mı (en contremarque, une tête à dr.), Ath, Löbb [Pl. **LXXXIV, 18**].

679. Variété, avec le buste cuirassé à droite.
Æ 23 — Imh (2ᵉ coll.) *Kleinasiat. Münzen*, t. I, p. 10, nº 4).

680. Même droit. En contremarque, une tête voilée de Déméter, à dr.

℞. NIKAIEΩN. Personnage en toge (?) debout à g., tenant de la main dr.
une petite baguette et de la g. une haste transversale.
Æ 26 — P (fruste) [**Pl. LXXXIV, 19**].

681. Même droit. Au droit, une contremarque indistincte.
℞. NIKAIE|ΩN. L'empereur en costume militaire allant à cheval au pas, à
dr., tenant la lance de la main droite.
Æ 24 — P [**Pl. LXXXIV, 20**].

682. Autre. L'empereur en costume militaire à cheval au galop, à dr.
Æ 23 — P [**Pl. LXXXIV, 21**] [1].

683. Même droit. En contremarque, tête impériale laurée, à droite.
℞. NIK|AIEΩN. Temple hexastyle, un globule au fronton.
Æ 24 — P [**Pl. LXXXIV, 22**], M, L, V.

684. Même droit.
℞. NI — K|AIEΩN. Temple à cinq (*sic*) colonnes ; au fronton, un globule.
Æ 26 — Löbb [**Pl. LXXXIV, 23**].

685. Même droit.
℞. NIKAI|EΩN. Trois enseignes militaires.
Æ 28 — V.

GORDIEN LE PIEUX.

686. ... ΓΟΡΔΙΑΝΟC ΑΥΓ. Buste radié, à dr.
℞. NIKAIEΩN. Zeus à demi nu, assis à g., tenant de la main dr. une patère
et s'appuyant de la g. sur son sceptre.
Æ 21 — P [**Pl. LXXXIV, 24**].

687. M ANT ΓΟΡΔΙΑΝΟC ΑΥΓ. Buste radié, à droite.
℞. NIKAIEΩN. Sérapis debout à g., la dr. levée, le sceptre dans la main g.
Æ 23 — V (fruste).

688. Même droit.
℞. NIKAIEΩN. Pallas, debout à g., tenant une patère de la main dr. et de
la g. une haste et son bouclier au bras.
Æ 24 — T (fruste).

---

1. *Non revue.* ℞. NIKAIEΩN. Lion courant. Æ 24. Mionnet, *Suppl.*, 851 (Vaillant).

689. Variété, avec le bouclier de Pallas à ses pieds.
     Æ 24 — Löbb [**Pl. LXXXIV, 25**].

690. Variété, avec un autel aux pieds de Pallas.
     Æ 24 — V [**Pl. LXXXIV, 26**].

691. **M · ANT · ΓΟΡΔΙΑΝΟC · ΑΥΓ**. Buste radié, à dr.
     ℞. **ΝΙΚΑΙΕΩΝ**. Rome assise à g., son bouclier à terre ; de la main dr. elle
        tient une petite Niké qui présente une couronne à Nicæa, tourelée,
        debout ; celle-ci présente à Rome l'enfant Dionysos assis dans un berceau.
     Æ 32 — P [**Pl. LXXXIV, 27**] [1].

692. **M ANT ΓΟΡΔΙΑΝΟC ΑΥΓ**. Buste radié à dr.
     ℞. **ΝΙΚΑΙΕΩΝ**. Déméter debout à g. avec une longue torche et des épis.
     Æ 24 — M [**Pl. LXXXIV, 28**].

693. Même légende. Buste lauré à dr.
     ℞. **ΝΙΚΑΙΕΩΝ**. Même type de Déméter.
     Æ 24 — Löbb [**Pl. LXXXIV, 29**].

694. Même légende. Buste radié, à dr.
     ℞. **ΝΙΚΑΙΕΩΝ**. Déméter debout à g., tenant une longue torche de la main g.
        et une patère de la dr.
     Æ 22 — Comm.

695. **M ANT ΓΟΡΔΙΑΝΟC ΑV**. Buste radié, à dr.
     ℞. **ΝΙΚΑΙΕΩΝ**. Artémis chasseresse en chiton court, à dr., accompagnée
        de son chien ; de la main g. elle tend son arc et de la dr. elle prend une
        flèche dans son carquois. En contrem. Niké debout à dr. tenant une
        couronne.
     Æ 24 — Imh [**Pl. LXXXIV, 30**].

696. Même lég. Buste radié et cuirassé, à droite.
     ℞. **ΤΟΝ ΚΤΙCΤΗΝ** ex. **ΝΙΚΑΙΕѠΝ**. Dionysos assis à g. sur un char traîné
        par quatre éléphants ; il tient de la dr. un canthare, et de la g. il s'appuie
        sur un thyrse.
     Æ 33 — Ath [**Pl. LXXXIV, 31**], T (fruste), H (refaite, légende **ΝΕѠΚΟ-
        ΡѠΝ ΝΙΚΑΙΕѶΝ**) (*Cat.* pl. XLVI, 15).

____
1. Autre exemplaire mal décrit. Mionnet, *Suppl.*, 862 (Arigoni).

697. .... ΓΟΡΔΙΑΝΟC ΑΥΓ. Tête radiée, à dr.
 ℞. ΝΙΚΑΙΕΩΝ. Pan debout à g., tenant de la main dr. un rameau (?) et de
  la g. une outre posée à terre; derrière lui, un terme de Priape (en
  partie oblitéré par une contremarque).
 Æ 24 — P [**Pl. LXXXIV, 32**].

698. M ANT ΓΟΡΔΙΑΝΟC ΑΥ. Buste radié, à gauche, avec un bouclier et un
  javelot sur l'épaule droite.
 ℞. ΝΙΚΑΙΕΙΩΝ. Héraclès nu, assis sur un lion marchant à dr.; il tient
  une massue de la main g. et un canthare de la dr.
 Æ 30 — Mi (Sanclemente); 33 — B [**Pl. LXXXIV, 33**].

699. Variété, avec le buste radié à droite et ΝΙΚΑΙΕΩΝ à l'ex.
 Æ 33 — T (fruste).

700. M ANT ΓΟΡΔΙΑΝΟC ΑΥΓ. Buste à g. radié (?), avec la lance et le bouclier.
 ℞. ΝΙΚΑΙΕ ex. ΩΝ. Héraclès nu couché à g. sur un lion qui marche à
  dr.; de la main g. il tient sa massue et de la g. un petit Eros avec
  lequel il joue.
 Æ 33 — T, P (tréflage) [**Pl. LXXXIV, 34**].

701. Même lég. Buste radié, à dr.
 ℞. ΝΙΚΑΙΕΩΝ. Asclépios debout, regardant à g.
 Æ 21 — V [**Pl. LXXXIV, 35**].

702. M ANT ΓΟΡΔΙΑΝΟC ΑΥΓ. Tête radiée, à dr.
 ℞. ΝΙΚΑΙΕΩΝ. L'Equité debout, tenant la balance et la corne d'abondance.
 Æ 23 — V (en contremarque, Niké debout tenant une palme et une couronne), V (en contremarque une proue) [**Pl. LXXXIV, 36**].

703. M ANT ... NOC ΑV. Buste lauré, à dr.
 ℞. ΝΙΚΑΙΕΩΝ. L'Abondance debout à g., tenant une palme et une corne
  d'abondance. En contremarque, une Niké debout à dr. tenant une
  couronne.
 Æ 23 — Löbb [**Pl. LXXXIV, 37**].

704. Variété, avec le buste radié.
 Æ 23 — P (sans contremarque).

705. M ANT ΓΟΡΔΙΑΝΟC ΑΥΓ. Buste radié à dr., en contremarque, une tête de
  Déméter à droite.

Ŗ. **NIKAIEΩN**. Temple tétrastyle sous lequel est une figure debout tenant une corne d'abondance.

Æ 24 — Löbb [**Pl. LXXXIV, 38**].

706. **M ANT ΓΟΡΔΙΑΝΟC AV**. Buste lauré, à dr.
Ŗ. **IΠΠΟΝ ΒΡΟΤΟΠΟΔΑ ΝΙΚΑΙΕΩΝ**. Mên-Ascanios à cheval, au pas, à dr., coiffé du bonnet phrygien, le croissant à travers la poitrine, tenant de la main dr. une couronne; les jambes de devant du cheval figurent, l'une, une jambe humaine, l'autre, un bras humain avec la main tenant le bâton d'Asclépios; la queue du cheval se termine en tête de serpent; une petite Niké vole devant la tête du héros et le couronne [1].

Æ 29 — P [**Pl. LXXXIV, 39**] (les bords sont relevés comme pour les contorniates).

706 *bis*. Variété, avec le buste à gauche, lauré, cuirassé, la lance en avant, le bouclier au bras.

Æ 29 — L [**Pl. LXXXIV, 40**].

707. Même lég. Buste radié à dr. En contremarque, une tête de Déméter à droite.
Ŗ. **ΝΙ|ΚΑΙΕΩΝ**. Temple hexastyle avec un globule au fronton et un autre dans l'entrecolonnement.

Æ 23 — P [**Pl. LXXXV, 1**].

708. Même droit, sans contremarque.
Ŗ. **[ΝΙΚΑ]ΙΕΩΝ**. Temple tétrastyle.

Æ 21 — P (fruste).

709. Même lég. Buste lauré, à dr.
Ŗ. **ΝΙΚΑΙΕΩΝ**. La Concorde (?) assise à g., tenant un sceptre et une patère.

Æ 21 — V [**Pl. LXXXV, 2**].

710. **M ANT ΓΟΡΔΙΑΝΟC AV**. Buste radié et cuirassé, à gauche, tenant la lance et un bouclier orné du Gorgoneion.
Ŗ. **ΝΙΚΑΙΕΩΝ**. Dans le ch., **BOY|ΛΗ** et **ΔΗ|ΜΟC**; à l'ex. **ΟΜΟΝΟΙΑ**. Le Démos à demi-nu debout à dr., la main g. sur son sceptre, tendant la main dr., à la Boulé qui est debout à g. tourelée, la main g. sur son sceptre.

Æ 30 — Imh [**Pl. LXXXV, 3**].

---

1. Cf. *supra* la monnaie n° 82 d'Antonin le Pieux. Le cavalier pourrait être Jules César assimilé à Mên-Ascanios.

711. **M ANT ΓΟΡΔΙΑΝΟC ΑΥΓ**. Tête radiée, à dr.
℟. **NIKAI|EΩN**. Deux aigles légionnaires entre deux enseignes surmontées de capricornes.
Æ 20 à 18 — P [**Pl. LXXXV, 4**], L, M, B, V, N, Löbb.

712. Même droit; en contremarque, une tête impériale laurée.
℟. **NIKAI|EΩN**. Deux aigles légionnaires entre deux enseignes (sans capricornes).
Æ 19 — P [**Pl. LXXXV, 5**], L, H, T.

713. **M ANT ΓΟΡΔΙΑΝΟC AV** (ou **AV⁻**). Buste radié ou lauré, à dr.
℟. **NIKAIEΙΩN**. Aigle légionnaire entre deux enseignes.
Æ 21 à 17 — P [**Pl. LXXXV, 6**], M, V, N, B, Löbb, T (les enseignes ont des capricornes).

714. Variété; au revers, en contremarque, Niké debout.
Æ 21 — P.

715. Même lég. Buste radié, à dr.
℟. **NIKAI|EΩN**. Quatre enseignes, les deux du milieu surmontées de capricornes.
Æ 19 — P [**Pl. LXXXV, 7**], L, V, H, T, Mi.

716. Même droit.
℟. **NIKAIEΙΩN**. Trois enseignes militaires.
Æ 19 — P [**Pl. LXXXV, 8**], Mi, B, M, Löbb, L (*Cat.*, pl. XXXIII, 15) [1].

717. Même droit.
℟. **NIKAIEΩN**. Urne des jeux sur une table ; sous la table, diota.
Æ 24 — M [**Pl. LXXXV, 9**].

TRANQUILLINE.

718. **CABEI TPANKYΛΛEINA**. Buste à dr.
℟. **NIKAIEΩN**. Sérapis debout de face, regardant à g., étendant le bras droit et tenant son sceptre de la main g.
Æ 24 — L, B [**Pl. LXXXV, 10**].

---

1. *Non revue.* **ΑΥΤ K M ANT ΓΟΡΔΙΑΝΟC ΑΥΓ**. Tête laurée. ℟. **NIKAIEΩN**. Enseigne militaire. Æ 21. Mionnet, *Suppl.* 868 (Theupoli).

719. CAB TPANKYΛΛINA C. Buste, à dr.
    ℞. NIKAIEΩN. Pallas debout à g. tenant de la main dr., une patère et
    s'appuyant de la g. sur sa lance; à ses pieds, un bouclier.
    Æ 24 — P [**Pl. LXXXV, 11**], L, B.

720. CAB TPANKYΛΛINA C. Buste, à dr.
    ℞. NIKAIEΩN. Déméter debout à g. tenant de la main dr. des épis avec
    un pavot, et de la g. un flambeau.
    Æ 24 — T (fruste).

721. Même droit.
    ℞. NIKAIEΩN. Asclépios debout à g., s'appuyant de la main dr. sur son
    bâton autour duquel est enroulé un serpent.
    Æ 24 — L [**Pl. LXXXV, 12**].

722. Même droit.
    ℞. NIKAIE|ΩN. Temple hexastyle dans lequel est une figure debout tenant
    un sceptre.
    Æ 24 — L [**Pl. LXXXV, 13**], V (fruste).

723. CAB TPANKYΛΛINA. Buste, à dr.
    ℞. NIKAI|EΩN. Aigle légionnaire entre deux enseignes.
    Æ 20 — L, P [**Pl. LXXXV, 14**].

724. Même droit.
    ℞. NIKAI|EΩN. Trois enseignes, celle du milieu surmontée d'un capricorne.
    Æ 19 — H [1].

PHILIPPE, le père.

725. M IOYΛIOC ΦIΛIΠΠOC AYΓ. Buste radié, à dr.
    ℞. NIKAIEΩN. Pallas debout à g.. tenant de la main dr. un rameau et
    s'appuyant de la g. sur sa lance.
    Æ 28 — P (fruste).

726. Variété. Pallas tient de la main dr. une patère et s'appuie de la g. sur
    son bouclier posé à terre.
    Æ 29 — LÖBB [**Pl. LXXXV, 15**] [2].

---

1. *Non revues :* ℞. NIKAIEΩN AΔPIANΩN OMONOIA. Asclépios et Hygie debout. Æ 32.
Mionnet, *Suppl.* 873 (Vaillant). — Autre. ℞. [NIK]AIEΩN. Tyché debout. Æ 30 (trouvaille de Vienne.
Scholz, *Num. Zeit.*, t. XXIII, p. 124, n° 7).

2. *Non revue.* ℞. NIKAIEΩN. Pallas casquée debout, tenant une haste de la main dr., la g. posée
sur son bouclier. Æ 24. Mionnet, *Suppl.* 876 (Vaillant).

727. **M IOYΛIOC ΦIΛIΠΠOC AYΓ**. Buste radié, à dr.
℞. **NEIKAIEΩN**. Déméter voilée, debout à g., tenant de la main dr. des épis
et s'appuyant de la g. sur une longue torche.
Æ 27 — IMH [**Pl. LXXXV, 16**].

728. **M A IOYΛIOC ΦIΛIΠΠOC AY**. Buste lauré et cuirassé, à dr.
℞. **NIKAIEΩN**. Asclépios debout à g., s'appuyant sur son bâton.
Æ 29 — Löbb [**Pl. LXXXV, 17**].

729. **M IOYΛIOC ΦIΛIΠΠOC AYΓ**. Buste radié, à dr.
℞. **NIKAIEΩN**. L'empereur sur un cheval au galop à dr., tenant sa lance en
arrêt.
Æ 27 — W [**Pl. LXXXV, 18**].

730. **M IOYΛIOC ΦIΛIΠΠOC...** Buste lauré, à dr. En contrem., une proue.
℞. **NIKAIEΩN**. L'Empereur sur un cheval au pas à g. en pacificateur,
levant la main dr.
Æ 28 — Löbb [**Pl. LXXXV, 19**].

731. **M IOYΛIOC ΦIΛIΠΠOC AYΓ**. Buste lauré, à dr.
℞. **NIKAIΩN** (*sic*) ou **NIKAIEΩN**, ex. **AYΓOYCTIA | CEYHPIA**. Deux urnes
des jeux, de chacune desquelles émerge une palme.
Æ 28 — Löbb [**Pl. LXXXV, 20**].

OTACILIA SEVERA.

732. **..A OTAKI CEOYHPA AYΓ**. Buste, à dr.
℞. **NIKAIEΩN**. Pallas casquée debout à g., tenant de la main dr. une
patère et de la g. la lance et le bouclier.
Æ 28 — T.

733. **MAPKIA ΩTAKI CEOYHPA AY**. Buste, à dr.
℞. **NIKAIEΩN**. Niké debout à g., tenant une couronne et une palme.
Æ 28 — IMH [**Pl. LXXXV, 21**].

734. Même droit.
℞. **NIKAIEΩN**. L'Abondance debout à g., tenant une patère et une corne.
Æ 28 — COMM.

PHILIPPE, le fils.

735. **M ΙΟΥΛΙΟC ΦΙΛΙΠΠΟC K**. Buste à dr., tête nue.
℞. **NIKAIEΩN**. Zeus assis à g., les jambes drapées, tenant de la main dr.
une patère et s'appuyant de la g. sur son sceptre.
Æ 27 — P (fruste) [**Pl. LXXXV, 22**].

736. Même droit.
℞. **NIKAIEΩN**. Pallas ou Rome casquée, assise à g., tenant de la main dr.
une petite Niké qui lui tend une couronne, et de la g. sa lance transversale; son bouclier est à terre, appuyé contre son trône.
Æ 29 — W (au droit, contremarque indistincte) [**Pl. LXXXV, 23**], M.

737. Même droit.
℞. **NIKAIEΩN**. Pallas casquée debout à g., tenant sur la main dr. une
petite Niké et de la g. son bouclier.
Æ 28 — COMM.

738. Même légende. Buste cuirassé, tête nue, à dr.
℞. **NIKAIEΩN**. Déméter assise à g. sur une ciste, tenant de la main dr. des
épis et de la g. une longue torche.
Æ 28 — P [**Pl. LXXXV, 24**].

739. Même droit.
℞. **NIKAIE[ΩN]**. Pan debout à g., à pieds de bouc, coiffé d'un bonnet
conique, tenant de la main dr. une branche de pin et de la g. une outre
posée à terre.
Æ 27 — L [**Pl. LXXXV, 25**] '.

TRAJAN DÈCE.

740. **AY KAI TPAIAN ΔEKIOC AYΓ CE**. Buste radié, à g.
℞. **NIKAIEΩN**. Sérapis assis à g., la tête surmontée du modius, étendant la
main dr. et s'appuyant de la g. sur son sceptre.
Æ 27 — P [**Pl. LXXXV, 26**], B.

---

1. *Non revue*. ℞. **NIKAIEΩN**. Asclépios, Hygie et Télesphore debout, avec leurs attributs. Æ 24.
Mionnet, *Suppl.*, 581 (Vaillant).

741. AY KAI [TPAIANOⅭ] ΔEKIOⅭ AY ⅭEB. Buste radié et cuirassé, à gauche.
    ℞. NIKAIEΩN. Pallas assise à g., tenant de la main dr. une patère et de
    la g. sa lance ; son bouclier est à terre à son côté.
    Æ 29 — L [**Pl. LXXXV, 27**].

742. Variété. ℞. La main dr. tient une petite Victoire.
    Æ 24 — M [**Pl. LXXXV, 28**].

743. AYT K TP ΔEKIOC AYˉ ⅭE. Buste lauré, à dr.
    ℞. NIKAIEΩN. Niké debout à g., tenant de la main dr. une couronne et de
    la g. une palme.
    Æ 16 — W [**Pl. LXXXV, 29**], T (fruste).

744. AYT KAI T (*sic*) MEC KY TPAIAN ΔEKIOC AYΓ. Buste radié, à dr.
    ℞. NIKAIEΩN. Asclépios et Hygie debout en regard, avec leurs attributs ;
    au milieu, Télesphore aussi debout.
    Æ 28 — B [**Pl. LXXXV, 30**], Fʟ (retouchée).

745. AY KAI TPAIAN ΔEKIOⅭ AYΓ ⅭE. Buste lauré, à g.
    ℞. NIKAIEΩN. Femme drapée assise à g. (attributs incertains).
    Æ 24 — M [**Pl. LXXXV, 31**] (fruste).

746. AY K TP ΔEKIOC AY ⅭE. Tête laurée, à dr.
    ℞. NIKAIE[ΩN. Aigle entre deux enseignes militaires.
    Æ 16 — V [**Pl. LXXXV, 32**].

Hᴇʀᴇɴɴɪᴀ Eᴛʀᴜsᴄɪʟʟᴀ.

747. EPENNIA ETPOYCKIΛΛΑ AYˉ C. Buste diadémé, à dr.
    ℞. NIKAIEΩN. Pallas debout à g., tenant de la main dr. une patère et sa
    lance de la g. ; à ses pieds, son bouclier.
    Æ 24 — B [**Pl. LXXXV, 33**].

748. EPEN ETPOYCKIΛΛΑ · ⅭE. Buste diadémé, à dr.
    ℞. NIKAIEΩN. Hygie debout à g. donnant à manger à un serpent.
    Æ 21 — L [**Pl. LXXXV, 34**].

1. *Non revues.* ℞. NIKAIEΩN. Cybèle voilée assise, tenant de la main dr. une patère, et la g.
appuyée sur le tympanon. Æ 24. Mionnet, *Suppl.* 883 (Vaillant). — Autre. NIKAIEΩN. Les trois
Grâces nues debout. Æ 24. Mionnet, *Suppl.* 885 (Vaillant).

749. Même droit.
    ℞. NIKAIEΩN. Harpocrate nu, debout à g., portant la main dr. à ses
    lèvres et tenant de la g. une corne d'abondance.
    Æ 16 — P [**Pl. LXXXV, 35**].

750. Même droit.
    ℞. NIKAIEΩN. L'Équité debout à g., tenant la corne d'abondance sur le
    bras g. et une balance de la main dr.
    Æ 23 — WINTERTHUR (Imhoof, *Kleinasiat. Münzen*, p. 5o3, n° 4).

751. EPENNI ETPOYϹKIΛΛA ϹEB. Buste diadémé, à dr.
    ℞. NIKAIEΩN. Némésis debout à g., soulevant de la main dr. le bord de
    sa robe sur son sein ; à ses pieds, la roue.
    Æ 23 — L [**Pl. LXXXV, 36**].

752. EPEN ETPOYϹKIΛΛA ϹE. Buste diadémé, à dr.
    ℞ NIKAIE|ΩN. Aigle légionnaire entre deux enseignes.
    Æ 17 — P [**Pl. LXXXV, 37**], V.

HERENNIUS ETRUSCUS, César.

753. Γ MEΣΣ · KYINT · ΛEKION K. Buste radié, à dr.
    ℞. NIKAIEΩN. Zeus Sérapis debout de face, la tête de profil à g. et levant
    le bras droit ; de la main g., il tient un sceptre transversal ; à ses pieds,
    un autel allumé.
    Æ 25 — W [**Pl. LXXXV, 38**], P.

754. Même droit.
    ℞. NIKAIEΩN. Zeus Sérapis assis à g., coiffé du calathos, tenant de la main
    dr. une patère et s'appuyant de la g. sur son sceptre.
    Æ 26 — B [**Pl. LXXXV, 39**].

755. Γ · MEϹ KYI · EPE · ETPOY · ΛEKION · K. Buste radié, à dr.
    ℞. NIKAIEΩN. Pallas debout à g., tenant de la main dr. une petite Niké
    et de la g. sa lance et son bouclier.
    Æ 27 — L, T (fruste), B (en contrem. au revers, une tête impériale à dr.）
    [**Pl. LXXXV, 40**].

756. Même droit.
    ℞. NIKAIEΩN. Hygie debout à g., nourrissant un serpent.
    Æ 25 — B [**Pl. LXXXV, 41**].

757. Même droit.

 ℞. NIKAIEΩN. Tyché debout à g., tenant de la main g. une corne d'abondance et de la dr. un gouvernail.

 Æ 25 — W [**Pl. LXXXV, 42**].

758. Même droit.

 ℞. NIKAIEΩN. L'Abondance debout à g., tenant de la main dr. une patère et de la g. une corne d'abondance.

 Æ 25 — Iᴍʜ [**Pl. LXXXV, 43**].

Hostilien, César.

759. Γ OYA OCTI MEC KYINTON K. Buste radié, à dr.

 ℞. NIKAIEΩN. Sérapis debout, la main droite levée, comme ci-dessus; à ses pieds, un autel.

 Æ 25 — P [**Pl. LXXXVI, 1**], Fʟ (avec **OYAΛENT MEΣΣI**, etc.).

760. Γ OYAΛENT · MEΣΣI · KYINTON K. Buste radié, à dr.

 ℞. NIKAIEΩN. Déméter debout à g., tenant de la main dr. des épis et s'appuyant de la g. sur une longue torche.

 Æ 27 — W [**Pl. LXXXVI, 2**]; 25 — M (avec **OYAΛENT OCT MECCI KYINTOC K**), T.

761. Γ OYAΛENT OΣT MEΣ KYINTON K. Buste radié et cuirassé, à dr.

 ℞. NIKAIEΩN. Déméter assise à g. sur une ciste, tenant de la main dr. une patère et de la g. une longue torche.

 Æ 27 — L, P [**Pl. LXXXVI, 3**].

762. Γ OYAΛE[NT] MCCCI KYINTON K. Buste radié, à dr.

 ℞. NIKAIEΩN. Asclépios et Hygie debout en regard, le dieu appuyé sur son bâton, la déesse donnant à manger à un serpent; entre eux, le petit Télesphore debout.

 Æ 27 — P [**Pl. LXXXVII, 4**].

763. Γ· OYAΛENT MECCI KYIN. Tête radiée, à dr. En contremarque, un **I**.

 ℞. NIKAIEΩN. L'Abondance assise à g., tenant une patère de la main dr. et une corne d'abondance de la gauche.

 Æ 27 — M, B [**Pl. LXXXVI, 5**].

763 *bis*. Γ OYAΛENT OCT MEC KYINT. Même type.

 ℞. Même lég. et type; en contrem., une tête à dr.

 Æ 26 — P [**Pl. LXXXVI, 6**].

764. Γ OYAΛENT OCT MEC KYINTON K. Buste radié, à dr,
  R✒. NIKAIEΩN. Tyché tutulée, debout à g., tenant de la main g. une corne
  d'abondance et de la dr. le gouvernail.
  Æ 25 — P [**Pl. LXXXVI, 7**] ¹.

TREBONIANUS GALLUS.

765. AYT [K Γ BE]IB ΓAΛΛOC AYΓ. Buste radié, à dr.
  R✒. NIKAIEΩN. Zeus à demi nu, assis sur un trône à g., la main g.
  appuyée sur un sceptre, la main droite tenant une patère.
  Æ 24 — P [**Pl. LXXXVI, 8**].

766. AYT K Γ BEIB ΓAΛΛOC AY⁻. Buste radié, à dr.
  R✒. NIKAIEΩN. Sérapis debout, comme ci-dessus.
  Æ 25 — P [**Pl. LXXXVI, 9**], B, V, Löbb.

767. AYT · K · Γ · BEIB · ΓAΛΛOC · AY. Buste radié et cuirassé, à dr.
  R✒. NIKAIEΩN. Cybèle coiffée du calathos, assise à g. sur un trône, avec
  deux lions à ses pieds ; de la main dr. elle tient une patère et de la g.
  elle s'appuie sur le tympanon.
  Æ 27 — L, P [**Pl. LXXXVI, 10**].

768. AYT K Γ BEIB ΓAΛΛOC·A· Buste radié, à dr.
  R✒. NIKAIEΩN. Pallas debout à g., tenant de la main dr. une patère et de
  la g. sa lance et son bouclier posé à terre.
  Æ 24 — P [**Pl. LXXXVI, 11**].

769. AYT K Γ BEIB ΓAΛΛOC AY⁻. Buste radié, à dr.
  R✒. NIKAIEΩN. Rome ou Pallas casquée, assise à g., tenant de la main
  gauche une lance la pointe en bas et de la main dr. une patère ; à ses
  pieds, un bouclier.
  Æ 26 — P [**Pl. LXXXVI, 12**].

770. AYT K Γ BEIB ΓAΛΛOC AY. Tête radiée, à dr.
  R✒. NIKAIEΩN. Pan barbu, à pieds de bouc, debout à dr., coiffé d'un
  bonnet conique, tenant un rameau de la main dr. et une outre de la g.
  Æ 26 — COMM (IMHOOF, *Journ. int.*, t. I, p. 29, n° 39.

---

1. *Non revues.* R✒. NIKAIEΩN. Dionysos à demi nu debout, tenant de la main dr. une grappe de
raisin et de la gauche un thyrse. Æ 24. Mionnet, *Suppl.* 895 et 896 (Sestini, Arigoni).

771. **AYT K .... ΓΑΛΛΟC** ... Buste radié, à dr.
℞. **NIKAIEΩN**. Asclépios debout à g.
Æ 25 — Löbb [**Pl. LXXXVI, 13**].

772. **AYT · K · Γ · BEIB · ΓΑΛΛΟC · N**. Buste radié et cuirassé, à dr.
℞. **NIKAIEΩN**. Némésis debout à g., drapée, se découvrant le sein de la
main droite, et tenant de la main g. une baguette ; à ses pieds, la roue.
Æ 27 — L (*Cat.* pl. XXXIII, 17), P [**Pl. LXXXVI, 14**].

773. **AYT K Γ BEIB · ΓΑΛΛΟC A** (ou **AV**). Buste radié, à dr.
℞. **NIKAIEΩN**. L'Équité debout à g., tenant une balance de la main dr. et
une corne d'abondance de la g.
Æ 24 — T, P [**Pl. LXXXVI, 15**].

774. **AYT K Γ BEIB ΓΑΛΛΟC AY⁻**. Buste radié, à dr.
℞. **NIKAIEΩN**. La Concorde (ou l'Abondance) tutulée, debout à g., tenant
une patère et une corne d'abondance.
Æ 24 — P (au droit, en contremarque, le signe **T**) [**Pl. LXXXVI, 16**], M.

775. **AYT · K · Γ · BEIB · ΓΑΛΛΟC · AY⁻**. Buste radié, à dr.
℞. **NIKAIEΩN**. L'Abondance assise à g., tutulée, tenant de la main dr. une
patère et de la g. une corne d'abondance.
Æ 25 — Iмн [**Pl. LXXXVI, 17**].

776. Même droit.
℞. **NIKAIEΩN**. Femme drapée debout à g., tenant sur chacune de ses deux
mains étendues à dr. et à g. une urne d'où émerge une palme.
Æ 26 — Löbb [**Pl. LXXXVI, 18**] ¹.

777. Même droit.
℞. **NIKAIEΩN BYZANTIΩN**. La Sécurité debout à g., drapée, tenant une
patère de la main dr. et accoudée du bras gauche sur un cippe. En
contrem., une tête à dr.
Æ 26 — B [**Pl. LXXXVI, 19**].

778. Même droit.
℞. **NIKAIEΩN BYZANTIΩN OMONOIA**. La Concorde debout à g., tenant de
la main dr. une patère et de la g. une corne d'abondance.
Æ 24 — P [**Pl. LXXXVI, 20**].

---

1. Mal décrite dans Mionnet, *Suppl.* 901 (Sestini).

779. **AYT K Γ BEIB ΓΑΛΛΟC AYΓ**. Buste radié et drapé, à g., armé d'une lance et d'un bouclier.

   ℞. **ΕΠΙ ICAYPIKOY K BEPONEIKHC OMONOIA**. Dans le ch., **BYZANTI**; à l'exergue, **NIKAIEΩN**. Deux femmes diadémées debout et affrontées, tenant chacune une corne d'abondance et une patère et sacrifiant sur un autel.

   Æ 32 — *Catal. Photiadès-Pacha*, n° 1502 [1].

780. Même lég. Buste lauré et cuirassé, à dr.

   ℞. **ΕΠΙ ICAYPIKOY KAI BEPONEIKHC OMONOIA**. Champ : **BYZ|ANTIΩN |** ex. **NIKAIEΩN**. Deux instruments de pêche (?) oblongs ; entre eux, autel allumé et enguirlandé.

   Æ 29 — L, P [**Pl. LXXXVI, 21**].

781. Même lég. (avec **AV**). Buste radié et cuirassé, à dr.

   ℞. **NIKAIEΩN BYZANTIΩN**. Ch., **OM|ON|OI|A**. Même type ; l'autel a parfois un couvercle conique.

   Æ 25 — L, P [**Pl. LXXXVI, 22**].

782 Variété (avec **AYΓ**).

   Æ 22 — L.

783. Variété. Même droit, lég. retouchée.

   ℞. **NIKAIEΩN BYZANTIΩN OM|ONOIA**. Même type.

   Æ 25 — P.

VOLUSIEN.

784. **AY K BEIB ΓΑΛΛΟC OYOΛOCCIANOC**. Tête radiée, à dr.

   ℞. **NIKAIEΩN**. Les trois Grâces.

   Æ 22 — P [**Pl. LXXXVI, 23**], Löbb, L, L (en contremarque, au revers, une tête impériale).

785. **AY K BEIB ΓΑΛΛΟC OYOΛOCCIANOC**. Tête radiée, à dr.

   ℞. **NIKAIEΩN**. Tyché tutulée debout de face, détournant la tête et tenant une corne d'abondance de la main g. et le gouvernail de la dr.

   Æ 24 — P [**Pl. LXXXVI, 24**] [2].

---

1. *Non revue.* ℞. **NIKAIEΩN**. L'empereur à cheval au galop, armé d'une haste. Æ 24. Mionnet, *Suppl.* 905 (Vaillant). — Autre. ℞. **NIKAIEΩN**. Artémis et son chien. Æ 17 (Webster. *Num. Chron.*, 1873, p. 27).

2. *Non revue.* ℞. **NIKAIEΩN**. L'Abondance debout à g., tenant une patère de la main dr. et une corne d'abondance de la g. Æ 24. Mionnet, *Suppl.* 909 (Vaillant).

786. AYT K Γ BEIB ΓΑΛΛΟC ΟΥΟΛΟCCIANOC A. Buste lauré, à dr.
      ℞. ΕΠΙ ICAYPIKOY K BEPONΕIKHΣ OMONOIA. Urne des jeux d'où émergent
      deux palmes; sur l'urne, BYZANTIΩN, à l'ex. NIKAEΩN.
      Æ 28 — P [Pl. LXXXVI, 25] [1].

VALÉRIEN, le père.

787. AYT K Π ΛIKIN OYΛAEPI....CE. Tête radiée, à dr.
      ℞. NIKAIEΩN. Serapis radié et tutulé, debout à g., la main dr. levée,
      tenant de la g. un long sceptre incliné; devant lui, un petit autel.
      Æ 25 — Löbb [Pl. LXXXVI, 26].

788. Γ Π ΛIK OYΛAEPIANOC CEB. Buste radié, à dr.
      ℞. NIKAIEUN (sic). Serapis, comme ci-dessus, mais non radié.
      Æ 27 — Löbb (Num. Zeit., t. XXI, p. 35, pl. II, 1).

789. Γ ΠΟΥB ΛIK OYΛAEPIANOC AYΓ. Buste radié, à dr.
      ℞. NIKAIEΩN. Cybèle assise à g., tourelée, tenant de la main dr. une
      patère et s'appuyant du bras g. sur le tympanon; à ses pieds, un lion.
      Æ 25 — P [Pl. LXXXVI, 27], Löbb.

790. Γ ΠΟΥ ΛIK OYΛAEPIANOC AYΓ. Buste radié, à dr.
      ℞. NIKAIEΩN. Déméter assise à g., tenant de la main droite des épis et de
      la g. un flambeau.
      Æ 24 — T, P (au revers, en contrem., une tête impériale à dr.)
      [Pl. LXXXVI, 28].

791. Γ Π ΛIK OYΛAEPIANOC CEB. Buste radié et cuirassé, à dr.
      ℞. NIKAIEUN (sic). Déméter debout à g., tenant de la main dr. des épis et
      de la g. une torche renversée.
      Æ 25 — L [Pl. LXXXVI, 29].

792. Γ ΠΟΥB ΛIK OYΛAEPIANOΣ AYΓ. Buste radié, à dr.
      ℞. NIKAIEΩN. Pallas debout à g., tenant de la main dr. une patère et
      s'appuyant de la g. sur sa lance et son bouclier posé à terre.
      Æ 25 — W [Pl. LXXXVI, 30].

[1]. Isauricus est un magistrat de Byzance connu par d'autres monnaies (Mionnet, Suppl., II, 273,
nos 425 suiv.; Macdonald, Cat. Hunter, I, p. 307, n° 35). Bérénice ou Véronique est un magistrat
féminin, aussi de Byzance : les monnaies de cette dernière ville ont souvent deux magistrats, parmi
lesquels on rencontre plusieurs noms féminins.

64

793. ΠΟΥ ΑΙ ΟΥΑΛΕΡΙΑΝΟC C. Buste radié, à dr.
℞. ΝΙΚΑΙΕΩΝ. Pallas debout à g., tenant de la main dr. une patère et de la g. sa lance et son bouclier au bras. En contremarque, une tête impériale.
Æ 24 — P [**Pl. LXXXVI, 31**], V, Löbb (sans contrem.).

794. .. ΛΙΚ ΟΥΑΛΕΡΙΑΝΟC ΑΥΓ. Buste radié, à dr.
℞. ΝΙΚΑΙΕΩΝ. Pallas ou Rome assise à g., s'appuyant de la main g. sur sa lance et tenant de la main dr. une petite Niké; à ses pieds, son bouclier.
Æ 24 — P [**Pl. LXXXVI, 32**].

795. Même droit.
℞. ΝΙΚΑΙΕΩΝ. Asclépios debout à gauche.
Æ 25 — Löbb [**Pl. LXXXVI, 33**].

796. Γ Π ΛΙΚ ΟΥΑΛΕΡΙΑΝΟC CΕΒ. Buste radié à dr.
℞. ΝΙΚΑΙΕΩΝ. La Concorde debout à g., tenant de la main g. une corne d'abondance et de la main dr. une patère au-dessus d'un autel allumé.
Æ 25 — P [**Pl. LXXXVI, 34**], L.

797. ... ΟΥΑΛΕΡΙΑΝΟC ΑΥΓ. Buste radié, à dr.
℞. ΝΙΚΑΙΕΩΝ. La Concorde, comme ci-dessus, mais sans autel.
Æ 25 — L.

798. Γ Π ΛΙΚ ΟΥΑΛΕΡΙΑΝΟC CΕΒ. Buste radié, à dr.
℞. ΝΙΚΑΙΕΩΝ. L'Abondance assise à g., tenant une patère et une corne d'abondance. En contrem., une tête impériale.
Æ 23 — B; 26 — Löbb [**Pl. LXXXVI, 35**].

799. Γ ΠΟΥΒ ΛΙΚ ΟΥΑΛΕΡΙΑΝΟC ΑΥΓ. Buste radié, à dr.
℞. ΝΙΚΑΙΕΩΝ. L'Abondance (tutulée?) assise à g. sur un escabeau, tenant de la main dr. une patère et s'appuyant de la g. sur un sceptre.
Æ 26 — B [**Pl. LXXXVI, 36**].

800. Γ ΠΟΥ ΛΙΚ ΟΥΑΛΕΡΙΑΝΟC ΑΥ. Buste radié, à dr.
℞. ΝΙΚΑΙΕΩΝ. L'Equité tutulée, debout à g., tenant une balance de la main dr. et une corne d'abondance de la g.
Æ 24 — N, B, M (en contremarque I), W (en contremarque au revers, une tête impériale à dr.) [**Pl. LXXXVI, 37**].

8o1. Γ ΠΟΥ ΛΙΚ ΟΥΑΛΕΡΙΑΝΟC ΑΥ. Buste radié, à dr.

    ℞. ΡΩΜΑΙΩΝ ΝΙΚΗΝ ΝΙΚΑΙΕΙC. Niké, les ailes éployées, marchant de face, tenant de la main dr. un bouclier posé à terre et portant de la g. un trophée.

    Æ 24 — P [**Pl. LXXXVI, 38**], Iᴍʜ.

8o2. ...ΟΥΑΛΕΡΙΑΝΟC C. Buste radié et cuirassé, à dr.

    ℞. ΝΙΚΑΙΕΩΝ. Niké marchant à dr., tenant de la main dr. une couronne et de la g. une palme.

    Æ 20 — L [**Pl. LXXXVI, 39**].

8o3. Π ΛΙΚ ΟΥΑΛΕΡΙΑΝΟC CΕΒ. Buste radié, à dr.

    ℞. ΝΙΚΑΙΕΩΝ. Tyché debout à g., tenant de la main g. une corne d'abondance et de la dr. un gouvernail posé à terre.

    Æ 25 — P [**Pl. LXXXVI, 40**], Löʙʙ (en contrem. au revers une tête impériale à dr.).

8o4. ΠΟΥΒ (ou ΠΟΥ) ΛΙΚ ΟΥΑΛΕΡΙΑΝΟC (avec ou sans CΕ ou CΕΒ). Buste radié, à droite ou à gauche.

    ℞. ΝΙΚΑΙΕΩΝ. L'empereur en costume militaire, debout de face, s'appuyant sur sa lance, entre son fils Gallien (à gauche) s'appuyant aussi sur une lance et une figure voilée et drapée (Salonine ou un pontife?) qui offre une libation sur un petit autel allumé (quelquefois l'autel n'est pas figuré).

    Æ 27 — B, Löʙʙ [**Pl. LXXXVII, 1**]; 25 — P, V, Iᴍʜ.

8o5. ΠΟΥ ΛΙΚ ΟΥΑΛΕΡΙΑΝΟC C. Buste radié et cuirassé, à g.

    ℞. ΝΙ|ΚΑΙΕΩΝ. Type pareil au précédent.

    Æ 27 — P [**Pl. LXXXVII, 2**] (avec ΝΙΚΑΙΕΩΝ circ.), B, Löʙʙ, T.

8o6. ΠΟΥ ΛΙΚ ΟΥΑΛΕΡΙ... Buste radié et cuirassé, à g., la main droite avancée.

    ℞. ΝΙΚΑΙΕΩΝ. L'empereur debout, comme ci-dessus, entre son fils Gallien et une figure offrant une libation (quelquefois l'autel n'est pas figuré).

    Æ 25 — W [**Pl. LXXXVII, 3**], B, Iᴍʜ.

8o7. [Γ] ΠΟΥ ΛΙΚ ΟΥΑΛΕΡΙΑΝΟC ΑΥ. Buste radié et cuirassé, à dr.

    ℞. ΝΙΚΑΙΕΩΝ. La Tyché de Nicée assise à g., tenant de la main dr. un gouvernail et de la g. une corne d'abondance; devant et à côté d'elle des urnes agonistiques contenant des palmes (type du n° 85o).

    Æ 27 — L (fruste) [**Pl. LXXXVII, 4**].

808. Γ ΠΟΥ ΛΙΚ ΟΥΑΛΕΡΙΑΝΟϹ ΑΥ. Buste radié, à dr.
      ℞. NIKAIEΩN. Nicæa assise à g. sur un trône, tenant sur sa tête une
          urne agonistique; sur sa main droite elle porte une autre urne d'où
          émergent deux palmes et elle est accoudée du bras g. sur une troisième
          urne posée sur son siège.
      Æ 25 — P [**Pl. LXXXVII, 5**], B, Löbb, Imh.

809. Γ Π ΛΙΚ ΟΥΑΛΕΡΙΑΝΟϹ ϹΕΒ. Buste lauré, à dr.
      ℞. NIKAIEᴜN. Nicæa drapée, debout de face, détournant la tête, portant
          sur sa tête une urne agonistique et une autre urne sur chacune de ses
          deux mains étendues à droite et à gauche.
      Æ 27 — Luynes [**Pl. LXXXVII, 6**].

810. Γ ΠΟΥ ΛΙΚ ΟΥΑΛΕΡΙΑΝΟϹ ΑΥ. Buste radié, à dr.
      ℞. ΟΥΑΛ | ΓΑΛΛ | NIKAIE|ΩN. Trois urnes des jeux; de celle du milieu
          émergent deux palmes; des autres, une seule palme; sur la panse des
          urnes, des lettres : [ΑΥΓΟ]Υ — ϹΕΥ. (?).
      Æ 24 — Löbb [**Pl. LXXXVII, 7**].

811. ....ΟΥΑΛΕΡΙΑΝΟϹ ϹΕΒ. Buste radié et cuirassé, à dr.
      ℞. ΟΥΑΛ | ΓΑΛ ϹΕΟΥ ‖ ΑΥΓΟΥ | NIKAIEΩN. Trois urnes agonistiques con-
          tenant des palmes.
      Æ 27 — L [**Pl. LXXXVII, 8**].

812. ΠΟΥ ΛΙΚ ΟΥΑΛΕΡΙΑΝΟϹ ΑΥ. Buste radié, à dr.
      ℞. ΙΕΡΟϹ | ΑΓΩN ‖ ΠΥΘΙΑ | NIKAIEΩN. Trois urnes agonistiques de cha-
          cune desquelles émergent deux palmes.
      Æ 25 — P [**Pl. LXXXVII, 9**], T, V.

813. Γ ΠΟΥ ΛΙΚ ΟΥΑΛΕΡΙ[ΑΝ]ΟΝ ΑΥ (lég. confuse). Tête radiée, à dr.
      ℞. [ΑΓ]ΩNEϹ ΙΕΡΟ[Ι], ex. NIKAIE|ΩN. Base surmontée de trois urnes de
          chacune desquelles émergent deux palmes. En contrem., une tête impé-
          riale à dr.
      Æ 25 — P [**Pl. LXXXVII, 10**].

814. ΠΟΥ ΛΙ ΟΥΑΛΕΡΙΑΝΟϹ ϹΕ. Buste radié, à dr.
      ℞. ΙΕΡΟΙ Α|ΓΩNE (*sic*) NIK|AIEΩN. Trois urnes agonistiques, de chacune
          desquelles émergent deux palmes.
      Æ 24 — P [**Pl. LXXXVII, 11**], M (lég. du ℞. incertaine).

815. Γ Π ΛΙΚ ΟΥΑΛΕΡΙΑΝΟϹ ϹΕ. Buste radié, à dr.
      ℞. ΔΙΟΝΥϹΙΑ ΠΥΘΙΑ. Table surmontée de trois urnes agonistiques;

sur le bord et les pieds de la table, on lit : OYAΛE | ΓAΛ|ΛH | [1]; entre
les pieds de la table : NIK|AIE|ΩN.

Æ 24 — W [**Pl. LXXXVII, 12**], P, N, Iмн (*Griech. Münzen*, 6o3, 133).

816. Γ Π ΛIK OYAΛEPIANOC CEB. Buste radié, à dr.

R⁄. NIKAIEΩN. Table à pieds de lion, surmontée de trois urnes agonistiques d'où émergent des palmes; sur le bord de la table on lit : OYAΛ
ΓAΛ; entre les pieds : ΔI|ON | ΠYΘ.

Æ 24 — P, B (en contremarque au revers, une tête impériale)
[**Pl. LXXXVII, 13**].

817. Γ ΠOYB ΛIK OYAΛEPIANOΣ AYΓ. Buste radié, à dr.

R⁄. NIKAIEΩN BYZANTIΩN. Génie masculin de Byzance, tutulé, vêtu
d'un chiton court, debout à dr. et donnant la main à la nymphe Nicæa
debout devant lui, drapée et voilée; dans le ch. OMO|NOIA.

Æ 25 — W [**Pl. LXXXVII, 14**].

818. ..ΠOY ΛIK OYAΛEPIANOC CEB. Buste à g.

R⁄. NIKAIEΩN BYZANTIΩN; dans le champ, OM|ON|OI|A. Petit autel
entre deux nasses fusiformes.

Æ 24 — M [**Pl. LXXXVII, 15**] [2].

Valérien le père et Gallien.

819. AYT OYAΛEPIANOC ΓAΛΛIHNOC CEB[B]. Bustes affrontés de Valérien et
de Gallien, radiés et cuirassés.

R⁄. OI KTICTAI NIKAIEΩN. Artémis chasseresse, tutulée, tenant son arc
de la main dr., debout à dr., donnant la main à Dionysos jeune qui est
debout devant elle et s'appuie de la main g. sur son thyrse; à ses pieds,
une panthère.

Æ 29 — L [**Pl. LXXXVII, 16**].

820. Variété, avec AY · K · OYAΛEPIANOC ΓA.... CEBB.

Æ 27 — T.

---

1. Oὐαλεριάνεια et Γαλλήνεια. Dans Mionnet, *Suppl.*, 922 (Sestini), on trouve sur une pièce analogue
la lég. KENΔPECEIA ΠYΘIA NIKAIEΩN, qui est invraisemblable, les jeux Κενδρέσεια n'étant
connus qu'à Philippopolis (Thrace). Sur le manuscrit de Sestini (coll. Ainslie), conservé au British
Museum, la légende est ainsi transcrite : KENΔPEICEIA · ΠYΘ–NIKAIEΩN.

2. *Non revue*. R⁄. APICTΩN MEΓ NIKAIEΩN. Enceinte murale de Nicée; dans le champ, Ⅎ.
— Æ 24. Mionnet. *Suppl.* 921, Turin. (Attribution douteuse à Valérien; cf. le même type sous Gallien).

821. **AYT OYAΛEPIANOC ΓAΛΛIHNOC CEBB.** Bustes radiés et affrontés.

℞. **OMHPOC NIKAIEΩN.** Homère assis à g. sur un cippe rond, levant la main dr. et posant la main g. sur son siège.

Æ 30 — Löbb [**Pl. LXXXVII, 17**].

VALÉRIEN le père, GALLIEN et VALÉRIEN jeune.

822. **AYT | OYAΛEPIA|NOC ΓAΛΛIH|NOC OYAΛEPIANOC KAI | CEBB.** Bustes radiés, en regard, de Valerien père et de Gallien; au milieu, buste de Valerien jeune, aussi radié, à dr.

℞. **MEΓICTΩN APICTΩN,** à l'ex. **NIKAIEΩN.** Trois urnes agonistiques sur une base; de l'urne du milieu émergent deux palmes; des urnes latérales, une palme.

Æ 25 — P [**Pl. LXXXVII, 18**], L, N, H, T (fruste) [1].

823. Variétés. Au droit, **KAIC** ou **K** (au lieu de **KAI**), et la légende est différemment disposée.

Æ 25 — P [**Pl. LXXXVII, 19 et 20**], L, V, M, B, T, Imh, Mi, Löbb.

824. Variété, avec **AYT OYAΛEPIANOC | ΓAΛΛIHNOC | OYAΛEPI|ANOC | CEBB.**

Æ 27 — M. V.

824 *bis.* Variété, avec fin de légende ainsi : **OYAΛEPIANOC · K · CEBAC.**

Æ 27 — V.

GALLIEN.

825. **Γ ΠOYB ΛIK EΓ ΓAΛΛIHNOC CE.** Buste radié, à dr.

℞. **NIKAIEΩN.** Zeus assis à g. tenant de la main dr. une patère et s'appuyant de la g. sur son sceptre.

Æ 25 — Imh [**Pl. LXXXVII, 21**].

826. **ΠO ΛI EΓ ΓAΛΛIHNO CEB.** Buste radié, à dr.

℞. **NIKAIEΩN.** Sérapis debout détournant la tête, étendant la main dr. et tenant son sceptre de la g. En contremarque, une tête d'homme à dr.

Æ 24 — L [**Pl. LXXXVII, 22**].

1. A Naples, on trouve un exemplaire avec la légende retouchée : **AYT OYAΛEPIANOC ΓAΛ-ΛHNOC** (*sic*) **OYAΛEPIA|NOC** (sans **KAI** ni **CEBB**). ℞. **MEΓI[CTΩ]|N,** ex. **TPIC NEΩK|OPΩN.**

827. Même droit; en contrem. ☉.

R⚹. NIKAIEΩN. Pallas debout à g., tenant de la main dr. une patère, et de la g. sa lance avec son bouclier au bras. En contrem. une tête impériale.
Æ 24 — B [Pl. LXXXVII, 23].

828. Γ ΠΟΥΒ ΛΙΚ ΕΓΝ ΓΑΛΛΗΝΟϹ ΑΥΓ. Buste radié, à dr.

R⚹. NIKAIEΩN. Pallas debout à g., tenant de la main dr. une patère et s'appuyant de la g. sur sa lance dont la hampe est ornée à sa partie inférieure de deux nodosités latérales; à ses pieds, son bouclier.
Æ 25 — P [Pl. LXXXVII, 24].

829. ΠΟ ΛΙ ΕΓ ΓΑΛΛΙΗΝΟϹ ϹΕ. Buste radié, à dr.

R⚹. NIKAIEΩN. Cybèle coiffée du calathos, assise à g. sur un trône, tenant de la main dr. une patère et de la g. le tympanon; à ses pieds, deux lions.
Æ 27 — L [Pl. LXXXVII, 25].

830. Γ ΠΟΥΒ ΛΙΚ ΕΓΝ ΓΑΛΛΗΝΟΣ ΑV⁻. Buste radié, à dr.

R⚹. NIKAIEΩN. Déméter voilée, assise à g. sur une ciste, tenant de la main dr. des épis et de la g. un flambeau transversal. Contremarque indistincte.
Æ 25 — P [Pl. LXXXVII, 26].

831. Variété, avec un trône au lieu de la ciste; pas de contremarque.
Æ 27 — T.

832. ΠΟ ΛΙΚ (ou ΛΙ) ΕΓ ΓΑΛΛΙΗΝΟΣ ϹΕΒ. Buste radié, à dr.

R⚹. NIKAIEΩN. Déméter debout à g., tenant de la main dr. des épis et s'appuyant de la g. sur une longue torche noueuse.
Æ 24 — P [Pl. LXXXVII, 27], V (fruste).

833. ΠΟΥΒ ΛΙΚ ΕΓΝΑ ΓΑΛΛΗΝΟϹ ΑΥΓ. Buste radié, à dr. En contremarque, ⊵.

R⚹. NIKAIEΩN. Artémis debout à dr., en face de Dionysos (type oblitéré).
Æ 27 — L, (fruste).

834. ΑΥΤ ΓΑΛΛΗΝΟϹ ΑΥΓ. Buste radié, à dr.

R⚹. NIKAIEΩN. Dionysos enfant, nu, assis à dr. dans un berceau, et tendant les deux bras en avant.
Æ 24 — P [Pl. LXXXVII, 28].

835. ΠΟΥ ΛΙ ΕΓΝ ΓΑΛΛΙΗΝΟC ϹΕΒ. Buste radié, à dr.

R⚹. NIKAIEΩN. Dionysos nu, la pardalide sur les épaules, debout à g.,

s'appuyant de la main g. sur son thyrse et versant de la main dr. le
contenu d'un canthare à une panthère qui est à ses pieds.
Æ 24 — W [**Pl. LXXXVII, 29**].

836. ΠΟΥ ΛΙ ΕΓ ΓΑΛΛΙΗΝ ϹΕΒ (ou sans ϹΕΒ). Buste radié, à dr.
℞. ΝΙΚΑΙΙΕΩΝ. Dionysos assis sur un char traîné par quatre éléphants à
g.; de la main dr. le dieu tient un canthare renversé et de la g. un
thyrse.
Æ 24 — L, B, Löbb [**Pl. LXXXVII, 30**], M, Mı (fruste).

837. ΠΟΥ ΛΙΚ ΕΓ ΓΑΛΛΙΗΝΟϹ. Buste radié, à dr.
℞ pareil au précédent.
Æ 22 — P [**Pl. LXXXVII, 31**], B.

838. ΠΟ ΛΙ ΕΓ ΓΑΛΛΙΗΝΟϹ ϹΕ. Buste radié, à dr.
℞. ΝΙΚΑΙΕΩΝ. Pan à pieds de bouc, marchant à dr., coiffé d'un bonnet
conique, tenant de la main g. une branche et de la dr. une outre posée
à terre.
Æ 24 — P [**Pl. LXXXVII, 32**], T, Löbb.

839. Γ ΠΟΥΒ ΛΙΚ ΕΓΝΑ ΓΑΛΛΗΝΟϹ ΑΥΓ. Tête radiée, à dr.
℞. ΝΙΚΑΙΕΩΝ. L'Abondance tutulée, assise à g. sur un trône, tenant de
la main dr. une patère et de la g. une corne d'abondance.
Æ 27 — P [**Pl. LXXXVII, 33**], N.

840. ΠΟΥ ΛΙ ΕΓΝ ΓΑΛΛΙΗΝΟϹ ΑΓ. Buste radié, à dr.
℞. ΝΙΚΑΙΕΩΝ. L'Equité debout à g., tenant de la main dr. une balance
et de la g. une corne d'abondance.
Æ 24 — W [**Pl. LXXXVII, 34**], T (en contrem. au ℞, Hygie (?) à dr.), T
(sans contr.), M (en contrem. au droit, Η).

841. ΠΟ ΛΙΚ ΕΓ ΓΑΛΛΙΗΝΟϹ ϹΕ   ⁓adié, à dr.
℞. ΝΙΚΑΙΕΩΝ. Tyché tutulée a   ⁓t à g., tenant une corne d'abondance
et un gouvernail. En contremarque, une tête impériale à dr.
Æ 25 — P [**Pl. LXXXVII, 35**], B (sans contrem.).

842. Π ΛΙΚ ΓΑΛΛΙΗΝΟϹ. Tête laurée, à dr.
℞. ΝΙΚΑΙΕΩΝ. Même Tyché.
Æ 25 — Ατη.

843. Π..... ΕΓΝΑ· ΓΑΛΛΗΝΟC. Buste lauré, à droite.
   ℞. ΝΙΚΑΙΕΩΝ. Hipparque assis à g., tenant de la main droite une sphère
   au-dessus d'un cippe.
   Æ 24 — V (percé) [**Pl. LXXXVII, 36**].

844. ΠΟΥ ΛΙΚ (ou ΛΙ) ΕΓ ΓΑΛΛΙΗΝΟC CE (ou CEB). Buste radié, à dr.
   ℞. ΝΙΚΑΙΕΩΝ. L'empereur debout entre son fils Salonin et un pontife
   voilé (ou Salonine) qui offre une libation sur un autel; Gallien et Salonin
   en costume militaire et radiés s'appuient chacun sur une lance et se
   donnent la main.
   Æ 25 — W [**Pl. LXXXVII, 37**], V, Imh, B, Löbb.

845. Variété. En contremarque, au droit, ℞.
   Æ 25 — P, M.

846. ΠΟΥ ΛΙ ΕΓ ΓΑΛΛΙΗΝΟC CEB. Buste radié, à dr.
   ℞. ΑΡΙCΤΩΝ Μ|ΕΓΙC | ΝΙΚΑΙΕΩΝ. Vue à vol d'oiseau de l'enceinte fortifiée
   de Nicée; sur le devant et à l'arrière plan, une porte flanquée de deux
   tours.
   Æ 24 — P [**Pl. LXXXVII, 38**], B, Imh, Löbb.

847. Variété, avec ΑΡΙCΤΩΝ | ΜΕΓ | ΝΙΚΑΙΕΩΝ.
   Æ 23 — P [**Pl. LXXXVII, 39**], B.

848. Variété, avec ΝΙΚΑΙΕΩΝ seulement.
   Æ 24 — Imh, T.

849. ΑΥΤ ΓΑΛΛΙΗΝΟC ΑΥΓ. Buste radié, à dr.
   ℞. ΝΙΚΑΙΕ|ΩΝ. Trois enseignes militaires.
   Æ 18 — M [**Pl. LXXXVII, 40**].

850. Γ Π ΛΙΚ ΓΑΛΛΙΗΝΟC CEB. Tête laurée, à droite.
   ℞. ΝΙΚΑΙΕΩΝ. La Tyché assise ̀   ̈ ̈r une base, portant sur sa tête une
   urne agonistique et tenant .   ̈ ̈n g. une corne d'abondance surmontée d'une seconde urne;   ̈la main dr. elle s'appuie sur un gouvernail; dans le champ, devant elle, une troisième urne d'où émergent
   des palmes.
   Æ 24 — W [**Pl. LXXXVII, 41**], Löbb.

851. Même droit. En contremarque, Œ (?).
   ℞. ΔΙΟΝΥCΙΑ ΠΥΘΙΑ. Table des jeux surmontée de trois urnes d'où

65

émergent des palmes ; sur la bande supérieure de la table, on lit :
OYAAE ; entre les pieds, NIK|AIE|ΩN.
Æ 25 — P [**Pl. LXXXVII, 42**].

852. Même droit (sans contrem.).
R⁄. NIKAIEΩN. Trois urnes des jeux placées sur une table ; au-dessous de
celle du milieu, des boules ; dans chacune des autres, deux palmes.
Sous la table, on lit ΠΥΘΙΑ | ΕΕΥΗΡΙ. En contremarque, une tête radiée
à dr.
Æ 24 — B [**Pl. LXXXVII, 43**].

853. [Γ Π] ΛΙΚ ΕΓ ΓΑΛΛΙΗΝΟΕ ΕΕΒ. Buste radié, à dr.
R⁄. ΑΓΩΝΕΕ ΙΕΡΟΙ, ex. NIKAIE|ΩN. Trois urnes agonistiques sur une base
où on lit ΠΥΘΙΑ ; des urnes latérales émergent des palmes ; au-dessus
de l'urne centrale, des boules.
Æ 24 — P [**Pl. LXXXVIII, 1**], Iмн, P (en contrem. une tête impériale à
dr.), T (même contr.).

854. ΠΟ ΛΙΚ ΓΑΛΙΗΝΟΕ (*sic*) ΕΕΒ. Buste radié, à dr.
R⁄. OYAΛ | ΓΑΛ ΕΕΥ | ΔΙΟΝ || ΑΥΓΟΥ | NIKAIEΩN. Trois urnes des jeux
côte à côte ; dans celle du milieu, deux palmes et dans chacune des deux
autres, une palme.
Æ 26 — Löвв [**Pl. LXXXVIII, 2**].

855. ΠΟ ΛΙ ΕΓΝ ΓΑΛΛΙΗΝΟΕ ΕΕΒ. Buste lauré, à dr.
R⁄. NIKAIEΩN, à l'ex. Trois urnes des jeux d'où émergent des palmes ;
au-dessus, OYAΛ | ΓΑΛΛ.
Æ 24 — H [**Pl. LXXXVIII, 3**] '.

856. ΠΟ ΛΙ ΕΓΝ ΓΑΛΛΙΗΝΟΕ ΕΕΒ. Buste radié, à dr.
R⁄. NIKAIEΩN BYZANTIΩN, dans le ch., OM | ON | OI | A. Les deux ins-
truments de pêche de Byzance ; entre eux, un autel allumé.
Æ 24 — W, P [**Pl. LXXXVIII, 4**].

857. Variété, avec, au dr., ΠΟΥ ; au R⁄. O|M|O|N|OI|A et pas d'autel.
Æ 22 — L.

---

1. Dans la coll. Löbbecke, nous avons trouvé, rangée à Gallien, la pièce suivante, dont la légende
est très obscure : ΠΟΥ ΟΥ·· ΓΑΛΛ··· ΝΟΕ ΑΥ· Buste lauré à dr. R⁄. NIKAIEΩN, à l'ex.
Temple vu de trois quarts à dr. ; au fronton, un globule. Æ 25.

858. ΠΟΥ ΛΙΚ ΕΓΝ (ou sans ΕΓΝ) ΓΑΛΛΙΗΝΟC CЄB. Buste radié, à dr.
℞. ΝΙΚΑΙΕΩΝ ΒΥΖΑΝΤΙΩΝ ΟΜΟΝΟΙΑ. Dauphin entre deux thons.
Æ 24 — P [**Pl. LXXXVIII, 5**], Iᴍʜ [1].

859. Variété avec Π ΛΙΚ ΕΓ ΓΑΛΛΙΗΝΟC..
Æ 21 — L.

Sᴀʟᴏɴɪɴᴇ.

860. ΚΟΡ CΑΛΩΝΙΝΑ CЄ. Buste à dr.
℞. ΝΙΚΑΙΕΩΝ. Niké marchant à dr. tenant une palme et une couronne.
Æ 20 — P [**Pl. LXXXVIII, 6**], V, Löʙʙ.

861. ΚΟΡΝ CΑΛΩΝΙΝΑ (ou CΑΛΩΝЄΙΝΑ) CЄB. Buste à dr.
℞. ΝΙΚΑΙΕΩΝ. Gallien debout entre Salonin et Salonine (ou un pontife)
offrant une libation sur un autel.
Æ 27 — P [**Pl. LXXXVIII, 7**], L, V, Löʙʙ, T.

862. ΚΟΡΝ CΑΛΩΝΙΝΑ CЄB. Buste à droite.
℞. ΝΙΚΑΙΕΩΝ. Temple héxastyle dans lequel est Tyché debout à g. ; des-
sous, S.
Æ 22 — M [**Pl. LXXXVIII, 8**].

862 *bis*. Variété, avec CΑΛΩΝЄΙΝΑ.
Æ 22 — M [**Pl. LXXXVIII, 9**].

863. ΚΟΡΝ CΑΛΩΝΙΝΑ CЄB. Buste à dr.
℞. ΝΙΚΑΙЄѠΝ. Table à pieds incurvés surmontée de trois urnes ; au-dessus
de celle du centre, six boules en pyramide ; des deux autres urnes,
émergent des palmes ; sous la table, on lit : CЄΥΗΡΙΙΑ | ΑΓΟΥ-CΙΑ (*sic*).
Æ 25 — W [**Pl. LXXXVIII, 10**].

864. Autre. En contremarque, ₥.
Æ 25 — P.

865. ΚΟΡΝ CΑΛΩΝЄΙΝΑ CЄB. Buste à dr.

---

1. *Non revues.* ℞. ΝΙΚΑΙΕΩΝ. Les trois Grâces debout. Æ 24. Mionnet, *Suppl.*, 932 (Patin). —
Autre. ℞. ΑΡΙCΤΩΝ ΜΕΓΙCΤΩΝ ΝΙΚΑΙΕΩΝ. Table sur laquelle sont trois urnes avec des
palmes. Æ 24. Mionnet, *Suppl.*, 956 (Vaillant).

R̷. **NIKAIЄΩN**. Même type ; mais, sous la table, une guirlande encadrant les mots **ΠΥΘΙΑ | CЄΥΗΡΙ|Α**.

Æ 24 — Prowe (*Cat.*, n° 1198, pl. VI).

Salonin (?) ou Valérien *le Jeune*.

866. **Π Λ Κ ΟΥΑΛΕΡΙΑΝΟC**. Buste radié, à dr.

R̷. **NIKAIЄΩN**. Aigle légionnaire entre deux enseignes.

Æ 17 — P [**Pl. LXXXVIII, 11**].

Macrien, *fils*.

867. **ΤΙ (ou ΤΙΤ) ΦΟΥΛ ΙΟΥ ΜΑΚΡΙΑΝΟC CЄΒ**. Buste radié, à dr.

R̷. **NIKAIЄΩN**, à l'ex. Vue à vol d'oiseau de l'enceinte fortifiée de Nicée, comme ci-dessus.

Æ 24 — P [**Pl. LXXXVIII, 12**], L, T, V, Imh, B, Löbb, Ath.

868. Même droit.

R̷. **ΑΡΙCΤΩN | ΜΕΓ | NIKAIЄΩN**. Même type.

Æ 24 — P [**Pl. LXXXVIII, 13**].

869. **Α** (*sic*) **...ΦΟΥΛ ΙΟΥ ΜΑΚΡΙΑΝΟC CЄ**. Buste radié et cuirassé à dr. avec l'égide.

R̷. **NIKAIЄΩN ΒΥΖΑΝ[ΤΙΩΝ]** ; champ, **ΟΜ|ΟΝ|ΟΙ|Α**. Deux instruments de pêche (?) fusiformes ; entre eux, une urne agonistique avec deux palmes.

Æ 24 — L.

870. Variété, sans l'urne.

Æ 24 — L (légende du dr. illisible).

871. **ΤΙΤ ΦΟΥΛ ΙΟΥ ΜΑΚΡΙΑΝΟC CЄΒ**. Buste radié, à dr.

R̷. **NIKAIЄΩN ΒΥΖΑΝΤΙΩN ΟΜΟΝΟΙΑ**. Les deux nasses fusiformes et un autel.

Æ 24 — B [**Pl. LXXXVIII, 14**] ¹.

---

1. *Non revue et douteuse*. ... **ΦΟΥ]Λ · ΜΑΚΡΙΑΝΟC CЄ**. Buste radié, tenant le sceptre, à gauche. R̷. **NIKA[IЄΩN]**. L'empereur debout, de face, en habit militaire, la tête radiée ; devant lui, la ville tourelée ; tous deux sont appuyés sur des hastes dont la pointe est tournée en bas ; derrière l'empereur, une petite figure debout fait une libation sur un autel. Æ 24 — S. Florian, *Cat.*, p. 112, pl. IV, 1.

QUIETUS.

872. TIT (ou TI) ΦΟΥΛ ΙΟΥ ΚΥΗΤΟC CEB. Buste radié et cuirassé à dr.
R̸. NIKAIEΩN à l'ex. Vue à vol d'oiseau de l'enceinte fortifiée de Nicée,
comme ci-dessus.
Æ 24 — L [Pl. LXXXVIII, 15].

873. Variété, avec ΑΡΙCΤΩN | ΜΕΓ ‖ NIKAIEΩN. Même type.
Æ 24 — M [Pl. LXXXVIII, 16], B, T (fruste).

NICOMEDIA

Nicomédie (Νικομήδεια, ethnique Νικομηδεύς), aujourd'hui *Ismid* (naguère *Isnikmid*), au fond et sur la rive Nord du golfe d'Astacos, fut fondée en 264 avant J.-C. (selon Eusèbe) par Nicomède Ier [1] et peuplée en partie avec les habitants d'Astacos, détruite par Lysimaque (Strabon, XII, 4, 2). Capitale des rois de Bithynie, elle passa avec leur royaume sous la domination romaine (74 avant J.-C.). Au temps de Pausanias, Nicomédie était la plus grande cité de la Bithynie (Paus. V, 12, 5). Longtemps Nicée lui disputa le premier rang; mais déjà Dion Chrysostome reconnaît à Nicomédie le droit exclusif de s'intituler métropole (*Orat.* 38 [2]) : c'est là en effet que se réunissait le κοινόν Βιθυνίας (CIG. 1720, 3428) et que furent frappées les monnaies du κοινόν (*supra*, p. 234). Ravagée par les Goths vers 263 (*Vita Gallieni*, 4 [3]), Nicomédie reçut au iv° siècle une colonie romaine (CIL. III, 1, 326 = Orelli, 1060).

Le monnayage de Nicomédie, exclusivement en bronze, ne commence qu'avec l'annexion romaine. Les proconsuls Carbo et Pansa frappent des bronzes datés de l'ère de 282/1 (mort de Lysimaque), aux types de Rome et de Niké. Sous l'empire, jusqu'à Titus, la tête impériale au droit s'accompagne, au revers, du nom d'un proconsul, quelquefois « patron » de la ville (n°s 18 suiv.). Sur le n° 23, la tête du revers pourrait être celle du proconsul, comme on en a des exemples dans différentes villes d'Asie mineure et d'Afrique pour la même époque [4].

---

1. Pausanias (V, 12, 5) attribue la fondation à Zypoetès, père de Nicomède, qui aurait d'abord donné son nom à la ville. Memnon (FHG, III, 537) mentionne, en effet, une ville de Zypœtion ὑπὸ τῷ Λυπερῷ (lire Λυπεδρῷ d'après *Inschr. von Pergamon*, 65) ὄρει, mais rien ne prouve l'identité des deux sites.

2. Plus tard, lorsque Valens et Valentinien accordèrent ce même titre à Nicée il fut entendu qu'elle ne le porterait que *honoris causa* (Concile de Chalcédoine, 451).

3. Vers 200, nous trouvons à Nicomédie un *logistes* et un *curator* romains (Wilmanns, n°s 1201-2), ce qui semble indiquer la perte temporaire de ses libertés municipales. Pourtant Hérodien (III, 2, 9), affirme qu'elle avait pris parti pour Sévère aussitôt après la bataille de Cyzique. La pièce de Niger (n° 168) a donc été frappée avant cette date (printemps 194).

4. Waddington, *Mélanges de numismatique*, 1867, p. 133.

Parmi les types mythologiques, ceux du culte de Déméter dominent : c'était certainement la divinité principale de la ville, comme le prouvent les monnaies d'alliance où elle symbolise Nicomédie. Signalons encore la Tyché de la ville, associée à un navire ou à un rocher; Juno Lanuvina et son symbole, le sanglier cornu, sur la monnaie du proconsul Thorius (n° 11), originaire de Lanuvium (cf. CIL, XIV, p. 192); Arès portant un trophée (33 *bis*); le serpent Glycon (225, 353); un monstre siréniforme (253); le Stolos tenant un gouvernail (65); Argos et son navire (153); le « héros au cygne » (316); la Paix avec la légende **EIPHNH** (10, Auguste); le lectisterne (344, 370, 377); Hadès-Sérapis avec Cerbère (169, etc.); une sorte d'Asclépios jeune (318); le héros qui paraît rappeler les sacrifices rituels accomplis à l'occasion de la fondation des villes (349); Eros et Psyché (351).

Le nom de la ville est souvent, surtout dans les premiers temps, écrit en abrégé ou sous forme de monogramme : on ne doit attribuer à Nicomédie que les monogrammes où l'on retrouve les lettres **NIKO** ou **NEIKO**; quand le **O** manque, l'attribution à Nicée est probable (cf. n° 22).

Depuis Germanicus (n° 12) Nicomédie s'intitule très fréquemment μητρόπολις (en toutes lettres ou en abrégé); c'est un titre qu'elle prend également dans les inscriptions (IGR. 63, 69, etc.). Depuis Domitien elle y ajoute souvent celui de πρώτη Βειθυνίας καὶ Πόντου; depuis Antonin le Pieux (n° 47) celui de νεωκόρος. Il est probable que ce titre lui fut conféré à la suite de la construction d'un temple d'Hadrien, puisque sur les inscriptions la ville s'intitule Ἀδριανὴ νεωκόρος Νικομήδεια (CIG. 1720, 1)[1]. La construction d'un second temple impérial (dédié à Commode ?) amène depuis Commode (n° 162) le titre de δὶς νεωκόρος, qui disparaît sur la monnaie de Niger (n° 168) parce que la mémoire de Commode fut condamnée. Un autre temple, ou plus probablement ce même temple de Commode, fut ensuite consacré à Septime Sévère et la ville reprend dès lors le titre de δὶς νεωκόρος sur les monnaies, de Ἀδριανὴ Σεουηριανὴ δὶς νεωκόρος sur les inscriptions (CIG. 3771 = IGR, III, 6). Sous Elagabale elle devient τρὶς νεωκόρος (274 suiv.) et certaines pièces (278-9) nous montrent côte à côte les trois temples impériaux. Sous Alexandre Sévère, le temple d'Elagabale est désaffecté et la ville redevient δὶς νεωκόρος[2]. Enfin sous Valérien et son fils (n°s 405 suiv.) le 3e néocorat reparaît jusqu'à la fin du monnayage.

Les types agonistiques ne font leur apparition que sous Septime Sévère : les jeux sont alors dits Σευήρια μεγάλα (n° 190); sous Elagabale ils s'appellent Δημήτρια Ἀντώνια (281-2); nous ne savons si ces jeux sont distincts de ceux du κοινὸν Βιθυνίας qui se célé-

---

1. On peut s'étonner que le néocorat ne remonte pas beaucoup plus haut puisque, dès le vivant de même Nicomédie avait un temple « grec » consacré à cet empereur (Dion Cassius, LI, 20, 7) Mais nous savons par une (*rf, supra*, p. 235) que ce temple était dédié par le κοινόν grec de Bithynie, et non par la ville. Il faut en conclure que le néocorat suppose un temple impérial *municipal* et non *provincial*, opinion déjà exprimée par M. Monceaux, à propos de Pergame et de Smyrne (*De communi Asiae*, p. 19).

2. Cette désaffectation eut lieu assez tard après l'événement d'Alexandre, puisque beaucoup de pièces frappées sous ce prince (290 à 326 *passim*) portent encore la mention du 3e néocorat. Beurlier dans le *Dictionnaire* de Saglio, IV, 58, n'a pas bien interprété les documents.

braient à Nicomédie (IGR., III, 370). La curieuse légende du n° 191 se rattache aussi, sans doute, à la célébration de jeux, sous Septime Sévère.

Nicomédie a des monnaies d'alliance avec Smyrne (sous Marc Aurèle et Commode), avec Laodicée de Phrygie (sous Commode), avec Pergame et Périnthe (n° 371) sous Gordien III : aucune de ces pièces ne paraît avoir été frappée à Nicomédie [1].

Signalons enfin sous les derniers empereurs quelques marques de valeur exprimant le chiffre d'*assaria* : les seuls chiffres certains sont Γ (3) et H (8).

C. *Papirius Carbo,* proconsul (62-59 av. J.-C.).

1. NIKOMHΔEΩN. Tête laurée de Zeus, à dr.

℞. EΠI ΓAIOY | ΠAΠIPIOY | KAPBΩNOΣ. Rome assise à g. sur des boucliers, tenant de la main dr. une petite Niké et s'appuyant de la g. sur un sceptre; sous le siège, la date ΔKΣ (224); à l'ex. PΩMH; dans le ch. à g. le monogr ℞.

Æ 25 — P [**Pl. LXXXVIII, 17**] (au bord inférieur, traces d'une ancienne légende), V, B, Iᴍʜ, Löʙʙ, Mɪ (fruste) [2].

2. Variété, avec le monogr. ℳ.

Æ 24 — W [**Pl. LXXXVIII, 18**], L (*Cat.*, pl. XXXIV, 1), Mɪ, V, Iᴍʜ, B, H, T, P [**Pl. LXXXVIII, 19**].

3. NIKOMHΔEΩN. Tête de femme à dr., les cheveux en chignon.

℞. EΠI ΓAIOY | ΠAΠIPIOY | KAPBΩNOΣ. Artémis en chiton talaire, debout à g., tenant de la main dr. une torche et de la g. son arc posé à terre. Dans le ch. à g. ℳ et la date ΔKΣ.

Æ 20 — P [**Pl. LXXXVIII, 20**], V, B, T.

4. Autres, avec le monogr. ℞.

Æ 24 — B; 21 — Iᴍʜ. [3].

---

1. La prétendue monnaie d'alliance avec Amasie (p. 538, note) n'a pas été retrouvée.

2. *Non revue.* NIKOMHΔEΩN. Têtes barbues accolées de Dionysos et d'Héraclès. ℞. EΠI ΓAIOY ΠAΠIPIOY KAPBΩNOΣ ΔKΣ. Rome assise sur des dépouilles; en bas, PΩMH. Æ 24 — Mionnet, *Suppl.*, 969 (Gessner). Cette pièce n'est probablement qu'un exemplaire du type ordinaire de Zeus, avec la tête du dieu dédoublée par un tréflage.

3. *Non revue.* NIKOMHΔEΩN. Tête de Bacchante couronnée de lierre. ℞. Même lég. et même type avec la date ΔKΣ et le monogr. ℞. Æ 21 — Mionnet, *Suppl.*, 971 (Sestini, Hederwar).

5. **NIKOMHΔEΩN**. Tête casquée de Rome, à dr.

> ℞. **EΠI ΓAIOY | ΠAΠIPIOY | KAPBΩNOΣ**. Niké allant à g. tenant une couronne de la main dr. et une palme de la g.; à ses pieds, la date **ΔKΣ**; dans le ch. le monogr. ⚭.
>
> Æ 18 — B, W [**Pl. LXXXVIII, 21**], L (*Cat.*, pl. XXXIV, 2), Mɪ, V, N, F, Löвв.

6. Variété, avec le monogr. ⚭.

> Æ 18 — P, B, Iмн. [1].

7. Légende effacée. Tête casquée de Rome, à dr.

> ℞. **EΠI ΓAIOY | ΠAΠIPIOY | KAPBΩNOΣ** (fruste). Rome nicéphore assise à g. sur des boucliers et tenant une haste; à l'ex. **PΩMH**.
>
> Æ 21 — P [**Pl. LXXXVIII, 22**] [2].

C. Vibius Pansa, proconsul.

8. **NIKOMHΔEΩN**. Tête tourelée de la Tyché urbaine, à dr.

> ℞. **EΠI ΓAIOY | OYIBIOY | ΠANΣA**. Aigle debout à dr., sur un foudre; à l'ex. la date **ΓΛΣ** (236); dans le ch. à dr. le mon. ⚭.
>
> Æ 24 — W, P [**Pl. LXXXVIII, 23**] (fruste), M, Mɪ, Cоp, Iмн.

9. Variété, avec le monogr. ⚭.

> Æ 24 — P [**Pl. LXXXVIII, 24**].

Auguste.

Thorius Flaccus, proconsul.

10. **NIKOMHΔEΩN**. Tête nue d'Auguste, à dr.

> ℞. **EΠI | ANΘYΠATOY | ΘΩPIOY | ΦΛAKKOY**. La Paix drapée, debout à g., tenant de la main dr. un caducée; à l'ex. **EIPHNH**. Dans le ch. à dr. le monogr. ⚭ et dessous, le second monogr. ⚭.
>
> Æ 25 — P [**Pl. LXXXVIII, 25**], L (*Cat.*, pl. XXXIV, 3).

---

1. *Non revue.* **NIKOMHΔEΩN**. Tête casquée de Rome; devant, **PΩMH**. ℞. **EΠI ΓA · ΠAΠIPIOY KAPBΩ**. Même type, même monogr. et même date. Æ 18 — Mionnet, *Suppl.*, 968 (Sestini).

2. *Non revue.* **NIKOMHΔEON**. Canthare; dans le ch. le monogr. ⚭. ℞. Même lég. Mais [illegible] terminée par un caducée. Æ 18 — Mionnet, *Suppl.*, 972 (Morell). Probablement une pièce de Nicée retouchée ou fruste.

11. **HPA ΛΑΝΟΙΑ**, à g.; à l'ex. **ΝΙΚΟΜΗ**. Tête de Juno Lanuvi(n)a, coiffée d'une peau de chèvre cornue à dr.

℞. **ΕΠΙ | ΑΝΘΥΠΑΤΟΥ** | ex. **ΘΩΡΙΟΥ**. Sanglier cornu en arrêt à dr.; dessous, le monogr. ⵯⵉⴹ; devant, **Δ**.

Æ 21 — N [**Pl. LXXXVIII, 26**], P [**Pl. LXXXVIII, 27**], H (fruste, *Cat.*, pl. XLVI, 7) [1].

Germanicus.

P. Vitellius, proconsul.

12. **ΓΕΡΜΑΝΙΚΟΣ ΚΑΙΣΑΡ**. Tête nue de Germanicus, à dr.

℞. **ΕΠΙ ΠΟΠΛΙΟΥ ΟΥΙΤΕΛΛΙΟΥ ΑΝΘΥΠΑΤΟΥ**. Au centre, la lettre **M** et dessous **ΝΙΚΟΜ|ΗΔΕΩΝ.**

Æ 21 — W [**Pl. LXXXVIII, 28**], Löbb, V.

13. Variété, avec au centre, **M | ΝΕΙΚΟ|ΜΗΔΕΩΝ.**

Æ 21 — P [**Pl. LXXXVIII, 29**]; 18 — B.

Caligula, Germanicus et Agrippine [2].

Claude.

L. Mindius Balbus, proconsul.

14. **ΤΙ ΚΛΑΥ[ΔΙΟΣ ΚΑΙΣΑΡ] ΣΕΒΑΣΤΟΣ ΓΕΡΜΑΝΙΚΟΣ ΠΑΤΗΡ ΠΑΤΡΙΔΟΣ**. Tête laurée de Claude, à dr.

℞. **ΕΠΙ | ΜΙΝΔΙΟΥ | ΒΑΛΒΟΥ ΑΝ|ΘΥΠΑΤΟΥ ΜΗ|ΤΡΟΠΟΛΕΩΣ | ΝΚΟ**, dans une couronne de chêne.

Æ 33 — L; 35 — Löbb [**Pl. LXXXIX, 1**].

15. [**ΤΙ · ΚΛΑ]ΥΔΙΟΣ ΚΑΙΣΑΡ ΣΕΒΑΣΤΟΣ ΓΕΡΜΑΝ**... Tête laurée à g.

℞. **Λ ΜΙΝΔΙΟΣ | ΒΑΛΒΟΣ ΑΝ | ΘΥΠΑΤΟΣ | ΝΚΟ**, dans une couronne de chêne.

Æ 33 — Löbb [**Pl. LXXXIX, 2**].

---

1. Comparez pour le type de Juno Lanuvina ou Caprotina les monnaies de la République romaine au nom de L. Thorius Balbus, en 79 avant J.-C. (E. Babelon, *Mon. de la Rép. rom.*, II, 487).

2. *Non revue.* **Γ ΚΑΙΣΑΡΑ ΓΕΡΜΑΝΙΚΟΝ ΣΕΒΑΣΤΟΝ**. Tête de Caligula. ℞. **ΓΕΡΜΑ-ΝΙΚΟΝ ΑΓΡΙΠΠΙΝΑΝ Μ ΝΙΚΟΜΗ**. Têtes affrontées de Germanicus et d'Agrippine. Æ 21 — Mionnet, *Suppl.*, 983 (Morell).

16. [... ΠΡΩΤ]Η | ΠΟΝ | [ΚΑΙ ΒΕΙΘΥΝΙΑΣ?]. Pavot entre deux épis; au-dessus, une étoile dans un croissant.

℞. ΕΠΙ ΜΙΝΔΙΟΥ ΒΑΛΒΟΥ ΑΝΘΥΠΑΤΟΥ. Dans le champ, en trois lignes : ΜΗΤΡΟ | ΠΟΛΕΩΣ | ΝΚΟ.

Æ 20 — Iмн [**Pl. LXXXIX, 3**], V (fruste), B.

17. ..... ΣΕΒΑΣΤΟΣ ΓΕΡΜΑΝΙΚΟΣ. Tête laurée de Claude à dr.; devant, le lituus.

℞. ΕΠΙ ΜΙΝΔΙΟΥ ΒΑΛΒΟΥ ΑΝΘΥΠΑΤΟΥ; dans le ch. ΜΗΤΡΟ|ΠΟΛΕΩΣ | ΝΚΟ et foudre.

Æ 21 — B [**Pl. LXXXIX, 4**], P (fruste).

Ti. Pasidienus Firmus, proconsul.

18. ΤΙ ΚΛΑΥΔΙΟΣ ΣΕΒΑΣΤΟΣ ΓΕΡΜΑΝΙΚΟΣ. Tête nue, à g.

℞. ΕΠΙ ΦΙΡΜΟΥ ΑΝΘΥΠΑΤΟΥ ΠΑΤΡΩΝΟΣ. Au centre, B | ΤΗΣ ΜΗ|ΤΡΟ-ΠΟΛΕΩΣ ΝΚΟ.

Æ 20 — W [**Pl. LXXXIX, 5 et 6**], Fʟ, M, Cᴏᴘ.

19. ΤΙ ΚΛΑΥΔΙΟΣ ΣΕΒΑΣΤΟΣ ΓΕΡΜΑΝΙΚΟΣ. Tête laurée à g.

℞. ΕΠΙ.. ΠΑΣΙΔΙΗΝΟΥ ΦΙΡΜΟΥ ΑΝΘΥΠΑΤΟΥ. Au centre, B | ΠΑΤΡΩΝΟΣ ΤΗΣ | ΜΗΤΡΟΠΟΛΕΩΣ ΝΚο.

Æ 27 — P (un peu retouchée) [**Pl. LXXXIX, 7**], B (avec ΕΠΙ ΤΙ ΠΑΣΙ-ΔΙΗΝΟΥ, etc.) [**Pl. LXXXIX, 8**].

C. Cadius Rufus, proconsul.

20. ΤΙ ΚΛΑΥΔΙΟΣ ΚΑΙΣΑΡ ΣΕΒΑΣΤΟΣ ΓΕΡΜΑΝΙΚΟΣ. Tête laurée à g.

℞. [ΕΠΙ. ΓΑ]ΙΟΥ ΚΑΔΙΟΥ ΡΟΥΦΟΥ ΑΝΘΥΠΑΤΟΥ ΠΑΤ[ΡΩΝΟΣ]. Buste voilé; devant, un pavot; dans le ch. les monogr. ⯑ ⯑ [1].

Æ 32 — L [**Pl. LXXXIX, 9**].

21. Lég. effacée (on a lu... ΚΛ...). Tête à dr.

℞. ΝΙΚΟΜ... Massue.

Æ 13 — M (fruste) (attribution douteuse).

Cʟᴀᴜᴅᴇ ᴇᴛ Mᴇssᴀʟɪɴᴇ

22. ΤΙ ΚΛΑΥΔΙΟΣ ΚΑΙΣΑΡ ΣΕΒΑΣΤΟΣ ΓΕΡΜΑΝ. Tête de Claude à g.

℞. Tête de Messaline à dr.; dessous ΝΕ (?).

Æ 26 — T, fruste (attribution douteuse à Nicomédie)

1. Ces deux monogrammes doivent prob[abl]... ... s'interpréter Μητρο(πόλεως) Νικομη(δέων).

MESSALINE.

C. Cadius Rufus, proconsul.

23. [ME]ΣΣΑΛΕΙΝΑ ΣΕΒΑΣΤΗ...... Tête de Messaline.
℞. ΕΠΙ Γ · ΚΑΔΙΟΥ ΡΟΥΦΟΥ ΑΝΘΥΠΑΤΟΥ ΠΑΤΡΩΝΟΣ. Tête jeune incertaine, à g. (plutôt d'une divinité féminine); devant, le monogr. ; derrière, un monogr. effacé [1].
Æ 29 — M₁ (fruste).

BRITANNICUS.

24. ΤΙ ΚΛΑΥΔΙΟΣ ΚΑΙΣΑΡ ΒΡΕΤΑΝΝΙΚΟΣ. Tête nue de Britannicus, à dr.
℞. ΕΠΙ.... ΜΗΤΡΟΠΟΛΕΩΣ..... Proue de navire à g. surmontée d'un disque ou bouclier rond (?). Dessous, ΝΚΟ.
Æ 27 — P (fruste) [Pl. LXXXIX, 10] [2].

NÉRON.

L. Montanus, proconsul.

25. ΝΕΡΩΝ ΚΛΑΥΔΙΟΣ ΚΑΙΣΑΡ ΣΕΒΑΣΤΟΣ. Tête jeune à dr.
℞. ΕΠΙ Λ ΜΟΝΤΑΝΟΥ ΑΝΘΥΠΑΤΟΥ, et dans le ch. ΝΕΙ-ΚΟ. Deux épis.
Æ 20 — Löbb [Pl. LXXXIX, 11], P [Pl. LXXXIX, 12] [3].

VESPASIEN.

M. Plancius Varus, proconsul.

26. ΑΥΤ ΚΑΙΣΑΡΙ ΣΕΒΑΣΤΩ ΟΥΕΣΠΑΣΙΑΝΩ ΝΕΙΚΟΜΗΔΕΙΑ. Tête laurée, à dr.
℞. ΜΑΡΚΟΣ | ΠΛΑΝΚΙΟΣ | ΟΥΑΡΟΣ | ΑΝΘΥΠΑΤΟΣ | Μ..., dans une couronne de chêne.
Æ 32 — P (fruste) [Pl. LXXXIX, 13].

27. ΑΥΤΟΚΡΑΤΟΡΙ ΚΑΙΣΑΡΙ ΣΕΒΑΣΤΩ ΟΥΕΣΠΑΣΙΑΝΩ ΝΕΙΚΟΜΗΔΕΙΑ. Tête laurée, à dr.

1. Voyez ci-dessus les deux monogr. de la pièce du même proconsul, sous Claude, n° 20.
2. *Non revue.* ...... Tête de Britannicus. ℞. ΕΠΙ ΜΙΝΔΙΟΥ ΒΑΛΒΟΥ ΑΝΘΥ- ΝΕΙΚΟ-ΜΗΤΡΟΠΟΛΕΩΣ. Trirème; au-dessus, buste cuirassé de Britannicus. Æ 32. Mionnet, *Descr.* 308 (Vaillant).
3. *Non revue.* Tête de Néron. ℞. ΝΙΚΟΜΗΔΕΩΝ. L'empereur à cheval précédé et suivi d'un soldat. Æ 32. Mionnet, *Suppl.*, 1000.

℞. ΕΠΙ ΜΑΡΚΟΥ ΓΛΑΝΚΙΟΥ ΟΥΑΡΟΥ ΑΝΘΥΠΑΤΟΥ. Proue à dr., de laquelle
s'élance un énorme serpent.
Æ 30 — Löbb [Pl. **LXXXIX, 14**] [1].

Titus, César.

28. ΑΥΤΟΚΡ ΤΙΤΟΣ ΚΑΙΣΑΡ ΣΕΒΑΣ ΥΙΟΣ. Tête laurée à dr.
℞. ΕΠΙ Μ ΣΑΛΟΥΙΔΗΝΟΥ ΠΡΟΚΛΟΥ ΑΝΘΥΠΑΤΟ. Tête tourelée de Tyché
à dr.; dans le ch. à g. ΜΗ, à dr. ΝΚΟ.
Æ 25 — Löbb [Pl. **LXXXIX, 15**]; 21 — B.

28 *bis*. Même droit.
℞. ΕΠΙ Μ ΣΑΛΟΥΙΔΗΝΟΥ ΠΡΟΚΛΟΥ ΑΝΘΥΠΑ. Même type; dans le champ,
ΜΗ-ΡΟ (les lettres ΜΗ en partie oblitérées).
Æ 26 — Herm. Weber.

Domitien, César.

29. ΔΟΜΙΤΙΑΝΟΣ ΚΑΙΣΑΡ. Tête laurée à dr.
℞. ΝΙΚΟΜΗΔ ΜΗΤΡΟ. Temple hexastyle.
Æ 24 — P (fabrique anormale) [Pl. **LXXXIX, 16**]

Domitien, Auguste.

30. ΑΥΤ ΔΟΜΙΤΙΑΝΟΣ ΚΑΙΣΑΡ ΣΕΒ ΓΕΡΜ. Tête laurée à dr.
℞. Η ΜΗΤΡΟΠΟΛΙΣ ΚΑΙ ΠΡΩΤΗ ΒΕΙΘΥΝΙΑΣ ΚΑΙ ΠΟ., et dans le ch. ΝΚ | ΜΗ.
Zeus assis à g. tenant une patère et un sceptre.
Æ 29 — Imh, Löbb [Pl. **LXXXIX, 17**].

31. ΑΥΤ ΔΟΜΙΤΙΑΝΟΣ ΚΑΙΣΑΡ ΣΕΒ ΓΕΡ ou ΓΕΡΜ. Tête laurée ou radiée à dr.
℞. Η ΜΗΤΡΟΠΟΛΙΣ ΚΑΙ ΠΡΩΤΗ ΒΙΘΥΝΙΑΣ ΚΑ (ou ΚΑΙ) Π. Déméter debout
dans un bige de dragons allant à g.; la déesse s'appuie de la main g.
sur une longue torche.
Æ 27 — W [Pl. **LXXXIX, 18**], Imh, Löbb.

1. *Non revues.* ΑΥΤ ΚΑΙΣ ΟΥΕΣΠΑΣΙΑΝΩ ΝΕΙΚΟΜΗΔΕΙΑ. Tête de Vespasien. ℞. ΕΠΙ
ΜΑΡΚΟΥ ΠΛΑΝΚΙΟΥ ΟΥΑΡΟΥ ΑΝΘΥΠΑΤΟΥ. Tête tourelée de femme. Æ 21. Mionnet,
[illegible] ℞. Μ ΠΛΑΝΚΙΟΥ ΟΥΑΡΟΥ ΑΝΟΥΠΑΤΟΥ;
dans le champ, en quatre lignes : Β ΤΗΣ ΜΗΤΡΟΠΟΛΕΩΝ ΝΕΙΚΟΜΗ. Æ 24. Mionnet, *Suppl.*
1007 (*Morell*).

32. **AYT ΔOMITIANOΣ KAIΣAP ΣEB ΓEPM**]. Tête laurée, à dr.
   ℞. **H MHTPOΠOΛIΣ** [**KAI ΠPΩTH**?] **BEIΘYNIAΣ KA Π**. Dans le ch. **NKO MH**.
     Buste tourelé de Tyché, à g.
   Æ 27 — L [**Pl. LXXXIX, 19**] [1].

33. Même droit, avec la tête laurée ou radiée.
   ℞. **H MHTPOΠOΛIΣ KAI ΠPΩTH BEIΘYN** ou **BEIΘY**. Dans le ch. **NKO MH**.
     Proue de navire à g. sur laquelle rampe un serpent.
   Æ 23 — P [**Pl. LXXXIX, 20**], V (avec **BIΘYNI**), V (avec **BEIΘYNI**), B, Iмн.

33 *bis*. [**AYT**] **ΔOMITIANOΣ KAIΣAP Σ**[**EB ΓEP** ?]. Tête laurée, à droite.
   ℞. Arès marchant à droite, nu, casqué, tenant sa lance de la main droite,
     et de la gauche, un trophée appuyé sur son épaule ; dans le ch. à gauche
     NKO, à droite, **ΓP**.
   Æ 34 — Iмн (2e coll.) (*Rev. suisse*, XIII, 179, pl. III, 1) [2].

34. Même droit.
   ℞. **H MHTPOΠOΛIC NEIK ΠPΩT BIΘ KAI ΠPΩ ΠON** (?). Arès nu et casqué,
     assis à g. sur un rocher, la main g. posée sur le fourreau de son glaive,
     la droite tendue tenant un objet indistinct.
   Æ 27 — V [**Pl. LXXXIX, 21**].

35. **AYT · ΔOMITIANOΣ KAIΣAP**... Tête laurée, à dr.
   ℞. **H MHTPOΠOΛIΣ KAI ΠPΩTH BIΘYNI**. Personnage marchant à dr.,
     en détournant la tête, le buste nu, le pied sur une proue, la dr. étendue
     derrière lui et tenant de la g. une haste transversale.
   Æ 21 — M [**Pl. LXXXIX, 22**].

---

1. *Non revue*. Même description, avec la légende du revers : **NIKOMHΔEΩN**. Æ 24. Mionnet, *Suppl.*, 1023 (*Morell*).

2. Le monogramme **NKO** pourrait être le monogramme **NK** retouché. Des bronzes de Trajan au même type de revers portent le monogr. **NK** qui peut représenter *Nicée* aussi bien que *Nicomédie* : voyez notre pl. LXVII, fig. 20.

36. AYT ΔOMITIANOΣ KAIΣAP ΣEB ΓEP. Tête laurée, à dr.
    ℞. Dans le ch. H MH|TPOΠO|ΛIΣ|NK|O ; en lég. circulaire, KAI ΠPOTH
    (sic) BIΘYNIAΣ KAI ΠONT.
    Æ 25 — P [Pl. LXXXIX, 23].

37. AYT ΔOMITIANOΣ KAIΣAP ΣEB. Tête laurée, à dr.
    ℞. H MHTPOΠOΛIΣ KAI ΠPOTH (sic) BI. Dans le ch. NI-KO. Boisseau
    rempli d'épis.
    Æ 17 — P [Pl. LXXXIX, 24] [1].

38. AYT ΔOMITIANOΣ... Tête laurée, à dr.
    ℞. MHTPOΠOΛIΣ KAI ΠPΩTH BIΘY... Boisseau rempli d'épis; à côté, les
    lettres NIKOMH en monogr.
    Æ 25 — Cop [Pl. LXXXIX, 25].

39. AYT ΔOMITI KAIΣAP ΣEB ΓEP. Tête laurée, à dr.
    ℞. NEIK ΠPΩTOI ΠONT KAI BEIΘY. Corne d'abondance.
    Æ 17 — Imh [Pl. LXXXIX, 26] (Nicée ?) [2].

TRAJAN.

40. AYT NEP TPAIANOC KAICAP CEBA ΓEPM. Tête laurée, à droite.
    ℞. H MHTPOΠOΛIC K ΓP (?) Π K BIΘYNIAC ; dans le champ, NKO-MH [3].
    Buste tourelé de la Tyché de Nicomédie, à g.
    Æ 24 — P [Pl. XC, 1], L, N.

41. TPAIANOC KAICAP CEB ΓEP. Tête laurée, à dr.
    ℞. NEIKOM ΠPΩT BIΘY. Corne d'abondance.
    Æ 18 — M [Pl. XC, 2].

42. AYT NEP TPAIANOC KAICAP CEBA ΓEPM. Tête laurée, à dr.
    ℞. Dans le ch. H MH | TPOΠO | ΛIC | NKO. En lég. circulaire : KAI ΠPΩTH
    ΠONTOY KAI BEIΘYNIAC.
    Æ 24 — P [Pl. XC, 3].

---

1. Cf. les hypothèses d'Imhoof, Griech. Münzen, p. 5, n° 137.
2. *Non revues.* AYT ΔOMITIANOΣ KAIΣAP ΣEB ΓEP. Tête laurée à dr. ℞. NIK MHTPO
ΠPΩ ΠONT KAI BEIΘYNIAC. Femme tutulée, debout à g., tenant de la main une couronne
de laurier et de la g. une haste. Æ 32. Mionnet, *Suppl.* 1015 (Arigoni).
3. Νικομήδεια ἡ μητρόπολις καὶ πρώτη, Πόντου καὶ Βιθυνίας.

HADRIEN [1].

ANTINOÜS.

43. HPΩC ANTINOOC. Tête nue, à dr.

℞. H MHTPOΠOΛIC NIKOMHΔEIA. Antinoüs en Hermès, nu, debout à g., tenant de la main g. ramenée sur les reins une draperie légère et faisant de la main dr. un geste d'appel.

Æ 21 — P [**Pl. XC, 4**], L (*Cat.* pl. XXXIV, 4), B (Sallet, *Zeit. f. Num.*, t. V, p. 107, fig.), N.

44. Même droit.

℞. ex. H MH | circ. TPOΠOΛIC NIKOMHΔEIA. Même lég. Taureau (Apis?) debout à dr.

Æ 21 — P [**Pl. XC, 5**], L, B, Fl., T, Mı. fruste. (Il y a des exemplaires retouchés, avec légendes refaites).

45. HPΩC ANTINOOC (lég. fruste). Tête nue à dr.

℞. ex. H MH | circ. TPOΠ[OΛIC] NIKOMHΔEIA. Taureau debout à dr.

Æ 38 (médaillon) — P [**Pl. XC, 6**], Mı (retouchée) [2].

ANTONIN LE PIEUX.

46. AYT KAICAP ANTΩNINOC. Tête laurée, à dr.

℞. MHTPOΠ NIKOMHΔEIAC. Zeus, les jambes drapées, assis à g. sur un trône, tenant de la main dr. une patère et s'appuyant de la g. sur son sceptre.

Æ 23 — P [**Pl. XC, 7**], Mı, B, Iмн, M.

47. AYT KAI T AI AΔPI ANTΩNINOC. Tête laurée, à dr.

℞. MHTPOΠ KAI ΠP NEΩKOPOY NIKOMHΔEIAC. Déméter voilée et drapée, debout de face, étendant les bras, tenant un flambeau allumé de chaque main.

Æ 32 — Cop [**Pl. XC, 8**]; 30 — P (bords martelés).

---

1. *Attribution douteuse.* Tête à dr. ℞. NIKO... Femme assise à g., tenant une patère. Æ 16 — V (2 ex. frustes).

Non revue. ΘEOC OΛYMΠIOC. Tête laurée d'Hadrien. ℞. NEIKOMHΔEΩN. Tête tourelée, avec une corne d'abondance. Æ 24. Mionnet, *Descr.* n° 315 (Hardouin).

2. A Vienne, on a classé à Nicomédie les deux médaillons suivants : HPΩC ANTINOOC. Tête nue à g. ℞. Lég. effacée. Bélier à droite. Æ 38. — Autre : ΠANI ANTINOΩ. Tête à dr. avec le podum. ℞. Lég. effacée. Taureau à dr. Æ 38. — *Non revue.* ℞. H MHTPOΠOΛIC NIKOMH-ΔEIA. Tête tourelée de femme. Æ 21 — Mionnet, *Suppl.* 1026 (Vaillant).

48. **AYT KAICAP ANTΩNINOC.** Tête laurée, à dr.
℞. **MHTPOΠOΛ NIKOMHΔ.** Déméter voilée et drapée debout à g., tenant
de la main dr. des épis et de la g. une torche.
Æ 21 — P [**Pl. XC, 9**].

49. Même droit.
℞. **MHTPOΠO NIKOMHΔEI.** Même type de Déméter.
Æ 18 — L, Fᴛ, V, Löʙʙ.

50. **ANTΩN KAICAP CEB.** Buste à dr., tête nue.
℞. **ΔHMHT NEIKO.** Même type de Déméter.
Æ 18 — L, P [**Pl. XC, 10**], N, V, M, Iᴍʜ, B, Löʙʙ, T.

51. **KAICAP ANTΩNEINOC.** Buste à dr., tête nue.
℞. Pareil au précédent.
Æ 18 — W.

52. **AYT KAICAP ANTΩN.** Tête laurée, à dr.
℞. **MHTPOΠ NIKOMHΔEI.** Même type de Déméter.
Æ 18 — P [**Pl. XC, 11**].

53. **ANTΩ.** Tête nue, à dr.
℞. **NEIKO.** Serpent enroulé, la tête en bas, autour d'une torche.
Æ 14 — B, Iᴍʜ [**Pl. XC, 12**].

54. **AYT KAICAP ANTΩNEINOC.** Tête laurée, à dr.
℞. **MHTPOΠO NEIKOMHΔEI.** Poseidon nu, debout à dr., le pied g. sur un
rocher, s'appuyant de la main dr. sur son trident et tenant sur sa main
gauche un dauphin.
Æ 21 — B [**Pl. XC, 13**].

55. **AYT KAICAP ANTΩNEINOC.** Buste lauré, à dr.
℞. **MHT KAI ΠPΩT NIKOMHΔEIAC.** Hermès assis sur un rocher, à dr.,
tenant son caducée.
Æ 21 — Cop [**Pl. XC, 14**].

56. **AYT KAICAP ANTΩNEINOC.** Tête laurée, à dr.
℞. **MHT KAI ΠPΩT NIKOMHΔEI.** Eros porté par un dauphin, à dr.
Æ 18 — M [**Pl. XC, 15**].

57. **AYT KAICAP ANTΩNINOC.** Tête laurée, à dr.

℞. MHT KAI ΠΡΩΤ NIKOMHΔEIAC (ou NIKOMHΔIAC). Hephæstos assis à droite, forgeant un casque placé devant lui sur un cippe.
Æ 21 — P [**Pl. XC, 16**], Mi, L, H.

58. AYT KAICAP ANTΩNINOC. Tête laurée, à dr.
℞. MHT KAI ΠΡΩTHC NIKOMHΔEIAC. Autel sur lequel est un serpent qui se dresse à droite.
Æ 24 — V [**Pl. XC, 17**].

59. Même droit.
℞. MHT KAI ΠΡΩTHC NIKOMHΔEIAC. Serpent enroulé dressant la tête à dr.
Æ 23 — P [**Pl. XC, 18**], B.

60. AYT K...'ANTΩNINOC. Tête laurée, à dr.
℞. [...] HΔE — IA. Asclépios et Hygie debout avec leurs attributs.
Æ 20 — T, fruste (attribution douteuse).

61. AYT KAICAP ANTΩNЄINOC. Tête nue, à dr.
℞. MHTPOΠOΛEΩC NEIKOMHΔEIAC. Tyché tourelée debout à g., tenant de la main dr. une patère et de la g. un gouvernail appuyé sur son épaule.
Æ 24 — Löbb [**Pl. XC, 19**].

62. AYT KAICAP ANTΩNEINOC. Tête laurée, à dr.
℞. MHTPOΠOΛE NEIKOMHΔEI NEΩKOP. Tyché coiffée du modius, assise à g., tenant dans la main dr. un gouvernail et dans la g. une corne d'abondance.
Æ 24 — L, V, B [**Pl. XC, 20**], Mi.

63. AYT KAICAP ANTΩNINOC. Buste lauré, à dr.
℞. MHT KAI ΠΡΩT NIKOMHΔEIAC. Femme tourelée (la Tyché de Nicomédie), coiffée du modius, assise à g., tenant une patère de la main dr.
Æ 21 — P [**Pl. XC, 21**].

64. AYT KAICAP ANTΩNEINOC. Tête laurée, à dr.
℞. MHTPOΠO.. NEIKOMHΔE... La Tyché de Nicomédie tourelée, assise à g., tenant de la main dr. des épis, le coude gauche appuyé sur une corne d'abondance ; à ses pieds, une proue de vaisseau (?) d'où s'élance un serpent.
Æ 24 — T [**Pl. XC, 22**], Comm.

65. **AYT KAICAP ANTωNINOC**. Tête nue ou laurée, à dr.
    ℞. **MHTPOΠOΛEωC NEIKOMHΔEIAC** ou **NEIKOMHΔIAC** ou **NIKOMHΔIAC**.
    Le Stolos en héros nu, debout de face, le front ceint d'une couronne
    rostrale, levant le bras droit et tenant de la main g. un gouvernail; à
    ses pieds, une petite proue; dans le champ, son nom, **CTO — ΛOC**.
    Æ 24 — W [**Pl. XC, 23**], P, N, L (*Cat.* pl. XXXIV, 5).

66. **AYT KAICAP ANTωNINOC**. Tête nue ou laurée, à dr.
    ℞. **MHTPOΠOΛE** ou **MHTPOΠOΛ NEIKOMHΔEI** ou **NIKOMHΔEI**. Terme
    d'Hermès (?) debout de face, sur une base, la tête voilée, le buste drapé,
    les deux mains croisées sur la poitrine.
    Æ 18 — P [**Pl. XC, 24**], V.

67. Même droit.
    ℞. **MHT KAI ΠPω NIKOMHΔEI** (ou **NIKOMHΔIAC**). Même terme d'Her-
    mès (?); à ses pieds à g., un caducée.
    Æ 18 — W [**Pl. XC, 25**], V.

68. **AYT KAICAP ANTωNINOC**. Tête laurée, à dr.
    ℞. **MHT KAI ΠPωT NIKOMHΔEI**. Même terme d'Hermès (?) enveloppé
    dans un manteau; à gauche de la base, une proue.
    Æ 18 — N [**Pl. XC, 26**].

69. **AYT KAICAP ANTωNINOC**. Tête laurée, à dr.
    ℞. **MHT KAI ΠPωT** ex. **NIKOMHΔEI**. Pégase bondissant, à dr.
    Æ 21 — B [**Pl. CX, 27**], T.

70. Même droit.
    ℞. Même légende. Cheval à dr., levant un pied de devant.
    Æ 18 — JMH [**Pl. XC, 28**], V.

71. **AYT KAICAP ANTωNINOC**. Tête laurée, à dr.
    ℞. [**NIKOM**]**HΔIAC** | **MHTPOΠ**. Capricorne, à dr.
    Æ 18 — L [**Pl. XC, 29**].

72. Même droit.
    ℞. **MHT KAI ΠP..** | **NIKOMHΔEI**. Astre dans un croissant.
    Æ 18 — P [**Pl. XC, 30**].

73. [... **ANITωN**[**INOC** ...]. Tête laurée, à dr.
    ℞. **MHT KAI** [**ΠPωT**] ex. **NIKO**... Croissant, les cornes relevées, dedans,
    trois étoiles.
    Æ 18 — H [**Pl. XC, 31**].

74. AYT KAICAP ANTΩNINOC. Tête laurée, à dr.
   ℞. NIKOMHΔEIAC NEΩKOPOY. Galère voguant à g., la voile déployée.
   Æ 22 — B [**Pl. XC, 32**], L, Mi.

75. AYT KAICAP ANTΩNINOC. Tête laurée, à dr.
   ℞. NIKOMHΔEIAC | NEΩKOPOY. Galère sans voiles, avec ses rameurs,
   allant à g.
   Æ 24 — P [**Pl. XC, 33**], Fl.

76. ANTΩ. Tête nue, à dr., le cou drapé.
   ℞. NEIKO. Modius plein d'épis.
   Æ 17 — N [**Pl. XC, 34**] [1].

ANTONIN LE PIEUX ET MARC AURÈLE.

77. AYT KAICAP ANTΩNINOC. Tête laurée, à dr.
   ℞. M AYP OYHPOC KAIC NIKOM. Tête nue de Marc Aurèle, à dr.
   Æ 24 — P [**Pl. XC, 35**].

MARC AURÈLE, César.

78. M AYPHΛIOC OYHPOC KAICAP. Buste à dr., tête nue et imberbe.
   ℞. MHTPOΠOΛEΩC ex. NIKOMHΔEI | AC. Aigle debout à g., battant des
   ailes et luttant contre un serpent qui se dresse devant lui.
   Æ 24 — P [**Pl. XCI, 1**], M (fruste), T.

MARC AURÈLE, Auguste [2].

79. AYT KAI M AYPH... Buste barbu à dr., tête nue.
   ℞. MHT NEΩKO NEIKOMHΔI. Arès debout, nu, casqué, s'appuyant de la
   main dr. sur sa lance et tenant son bouclier de la g.
   Æ 24 — P [**Pl. XCI, 2**].

---

1. *Non revues.* ℞. MHTPOΠOΛIC NIKOMHΔEIA. Figure en toge et tenant de la main dr. une
patère, debout dans un temple distyle. Æ 32. Mionnet *Suppl.* 1038 (Vaillant). — AYT KAICAP
ANTΩNINOC. Tête laurée. ℞. MHT KAI ΠPΩT. NEIKOMHΔEI. Déméter assise, tenant de
la main dr. inclinée un flambeau et dans la g. des épis. Æ 24. Mionnet, *Suppl.* 1044 (Ramus, *Cat.
Mus. reg. Daniæ*).

2. *Non revues.* ℞. NEIKOMH MHTP NEΩK. Zeus assis dans un temple tétrastyle, tenant de la
gauche une haste; à ses pieds, un aigle. Æ 33. Mionnet, *Suppl.* 1054 (Vaillant). — Autre. ℞. NIKO-
MHΔEΩN NEΩKOPΩN. Zeus assis, tenant de la main dr. une patère, dans un temple tétrastyle.
Æ 21. Mionnet, *Suppl.* 1055 (Vaillant).

8o. **AYTO KAI M AYP ANTΩNEI**. Buste lauré et barbu, à dr.
℞. **MHT NEΩ NEIKOMH**. Hermès, la chlamyde sur l'épaule, assis à g. sur
un rocher, tenant de la main dr. son caducée et s'appuyant de la g. sur
le rocher.
Æ 24 — P [**Pl. XCI, 3**] (retouchée ; au droit, l'aigle de la maison d'Este).

8ı. ... **AYP ANTΩNINOC**. Tête nue et barbue, à dr.
℞. [... **NIK]OMHΔEIAC**. Déméter voilée, debout à g., tenant de la main dr.,
une patère et s'appuyant de la g. sur une longue torche.
Æ 17 — P [**Pl. XCI, 4**].

82. **AYT K M AY ANTΩNEINOC**. Buste lauré et barbu à dr.
℞. **MHTP NEΩK | NEIKOMHΔ**. Temple hexastyle sur des degrés, dans
lequel on voit Déméter debout à g., s'appuyant de la main g. sur un
long sceptre et tenant des épis de la main droite.
Æ 30 — P [**Pl. XCI, 5**].

83. **AYT KAI M AYPH ANTΩNINOC**. Buste lauré et barbu, à dr.
℞. **MHTPOΠ KAI ΠPΩT NEΩKOPOY** ex. **NIKOMHΔEI**. Temple distyle dans
lequel on voit Déméter debout à g.; sur le fronton, un buste entre deux
couronnes.
Æ 32 — M [**Pl. XCI, 6**].

84. Lég. effacée. Tête de Marc Aurèle, jeune.
℞. **MHT NEΩ** ex. **NEIKOMHΔEΩN**. Femme (Déméter?) debout dans un
temple octostyle.
Æ 23 — Comm.

85. ... **ANTΩNINOC**. Buste de Marc Aurèle, à dr., tête nue.
℞. **MHT NEΩ NEIKOMHΔE** ... Poseidon nu debout à dr., posant le pied g.
sur une proue et s'appuyant de la main g. sur son trident; sur sa main
dr., un dauphin.
Æ 25 — B [**Pl. XCI, 7**].

86. **AY K M · AYP ANTΩ. .** Buste lauré, à dr.
℞. **NEΩKOPOY NEIKOMHΔEI**. Isis Pharia debout à dr., le pied sur une
proue et tenant des deux mains devant elle une voile gonflée par le vent.
Æ 23 — P [**Pl. XCI, 8**].

87. **AYTO** (ou **AYT**) **KAI M AYPH ANTΩ** (ou **ANTΩNEIN**). Buste barbu à dr.,
tête nue.

℞. MHT NEΩ NEIKOMH ou NIKOM. Asclépios à demi nu, debout, s'appuyant de la main dr. sur son bâton autour duquel est enroulé un serpent.

Æ 24 — L, P [**Pl. XCI, 9**], V.

88. Lég. fruste. Tête de Marc Aurèle, à dr.

℞. ...NEΩ NIKOMH. Hygie debout à dr., donnant à manger à un serpent.

Æ 20 — B [**Pl. XCI, 10**].

89. AY · K · M · AYP · ANTΩNEI. Tête laurée et barbue, à dr.

℞. MH · NEΩ · NEIKOMH. Niké allant à g., tenant de la main dr. une couronne et de la g. une palme.

Æ 25 — L, P [**Pl. XCI, 11**], V, fruste.

90. AYT K M AYP ANT.... Buste cuirassé, tête nue, à dr.

℞. MH NEΩ NEIKOM. Niké allant à dr., tenant une couronne et une palme.

Æ 25 — Löbb [**Pl. XCI, 12**].

91. AYT K M AYP (ou AYPH) ANTΩNINOC. Buste cuirassé, tête nue ou laurée, à dr.

℞. MHTP · NEΩ · ex. NEIKOMHΔ. La Tyché de Nicomédie, tourelée et drapée, assise à g. sur un rocher, tenant de la main dr. des épis et s'appuyant de la g. sur le rocher; à ses pieds, une proue. A l'exergue, une palme.

Æ 25 — L [**Pl. XCI, 13**], H.

92. AYT K M AYPH ANT.... Tête laurée et barbue, à dr.

℞. MHTP NEΩ | NEIKOMH. Même type de Tyché assise, à g.

Æ 24 — P [**Pl. XCI, 14**] [1].

93. AYT K M AYP ANTΩNEINOC. Buste lauré et barbu, à dr.

℞. MHT NEΩK NEIKOMH. Tête tourelée et voilée de la Tyché, à dr.

Æ 24 — P [**Pl. XCI, 15**], V, B.

94. AYTO KAI M AYP ANTΩNEI. Buste cuirassé et lauré, à dr.

℞. MHT NEΩ NEIKOMH. Le Stolos nu debout, à g., la main dr. étendue et un gouvernail sur le bras g.

Æ 24 — Ath; 22 — T (fruste).

---

1. *Non revue.* ℞. **MHT NEΩ NEIKOMH**. Tyché debout avec ses attributs. Æ 21. Mionnet, *Suppl.,* 1071 (Vaillant).

95. AYT K M AYP [ANT]ΩNЄINOC. Buste lauré, à dr.
Ṛ. NЄIKOMHΔЄIA BOYΛH ΔHMOC OMONOIA. A g., le Demos barbu,
debout à dr., étendant la main dr. vers la Boulè tourelée, aussi debout
et tenant la haste de la main g.
Æ 3o — V [Pl. XCI, 16].

96. AY K M AY ANTΩNЄINOC. Buste lauré, à dr.
Ṛ. MHTPOΠ NЄΩ[K] ex. NIKOM. La Louve à g., allaitant Romulus et
Remus.
Æ 24 — B [Pl. XCI, 17].

97. AY K M AYP ANTΩNIN. Tête laurée, à dr.
Ṛ. MHT · NЄΩ · NЄIKOM. L'empereur à cheval, en pacificateur, au pas à
dr., levant la main dr.
Æ 26 — Löbb.

98. Lég. fruste. Tête de Marc Aurèle, à dr.
Ṛ. H MHTPOΠOΛIC NIKOMHΔЄIA. Bœuf (Apis?), debout à droite.
Æ 21 — V [Pl. XCI, 18].

99. A K M AYP ANTΩNIN. Tête laurée et barbue, à dr.
Ṛ. MHTPO NЄΩK ex. NIKOMHΙΔ. Aigle debout, détournant la tête à dr.,
les ailes légèrement écartées et luttant contre un serpent.
Æ 24 — P [Pl. XCI, 19], Fl, Löbb.

100. AY K M AYP ANTΩNЄIN. Tête laurée, à dr.
Ṛ. MHTPOΠOΛЄΩC ex. NЄIKOM. Même type.
Æ 25 — V.

101. ... ANTΩNЄINOC. Tête ou buste lauré, à dr.
Ṛ. MHTP (ou MHTPOΠ) NЄΩK (ou NЄΩKO), ex. NIKOMH (ou NЄIKOMH)·
Aigle de face, luttant contre un serpent placé à g.
Æ 25 — M (contrem. indistincte au revers), V (à l'ex. une palme).

102. AYT K M AYP ANTΩNINOC. Tête nue, à dr.
Ṛ. NIKOMHΙΔЄIAC. Deux poissons placés côte à cote en sens inverse.
Æ 18 — P [Pl. XCI, 20], V, B, M, Löbb, Cop (avec tête laurée et
NIKOMHΔЄΩN?).

103. AYT K M AYP ANTΩNЄINOC. Buste barbu, à dr.
Ṛ. MHTPOΠ ΠOΡKOΠON, à l'ex. NЄIKOMHΔ. Galère à voiles,
Æ 32 — Imh [Pl. XCI, 21].

Faustine, la jeune.

104. **ΦΑΥCΤΕΙΝΑ CΕΒΑCΤΗ**. Buste à dr.
  ℞. **ΜΗΤ ΝΕΩ ΝΕΙΚΟΜΗ** (ou **ΝΕΙΚΟΜΗΔΙ**). Aphrodite assise à g. sur un rocher, drapée, tenant de la main dr. une pomme et s'appuyant de la g. sur son siège.
  Æ 27 — W [**Pl. XCI, 22**], L, Löbb, Mi, Comm (en contrem. au revers, une petite tête de femme à dr.).

105. **ΦΑΥCΤΕΙΝΑ ΝΕΑ CΕΒΑCΤΗ**. Même tête de Faustine.
  ℞. **ΝΕΩΚΟΡΟΥ ΝΙΚΟΜΗΔΕΙ**. Aphrodite assise, comme ci-dessus.
  Æ 20 — W, Löbb, Mi.

106. **ΦΑΥCΤΕΙΝΑ CΕΒΑCΤΗ**. Même tête de Faustine.
  ℞. **ΜΗΤ ΝΕΩ ΝΕΙΚΟΜΗ**. Aphrodite assise, comme ci-dessus.
  Æ 23 — P [**Pl. XCI, 23**].

107. **ΦΑΥCΤΕΙΝΑ ΝΕΑ CΕΒΑC**. Buste à dr.
  ℞. **ΝΕΩΚΟΡΟΥ ΝΙΚΟΜΗΔΕΙ**. Torche unie avec deux pavots et deux épis et autour de laquelle est enroulé un serpent.
  Æ 20 — P [**Pl. XCI, 24**], V, B, N.

108. Variété, avec **ΝΙΚΟΜΗΔ ΝΕΩΚΟΡΩΝ**.
  Æ 21 — N.

109. **ΦΑΥCΤΕΙΝΑ CΕΒΑCΤΗ**. Même tête de Faustine.
  ℞. **ΜΗΤ · ΝΕΩ · ΝΕΙΚΟΜΗ**. Femme (la Concorde) tutulée et drapée, assise à g. sur un trône et tenant de la main dr. une patère.
  Æ 27 — P [**Pl. XCI, 25**].

110. **ΦΑΥCΤΕΙΝΑ ΝΕΑ CΕΒΑCΤΗ**. Buste à dr.
  ℞. **ΝΙΚΟΜΗΔΕΙΑC ΝΕΩΚΟΡΟΥ**. La Tyché de Nicomédie, debout à dr., s'élançant sur une proue de navire en détournant la tête et étendant le bras droit; de la main g. elle tient un sceptre.
  Æ 21 — P [**Pl. XCI, 26**], B, V, L (fruste).

111. **ΦΑΥCΤΕΙΝΑ CΕΒΑCΤΗ**. Buste à dr.
  ℞. **ΝΕΙΚΟΜΗ · ΜΗΤ · ΝΕΩΚ**. Niké marchant à g., tenant une couronne dans la main dr. et une palme dans la g.
  Æ 24 — M [**Pl. XCI, 27**].

MARC AURÈLE ET LUCIUS VERUS.

112. **M AYP ANTⲰNINOC · Λ AYP OYHPOC ·** ex. **AYTOKPA|TOPEC ·** (ou **AYTO-
KPATO|PEC**). Têtes nues, affrontées, de Marc Aurèle tournée à dr. et
de L. Verus tournée à g.
   ℞. **NEⲰKO NIKOM |** ex. **OMONOIA**. Temple tétrastyle sur des degrés, dans
lequel est la Concorde assise à g. tenant une patère de la main g. et une
haste de la droite.
Æ 32 — P [**Pl. XCI, 28**], PE, B, V [1].

113. **AYT KAI M AYP ANTⲰNINOC**. Tête laurée de Marc Aurèle, à dr.
   ℞. **AYT · KAI** (ou **K**) **Λ AYP OYHPOC NIKOM**. Tête nue de Lucius Verus, à
dr.
Æ 25 — P [**Pl. XCI, 29**], L, W, COP, V, LÖBB.

114. **AY ΛOY AYP OYHPOC CЄB · APM**. Buste de Lucius Verus, à dr., tête
nue.
   ℞. **AYT MAP AYP ANTⲰNINOC CЄ APMЄ** ex. **NIKOM**. Marc Aurèle à cheval
au galop à dr., brandissant sa lance.
Æ 30 — P [**Pl. XCI, 30**].

LUCIUS VERUS.

115. **AYT · K · Λ · AYP · OYHPOC**. Buste, tête nue, à dr.
   ℞. **NEⲰKO NIKOM** ex. **OMONOIA**. Temple tétrastyle sur des degrés, dans
lequel on voit Zeus (?) demi-nu, assis à g., tenant une patère dans la
main dr. et de la g. s'appuyant sur un sceptre.
Æ 23 — P [**Pl. XCI, 31**].

116. **AYT KAIC Λ AYPHΛIOC OYHPOC**. Buste à dr., tête nue, avec la cuirasse.
   ℞. **MHTPO NEⲰKO NIKOMHΔIAC**. Temple tétrastyle sous lequel on voit
Déméter (?) debout à g., tenant des épis de la main dr. et s'appuyant de
la g. sur une longue torche (?)
Æ 32 — L [**Pl. XCI, 32**].

1. *Non revues.* Même droit. ℞. **AYT Λ AYP OYHPOC NIKOM**. Tête laurée de L. Verus.
Æ 24. Mionnet, *Suppl.*, 1090 (Vaillant). — Autre. **M · AYP · ANTⲰNINOC · Λ AYP OYHPOC.**
Bustes affrontés, têtes nues, de Marc Aurèle et de Lucius Verus; dessous; **AYTOKPAITOPAΣ.**
℞. **NIKOM NEOKOP** ex. **MH OMONOIA**. Temple tétrastyle dans lequel Zeus Nicéphore est
assis à g. Æ 30. Scholz, *Num. Zeit.*, t. XXXIII, p. 33, n° 49.

117. AYT · KAI · Λ · AYP · OYHP. Buste à dr., tête nue.
    ℞. NEΩKOPOY NIKOMHΔEIAC. Héraclès étouffant Antée.
    Æ 28 — P [**Pl. XCI, 33**].

118. AYT KAI Λ AYP OYHPOC. Tête nue, à dr.
    ℞. NIKOMHΔEIAC. Terme d'Hermès (?) drapé de face, sur une petite base,
    les mains croisées sur la poitrine.
    Æ 18 — FL.

119. AYT K Λ AYP OYHPOC. Tête nue, à dr.
    ℞. NIKOMHΔEIAC. Thon, à droite.
    Æ 17 — P [**Pl. XCI, 34**] ¹.

COMMODE, César.

120. Λ AYP · [KOM]MOΔOC. Buste imberbe, à dr.
    ℞. MHT NEΩ · NEIKOMHΔ. Déméter debout à dr., tenant de la main g.
    baissée des épis et s'appuyant de la main droite sur une longue torche.
    Æ 18 — P [**Pl. XCII, 1**], V.

121. Λ AYPHΛIOC KOMMOΔOC KAI. Buste, tête nue, imberbe, à dr.
    ℞. MHTPO NEΩKO ex. NEIKOMHΔ. Temple hexastyle sur des degrés,
    sous lequel est Déméter debout à g., avec ses attributs; au fronton, un
    aigle éployé.
    Æ 32 — B [**Pl. XCII, 2**].

122. Λ AYP KOMOΔOC K. Buste jeune, à dr.
    ℞. MHT NEΩ ex. NEIKOMHΔ. Même type que le précédent, mais au
    fronton, un globule.
    Æ 23 — P [**Pl. XCII, 3**].

123. Λ AYP KOMOΔOC K. Buste jeune, à dr., tête nue.
    ℞. MHTPO · NEΩK ex. NEIKOM. Temple tétrastyle dans lequel on voit
    Déméter debout, à dr., comme ci-dessus.
    Æ 21 — P [**Pl. XCII, 4**], B.

124. Λ AYP KOMOΔOC K. Tête imberbe et nue, à dr.
    ℞. MHT · NEΩ ex. NEIKOM. Éros sur un dauphin à dr., tenant un fouet
    de la main dr. levée.
    Æ 24 — P [**Pl. XCII, 5**], L (*Cat.* pl. XXXIV, 7).

---

1. *Non revues.* ℞. NIKOMHΔ MHT NEΩKOP. Arès nu, casqué, debout, tenant une haste
de la main dr. et un bouclier de la g. Æ 24. Mionnet, *Suppl.* 1092 (Vaillant). — Autre. ℞. **NIKO-
MHΔEIAC.** Deux thons. Æ 25. Mionnet, *Suppl.* 1094 (Vaillant).

125. ΑΥΡΗΛΙΟC ΚΟΜΟΔΟC Κ. Buste imberbe, cuirassé, à dr.
℞. ΝΕΙΚΟΜΗΔ ΜΗΤ · ΝΕΩΚΟ. Asclépios debout à dr., s'appuyant sur
son bâton autour duquel est enroulé un serpent.
Æ 27 — L [**Pl. XCII, 6**].

126. Λ ΑΥΡ ΚΟΜΟΔΟC Κ. Buste, tête nue, imberbe, à dr.
℞. ΜΗΤ · ΝΕΩ · ΝΙΚΟΜΗΔΕΙΑC. La Tyché de Nicomédie tutulée, debout
à g., tenant de la main g. une corne d'abondance et faisant de la main
dr. une libation sur un autel.
Æ 23 — W [**Pl. XCII, 7**].

127. ... ΑΥΡΗΛΙΟC ΚΟΜΟΔΟC. Buste nu, imberbe, à dr.
℞. ΜΗΤΡΟΠΟ · ΝΕΩ · ΝΕΙΚΟΜΗΔΕΙΑ. Buste voilé et tourelé de la Tyché,
à dr.; devant, deux épis; à l'exergue, une galère.
Æ 27 — N, B [**Pl. XCII, 8**].

128. Λ · ΑΥΡΗ · Κ..... Tête nue, imberbe, à dr.
℞. ΜΗΤΡ · ΝΕΩ · ΝΕΙΚΟΜΗΔΕΙΑC. L'Équité debout à g., tenant de la
main dr. une balance et de la g., une corne d'abondance.
Æ 25 — W [**Pl. XCII, 9**].

129. Λ · ΑΥΡ · (ou ΑΥΡΗ ·) ΚΟΜΟΔΟC Κ. Buste imberbe, tête nue, à dr.
℞. ΜΗΤ · ΝΕΩ · ΝΕΙΚΟΜ. Niké allant à g., tenant de la main dr. une cou-
ronne et de la g. une palme.
Æ 24 — W [**Pl. XCII, 10**] (trouée), T (fruste).

130. Λ · ΑΥΡΗΛΙΟC · ΚΟΜΟΔΟC · Κ. Buste cuirassé, imberbe, tête nue, à dr.
℞. ΝΙΚΟΜΗΔΙΑC ΜΗΤ ΝΕΩ. Niké marchant à droite, tenant de la main
dr. une couronne et de la g. une palme.
Æ 20 — L [**Pl. XCII, 11**].

131. Même droit.
℞. ΜΗΤ ΝΕΩ ΝΕΙΚΟΜΗΔ. Niké casquée marchant à dr., portant couronne
et palme.
Æ 27 — V; 23 — M₁ [**Pl. XCII, 12**].

132. Λ ΑΥΡΗ]ΛΙΟC ΚΟΜΟΔΟC Κ. Buste imberbe, à dr.
℞. ΝΙΚΟΜΗΔΙΑC. Niké ailée (non casquée), allant à dr., portant palme (?)
et couronne.
Æ 18 — M₁ (fruste).

133. ... AYP KOMOΔOC K. Buste jeune à dr., tête nue.
℞. MHT NEΩK ; à l'ex. NEIKOMH|ΔEIAC. Hippocampe bondissant à dr.
Æ 17 — W [**Pl. XCII, 13**].

134. [Λ] AYPH KOMOΔOC [K]. Buste à dr., tête nue.
℞. NEIKOMH MH[T NEΩ]KO. Aigle debout à g., les ailes soulevées, dé-
tournant la tête à dr. pour lutter avec un serpent. A l'ex., une galère.
Æ 24 — L.

135. Λ AYPHΛIOC KOM..... Buste à dr., tête nue.
℞. MHT NEΩKOPOY ; à l'ex. NEIKOMH. Aigle luttant avec un serpent et
proue à l'ex., comme ci-dessus.
Æ 25 — P [**Pl. XCII, 14**].

136. Variété, avec MHTP NEΩKOP NEIKOMHΔ.
Æ 24 — Fʟ.

137. ... KOMOΔOC K. Buste à dr., tête nue.
℞. MHT NEΩ NIKOMHΔ. Même type, mais sans proue à l'ex.
Æ 24 — P [**Pl. XCII, 15**].

138. Λ AYP KOMOΔOC K. Buste jeune, cuirassé, à dr.
℞. NEIKOMH MH NEΩ. Galère à g. avec ses rameurs.
Æ 23 — L.

139. Même droit.
℞. MHT NEΩKO ; à l'ex. NEIKOMH. Galère à la voile, à g.
Æ 21 — W [**Pl. XCII, 16**], B, T (fruste et retouchée).

140. Lég. fruste. Tête jeune imberbe, à dr.
℞. MHTPO NIKOM. Deux poissons en sens inverse.
Æ 20 — B [**Pl. XCII, 17**].

COMMODE, Auguste.

141. A K M AY KO ANTΩNIN. Tête laurée et barbue de Commode, à dr.
℞. MHTPOΠ NE[ΩK]OPOY ex. NEIKOM. Zeus à demi nu, assis sur un
trône, à g., une patère dans la main dr., la g. appuyée sur le sceptre.
Æ 21 — P [**Pl. XCII, 18**].

142. AYT K M AYP KOMMOΔOC ANTΩNINOC. Buste imberbe, lauré, à dr.
 Ŗ. ΔIC NEΩKOPΩN NIKOMHΔEΩN. Déméter debout à g., voilée, tenant
  de la main dr. des épis et s'appuyant de la g. sur une longue torche ;
  de chaque côté, à ses pieds, un petit temple octostyle.
 Æ 35 — P [**Pl. XCII, 19**], L (*Cat.*, pl. XXXIV, 6) [1].

143. AY M AY KO ANTΩNIN. Buste lauré et barbu, à dr.
 Ŗ. MHT NEΩ NIKOMH (ou NIKO). Pallas debout à g., tenant de la main
  dr. une patère et s'appuyant de la g. sur sa lance; à ses pieds, son
  bouclier.
 Æ 29 — P, W [**Pl XCII, 20**], N.

144. Même droit.
 Ŗ. MHT NEΩ NIKOM. Pallas debout à g., tenant un foudre de la main dr.,
  son bouclier et sa lance de la main g.
 Æ 25 — P [**Pl. XCII, 21**].

145. AY K M AYP KOMOΔ · ANTΩ. Buste lauré, barbu et cuirassé, ou tête laurée
  et barbue, à dr.
 Ŗ. MHT NEΩ NIKOM. Poseidon debout à droite, le pied posé sur un
  rocher, tenant le trident de la main droite et le dauphin de la gauche.
 Æ 24 — M [**Pl. XCII, 22**].

146. AY K M AYP ANTΩNIN. Buste lauré, à dr.
 Ŗ. MHTP NEΩ NIKOM. Hygie debout à dr., nourrissant son serpent.
 Æ 27 — M [**Pl. XCII, 23**].

147. A K M AY KO · ANTΩNIN. Tête laurée et barbue, à dr.
 Ŗ. MHT NEΩ NIKOMH. Serpent enroulé dressant la tête, à dr.
 Æ 23 — L [**Pl. XCII, 24**], N.

148. A · K M · AY KO · ANTΩNI. Tête laurée, barbue, à dr.
 Ŗ. MHT · NEΩ · NIKO. La Concorde debout à g., tenant dans sa main dr.
  une patère et de la g. une corne d'abondance.
 Æ 27 — L (*Cat.*, XXXIV, 9), V [**Pl. XCII, 25**].

149. Variété : devant la Concorde, un autel allumé.
 Æ 24 — Mɪ (fruste).

1. *Non revue.* Ŗ. NIKOMHΔ MHT NEΩK. Cybèle assise, tenant de la main dr. une patère
et de la g. le tympanon; à ses pieds, un lion. Æ 24. Mionnet, *Suppl.* 1102 (Vaillant).

150. A (ou AYT) KAICAP AYP KOMOΔ... Buste cuirassé et imberbe, à dr.
℞. NIKOM[HΔE]ωN. Tyché debout à g., tenant de la main dr. un gou-
vernail et de la g., une corne d'abondance.
Æ 21 — L (fruste).

151. Même lég. Tête laurée, à dr.
℞. MHTP NEΩ · NIKOMH. Même type de Tyché debout à g.
Æ 28 — Löbb [Pl. XCII, 26].

152. AY K M AY KO ANTΩNI... Tête laurée et barbue, à dr.
℞. MHTPOΠO NEΩ NIKO.... Femme à demi nue s'avançant à dr. en posant
le pied droit sur une proue ; elle détourne la tête en étendant le bras
droit ; de la main g. elle tient sa lance appuyée sur son épaule.
Æ 24 — P [Pl. XCII, 27].

153. A K M AY KOM ANTΩNIN. Tête laurée de Commode, à dr.
℞. MHT NEΩ NIKOM. Homme barbu (Argos) assis à dr., en habit court,
la tête nue, la main dr. s'apprêtant à frapper d'un coup de maillet et
tenant de la g. un clou pour le fixer sur une proue de vaisseau (le
navire Argo).
Æ 23 — V [Pl. XCII, 28].

154. AY K M AYP KO ANTΩNIN. Buste lauré barbu, cuirassé, à dr.
℞. MHTPO NEΩKOP | ex. NIKOMHΔ. La Tyché de Nicomédie, tourelée,
assise à gauche sur un trône, tenant sur sa main dr. un petit temple
hexastyle et s'appuyant de la g. sur son sceptre.
Æ 29 — W [Pl. XCII, 29].

155. AY K M AY KO (ou KOM ou KOMOΔ) ANTΩNIN. Tête laurée et barbue, à dr.
℞. MHT (ou MHTP) NE (ou NEΩ) NIKOMHΔ (ou NIKOM). Buste voilé et
tourelé de la Tyché de Nicomédie, à dr.
Æ 25 — Imh, Löbb, H, V (en contremarque au revers, une tête à dr.),
H (même contrem.), P [Pl. XCII, 30].

156. ... AY · KOMO · ANT. Buste lauré et barbu, à dr.
℞. MHTPOΠO NEΩ, ex. NIKOMH|Δ... La Louve à g. allaitant les Jumeaux.
Æ 22 — P [Pl. XCII, 31].

157. AY K M AYP KOMO (ou KOM) ANTΩ. Buste lauré, barbu et cuirassé, à dr.
℞. MHTP NEΩ NIKOM. Aigle debout à dr., sur un globe, détournant la
tête et tenant une couronne dans son bec.
Æ 24 — P [Pl. XCII, 32].

158. Même droit.
    ℞. **MHTP NEΩ**, ex. **NIKOMH**. Aigle luttant avec un serpent; quelquefois,
    à l'exergue, une galère.
    Æ 24 — P (en contremarque, tête imberbe de Caracalla, à dr.) [**Pl. XCII,
    33**], N, M.

159. Variété, avec **MHTPOΠOΛ NEΩKO**, ex. **NIKOMH**. Même type.
    Æ 24 — M, Mı.

160. Variété avec **MHT NEΩ**, ex. **NEIKOMH | ΔEIAC**.
    Æ 25 — T (le droit tout à fait fruste [1]).

161. **AY K M AY KO ANTΩNIN**. Buste cuirassé, lauré et barbu, à dr.
    ℞. **NIKOMH MHT NEΩ**. Temple octostyle; au fronton, un disque.
    Æ 27 — L [**Pl. XCII, 34**], V (en contrem. au revers, tête à dr.).

162. **AV ..... KOMMOΔOC ANTΩNINOC**. Tête radiée, à dr.
    ℞. **NIKOMHΔEΩN |** à l'ex. **ΔIC NEΩKO|PΩN**. Temple octostyle; au fron-
    ton, un globule.
    Æ 28 — P [**Pl. XCII, 35**], N, Imн; 32 — F, Mı (fruste; au revers, contr.
    indistincte).

163. **AYT K M AYP KOMMOΔOC ANTΩNINOC**. Tête laurée, barbue, à dr.
    ℞. **NIKOMHΔE[ΩN]**; à l'ex. **ΔIC NEΩKOPΩN**. Temple octostyle.
    Æ 35 — B, N (avec aigle au fronton).

164. Variété, avec **MHT ... NEΩKOP** en lég. circ. et le mot **NIKOMHΔEΩN** à l'ex.
    Æ 27 — Löвв.

165. **AYT K M AYP KOMMOΔOC ANTΩNINOC**. Tête ou buste imberbe, lauré,
    à dr.
    ℞. **NIKOMHΔEΩN** ex. **ΔIC NEΩKO|PΩN**. Galère avec ses rameurs à g.; au
    dessus, deux temples octostyles, côte à côte.
    Æ 32 — P [**Pl. XCII, 36**], Imн, T; 36 — V, Löвв, L [**Pl. XCII, 37**].

166. **A K M AY KO ANTΩNIN**. Tête laurée barbue, à dr.
    ℞. **MHTPOΠ · NEΩKOPOY | KAI ΠP|ΩTHC | NEIKOMH | ΔEIAC**. Galère
    avec ses rameurs.
    Æ 31 — W [**Pl. XCII, 38**], N.

____

1. Cette pièce est classée à Septime Sévère dans le médaillier (n° 23333).

167. [AY] K [M A]Y KO ANTΩNIN. Buste barbu, lauré et cuirassé, à dr.
Rʎ. ex. NIKOM | circ. MHT · NEΩ. Galère à la voile, à g.
Æ 27 — L [Pl. XCII, 39]; 25 — T (fruste) [1].

CRISPINE [2].

PESCENNIUS NIGER.

168. A · K · Γ · ΠECK · NIΓPOC IOYCTOC CEB. Tête laurée, à dr.
Rʎ. MHT · NEΩ · NIKO. Tyché debout à g., tenant de la main dr. un gouvernail et de la g. une corne d'abondance. En contremarque, une tête impériale à dr.
Æ 28 — W [Pl. XCIII, 1].

SEPTIME SÉVÈRE.

169. AYT Λ CEΠ CEYHPOC · Π · C. Tête radiée, à dr.
Rʎ. NIKOMHΔEΩN ΔIC NEΩKO, champ PΩN. Hadès Sérapis, coiffé du modius, assis à g. sur un trône, la main droite étendue, et tenant son sceptre de la main g. ; à ses pieds, Cerbère.
Æ 35 — L [Pl. XCIII, 2].

170. AY K Λ CE CEYHPOC ΠE. Tête radiée, à dr.
Rʎ. [NI]KOMHΔEΩN ΔIC NEΩKOP[Ω]N. Déméter debout à g., tenant dans la main dr. des épis et de la g. une longue torche.
Æ 27 — L (en contremarque, une tête à dr.), T (sans contrem. fin de légende : ..NEΩKO | champ PΩN); 32 — V [Pl. XCIII, 3], Fl. (retouchée).

171. AY K Λ CEΠ · CEYHPOC ΠE C. Tête laurée, à dr.
Rʎ. ΔIC NEΩKOPΩN NIKOMHΔEΩN. Déméter debout, comme ci-dessus.
Æ 33 — Mi.

172. AY K Λ CEΠ CEYHPOC ΠE. Tête radiée, à dr.
Rʎ. NIKOMHΔEΩN [Δ]IC NEΩK | champ OPΩN. Déméter assise à g., tenant de la main dr. des épis et de la g. un long flambeau incliné.
Æ 32 — Mi (fruste, bords relevés).

---

1. *Non revue et douteuse.* Rʎ. NEIKO MHTP · AMAΣEΩN OMONOIA. Amazone tourelée portant la main dr. sur une Tyché tourelée et vêtue de la *stola*, qui tient sur son épaule gauche un gouvernail. Æ 24. Mionnet, *Suppl.* 1131 (Vaillant et Theupoli). Pour les monnaies d'alliance avec Laodicée (Mionnet, *Descr.* 333), voir à Laodicée de Phrygie.

2. *Non revue.....* Tête de Crispine (?). Rʎ. NIKOMHΔEΩN. Deux thons. Æ 24. Mionnet, *Suppl.*, 1132 (Vaillant). Pour les pièces d'alliance avec Smyrne, à l'effigie de Crispine, voir à Smyrne.

173. AY K Λ CEΠ CEYHPOC Π C. Tête radiée, à dr.
℞. NIKOMHΔEΩN ex. ΔIC NEΩKO|PΩN. Déméter debout de face, la tête
à g. et tenant une torche allumée de chaque main; de part et d'autre,
deux petits temples octostyles.
Æ 32 — P [Pl. XCIII, 4].

174. AY K Λ CEΠ CEYHPOC Π. Buste radié et cuirassé, à dr.
℞. ΔIC NEΩKOPΩN NIKOMHΔEΩN. Héraclès nu, debout à g., s'appuyant
du bras dr. sur sa massue recouverte de la peau de lion et posée sur un
rocher.
Æ 30 — P [Pl. XCIII, 5].

174 bis. Variété, avec Héraclès tourné à dr.
Æ 35 — N (fruste).

175. AY K Λ CE CEYHPOC Π. Buste radié et cuirassé, à dr.
℞. ΔIC NEΩKOPΩN NIKOMHΔEΩN. L'empereur en costume militaire,
debout à g., tenant une patère de la main dr. et s'appuyant de la g. sur
sa lance. En contremarque, une petite tête.
Æ 32 — P [Pl. XCIII, 6].

176. AY K Λ CEΠTIM CEYHPOC Π. Tête radiée, à dr.
℞. NIKOMHΔEΩN; à l'ex. ΔIC NEΩKO|PΩN. Bustes affrontés de Julia
Domna, tourné à g. et de Sévère lauré, tourné à dr.
Æ 32 — H [Pl. XCIII, 7].

177. AY K Λ CEΠ CEYHPOC Π. Tête laurée, à dr.
℞. NIKOMHΔEΩN ΔIC NEΩKOPΩN. Deux thons tournés en sens contraire.
Æ 21 — P [Pl. XCIII, 8].

178. AY K Λ CEΠTI CEYHPOC Π. Tête radiée, à dr.
℞. NIKOMHΔEΩN, ex. ΔIC NEΩKO|PΩN. Temple octostyle sur deux
degrés.
Æ 33 — P [Pl. XCIII, 9], L, Lobb.

179. Variétés : AY K Λ CEΠ CEYHPOC CE (ou ΠE ou Π C). Tête laurée ou radiée
à dr.
Æ 33 — P, L, F, B.

180. Variété : AY · K · Λ · CEΠTI · CEYHPOC. Tête radiée, à dr.
Æ 33 — W.

181. Variété : AY · K · Λ · CE · CEYHPOC Π · C. Tête radiée, à dr.
     Æ 33 — Mɪ, V, B, Löʙʙ, V (en contremarque au revers, une tête à dr.)

182. Variété : AY K Λ CEΠ CEYHPOC Π. Buste radié et cuirassé, à dr.
     Æ 32 — N (en contremarque au revers, une tête à dr.).

183. Variété : AY · K · Λ · CE CEYHPOC Π · C. Buste radié et cuirassé, à dr.
     Æ 30 — P, T (fruste), Mɪ.

184. AY K Λ CE CEYHPOC ΠE. Tête radiée, à dr.
     ℞. pareil aux précédents.
     Æ 27 — P [**Pl. XCIII, 10**].

185. AY · K · Λ · CEΠTI · CEYHPOC · Π. Tête laurée, à dr.
     ℞. pareil aux précédents ; en contremarque, une tête à dr.
     Æ 28 — N.

186. Variété : AY K Λ CE CEYHPOC ΠE. Tête radiée, à dr.
     Æ 28 — L ; 22 — Löʙʙ.

187. Même droit. Tête radiée, à dr.
     ℞. NIKOMHΔEΩN, ex. ΔIC NEΩKOP|ΩN. Galère avec six rameurs ; au
        dessus, deux petits temples octostyles.
     Æ 35 — Fʟ, B [**Pl. XCIII, 11**].

188. AY K Λ CEΠ CEYHPOC Π · C. Tête radiée, à dr.
     ℞. NIKOMH|ΔEΩN ex. ΔIC NEΩKO|PΩN. Galère à g. avec ses rameurs.
     Æ 33 — W [**Pl. XCIII, 12**], V, L, P (retouchée).

189. AY K Λ CEΠT CEYHPOC Π. Tête radiée, à dr.
     ℞. NIKOMHΔEΩN ; à l'ex. ΔIC NEΩKOP|ΩN. Galère à la voile, à g. En
        contremarque, une petite tête, à dr.
     Æ 33 — L (*Cat.*, pl. XXXIV, 11).

190. Même légende. Tête radiée, à dr.
     ℞. NIKOMHΔEΩN, ex. ΔIC NEΩKO|PΩN. Table surmontée de deux
        urnes des jeux de chacune desquelles émerge une palme. Sous la table,
        on lit : CEYHP|A MEΓA|ΛA. En contrem., une tête impériale laurée, à dr.
     Æ 35 — B [**Pl. XCIII, 13**].

191. AY K Λ CEΠTI CEYHPOC Π. Tête radiée, à dr.
     ℞. CEYOYHPOY (*sic*) | BACIΛEYONTOC | O KOCMOC EYTYXI | MAKAPIOI
        NIKOMH|ΔEIC | ΔIC NEΩKOPOI.
     Æ 33 — P [**Pl. XCIII, 14**].

JULIA DOMNA.

192. IOYΛIA ΔOMNA CEBA. Buste, à dr.
R⁄. ΔIC NEΩKOPΩN NIKOMHΔEΩN. Pallas debout à g., s'appuyant de la
main g. sur sa lance et posant la main dr. sur son bouclier qui est
placé sur un cippe orné d'un X.
Æ 32 — P [**Pl. XCIII, 15**].

193. Même droit.
R⁄. Même lég. Déméter voilée, debout à g., tenant de la main dr. des épis
et de la g. une longue torche. En contrem., un buste impérial, à dr.
Æ 28 — Löbb [**Pl. XCIII, 16**].

194. IOYΛIA AYΓOYCTA. Buste, à dr.
R⁄. NIKOMHΔEΩN ΔIC NEΩKOPΩN. Déméter voilée, assise à g., tenant de
la main dr. des épis et une torche de la g.
Æ 28 — Löbb [**Pl. XCIII, 17**].

195. IOYΛIA AYΓOYCTA. Buste, à dr.
R⁄. NIKOMHΔEΩN ΔIC NEΩKOPΩN. La Tyché de Nicomédie assise à g.,
portant sur chaque main un temple hexastyle.
Æ 29 — P [**Pl. XCIII, 18**], Ft..

196. Même droit.
R⁄. Même lég. Le Stolos nu, debout à g., étendant le bras dr. et tenant de
la g. une rame appuyée sur son épaule.
Æ 27 — P [**Pl. XCIII, 19**].

197. Même droit.
R⁄. NIKOMHΔEΩN ΔIC NEΩKOPΩN. Aphrodite diadémée, drapée, debout
à g., tenant de la main dr. une pomme et de la g. un long sceptre.
Æ 27 — H [**Pl. XCIII, 20**].

198. IOYΛIA ΔOMNA CEBA. Buste, à dr.
R⁄. NIKOMIΙΔEΩN, ex. ΔIC NEΩKOPION. Septime Sévère en costume
militaire, à cheval au galop à dr., lançant un javelot sur deux ennemis
renversés sous les pieds de son cheval.
Æ 32 — P [**Pl. XCIII, 21**].

199. IOYΛIA ΔOMNA CEBA (ou CEB). Même buste.
R⁄. NIKOMHΔEΩN ex. ΔIC NEΩKOPΩN. Temple octostyle sur des degrés.
Æ 27 — P [**Pl. XCIII, 22**].

200. Même description.

    Æ 23 — V (contrem. indistincte au revers), P [**Pl. XCIII, 23**], Fʟ (fruste) [1].

Caracalla, César.

201. **M AYPH ANTΩNINOC KAICAP**. Tête jeune, nue et imberbe, à droite.

    ℞. **NЄIKOMHΔЄΩN** ex. **ΔIC NЄΩKO | PΩN**. Temple octostyle, avec un globule au fronton.

    Æ 35 — L [**Pl. XCIII, 24**].

202. Même droit.

    ℞. Même lég. Aigle sur un autel, la tête à g., entre deux étendards.

    Æ 35 — L [**Pl. XCIV, 25**].

Caracalla, Auguste.

203. **ANTΩNЄINOC AYΓOYCTOC**. Buste lauré, barbu et cuirassé, à dr.

    ℞. **NIKOMHΔЄΩN ΔIC NЄΩKOPΩN**. Zeus à demi-nu, assis à g., tenant dans la main dr. une patère et de la g. un sceptre.

    Æ 29 — L [**Pl. XCIII, 26**] [2].

204. Variété, avec la tête laurée, à dr.

    Æ 29 — T.

205. **ANTΩNЄINOC AYΓOYCTOC**. Tête laurée, à droite.

    ℞. **NIKOMHΔЄΩN ΔIC NЄΩKOPΩ|N**. Sérapis coiffé du modius, à demi nu, debout à g., tenant un sceptre de la main g. et levant le bras droit au dessus d'un autel allumé.

    Æ 30 — L [**Pl. XCIII, 27**].

206. Même légende. Buste lauré, à droite.

    ℞. **NIKOMHΔЄΩN ΔIC NЄΩKOPΩN**. Sérapis à demi nu, debout à g., tenant de la main dr. avancée un objet indistinct et de la g. un sceptre transversal.

    Æ 27 — W [**Pl. XCIII, 28**], N, V.

---

1. *Non revues.* **IOYΛIA ΔOMNA CEBA**. Buste à dr. ℞. **NIKOMHΔЄΩN ΔIC NЄΩKOPΩN**. Femme debout tenant une patère et une haste ; à g. une contremarque. Æ 24. Mionnet, *Suppl.* 1146 (Frœlich). — *Autre.* ℞. **NIKOMHΔЄΩN ΔIC NЄΩKOPΩN**. L'empereur debout, tenant de la main dr. une patère et de la g. une haste. Æ 32. Mionnet, *Suppl.* 1147 (Vaillant). — *Autre.* ℞. **NIKOMHΔЄΩN ΔIC NЄΩKOPΩN**. Niké marchant, tenant de la main dr. une couronne et de la g. une palme. Æ 24. Mionnet, *Suppl.* 1148 (Vaillant).

2. *Non revue :* ℞. **NIKOMHΔЄΩN ΔIC NЄΩKOPΩN**. Poseidon, la main dr. étendue et son trident dans la g. Æ 24. Mionnet, *Suppl.* 1161 (Vaillant).

207. Même lég. Buste lauré et cuirassé à g., avec la lance et un bouclier orné
    d'une Niké dans un quadrige à g.
    ℞. [NIKO]MHΔЄΩN · ΔIC NЄΩKOPΩN. Pallas debout à g., tenant de la
    main dr. une patère avec laquelle elle fait une libation sur un autel, et
    s'appuyant de la main g. sur sa lance; à ses pieds, son bouclier.
    Æ 27 — L [**Pl. XCIII, 29**].

208. ΑΝΤΩΝЄΙΝΟC ΑΥΓΟΥCΤΟC. Buste lauré et cuirassé, à dr.
    ℞. NIKOMHΔЄΩN ΔIC NЄΩKOPΩN. Même type de Pallas.
    Æ 28 — P, L.

209. Même droit.
    ℞. NIKOMHΔЄΩN ΔIC NЄΩKOPΩN. Pallas debout à g., tenant de la
    main dr. une patère et s'appuyant de la g. sur sa lance et son bouclier
    posé à terre.
    Æ 25 — P [**Pl. XCIV, 1**], B.

210. Variété : aux pieds de Pallas, un petit autel allumé.
    Æ 25 — L, V.

211. Même droit.
    ℞. Même légende. Pallas debout à g., tenant de la main dr. une patère
    et de la main g. sa lance et son bouclier passé à son bras.
    Æ 27 — B [**Pl. XCIV, 2**].

212. Même droit.
    ℞. NIKOMHΔЄΩN ΔIC NЄΩKOPΩN. Pallas ou Rome assise à g., tenant
    de la main g. un glaive et sur la main dr. une petite Niké à g. qui
    tient une couronne; au pied du trône, le bouclier.
    Æ 29 — P [**Pl. XCIV, 3**], Löbb.

213. Même droit.
    ℞. NIKOMHΔЄΩN ΔIC NЄΩKOPΩN. Pallas ou Rome assise à g., tenant
    de la main dr. une patère et s'appuyant de la g. sur sa lance.
    Æ 27 — P [**Pl. XCIV, 4**].

214. Même lég. Tête laurée, à dr.
    ℞. NIKOMHΔЄΩN ΔIC NЄΩKOPΩN. Déméter coiffée du calathos, debout
    à g., tenant de la main droite des épis et de la gauche un long flambeau
    Æ 30 — P (fruste), B [**Pl. XCIV, 5**], V.

215. Même description.

Æ 26 — Comm.

216. **ΑΝΤΩΝЄΙΝΟC ΑΥΓΟΥCΤΟC**. Buste barbu et lauré à g., avec un bouclier
au bras; sur le bouclier, Niké dans un quadrige au galop à gauche.

Ŗ. **ΝΙΚΟΜΗΔЄΩΝ ΔΙC ΝЄΩΚΟΡΩΝ**. Déméter debout à dr., vêtue d'un
chiton talaire, voilée et coiffée du calathos ; elle tient de la main dr.
une torche et de la g. des épis.

Æ 26 — Iмн [**Pl. XCIV, 6**].

217. Même lég. Tête laurée, à dr.

Ŗ. Même lég. Déméter (?) assise à g., tenant de la main g. un sceptre ou
une torche, et de la dr. des épis (?).

Æ 29 — M (fruste et retouchée).

218. **ΑΝΤΩΝΙΝΟC ΑΥΓΟΥCΤΟC**. Tête laurée, à dr.

Ŗ. **ΝΙΚΟΜΗΔЄΩΝ ΔΙC ΝЄ** ex. **ΩΚΟΡΩΝ**. Déméter (?) assise à g. sur un
trône et portant sur chaque main un temple octostyle; à ses pieds, un
épi (?).

Æ 30 — P [**Pl. XCIV, 7**].

219. Variété, avec **ΑΝΤΩΝЄΙΝΟC** et le buste lauré. Au Ŗ. **ΝΙΚΟΜΗ... ΔΙC
ΝЄΩΚΟΡΩΝ**.

Æ 27 — V.

220. **ΑΝΤΩΝЄΙΝΟC ΑΥΓΟΥCΤΟC**. Buste lauré, à dr.

Ŗ. **ΝΙΚΟΜΗΔЄΩΝ ΔΙC ΝЄΩΚΟΡΩΝ**. Apollon nu, debout à dr., tenant de
la main g. sa lyre, et de la droite baissée, le plectrum.

Æ 27 — P [**Pl. XCIV, 8**].

221. **ΑΝΤΩΝЄΙΝΟC ΑΥΓΟΥCΤΟC**. Buste lauré, à dr.

Ŗ. **ΝΙΚΟΜΗΔЄΩΝ ΔΙC ΝЄΩΚΟΡΙΩΝ**. Dionysos nu debout, à dr., tenant de
la main dr. une grappe de raisin au-dessus de sa tête et accoudé du bras
g. sur un trépied.

Æ 28 — B [**Pl. XCIV, 9**].

222. **ΑΝΤΩΝЄΙΝΟC ΑΥΓΟΥCΤΟC**. Buste radié et cuirassé, à dr.

Ŗ. **ΝΙΚΟΜΗΔЄΩΝ ΔΙC ΝЄΩΚΟΡΩΝ**. Asclépios à demi nu, debout, la tête
à g., s'appuyant de la main dr. sur son bâton autour duquel est enroulé
un serpent.

Æ 27 — P [**Pl. XCIV, 10**], T.

223. ΑΝΤΩΝΕΙΝΟC ΑΥΓΟΥCΤΟC. Tête laurée, à dr.
  ℞. ΝΙΚΟΜΗΔΕΩΝ ΔΙC ΝΕΩΚΟΡΩΝ. Même type d'Asclépios.
  Æ 27 — W [Pl. **XCIV, 11**].

224. Μ ΑΥΡ ΑΝΤΩΝΕΙΝΟC ΑΥΓΟΥ. Buste lauré et cuirassé, à dr.
  ℞. ΝΙΚΟΜΗΔΕΩΝ ΔΙC ΝΕΩΚΟΡΩΝ. Même type d'Asclépios.
  Æ 32 — N.

225. ΑΝΤΩΝΕΙΝΟC ΑΥΓΟΥCΤΟC. Buste radié, à dr.
  ℞. ΝΙΚΟΜΗΔΕΩΝ ΔΙC ΝΕΩΚΟΡΩΝ. Le serpent Glycon enroulé, avec une
    grande tête humaine imberbe, tournée à dr.
  Æ 27 — P [Pl. **XCIV, 12**], Mɪ, Löвв.

226. ΑΝΤΩΝΕΙΝΟC ΑΥΓΟΥCΤΟC. Buste lauré et cuirassé, à dr.
  ℞. ΝΙΚΟΜΗΔΕΩΝ ΔΙC ΝΕΩΚΟΡΩΝ. Le serpent Glycon dressé sur ses
    replis, la queue trifide, le corps surmonté d'une petite tête humaine aux
    longs cheveux, tournée à dr.
  Æ 30 — P [Pl. **XCIV, 13**], B, V, M, L.

227. Même droit.
  ℞. Même lég. Même type de Glycon, la tête à gauche.
  Æ 26 –- P [Pl. **XCIV, 14**], V.

228. Même droit.
  ℞. Même lég. Némésis à g., la main droite relevée, la gauche tenant une
    baguette ; à ses pieds, une roue.
  Æ 24 — V [Pl. **XCIV, 15**], Mɪ (fruste) [1].

229. ΑΝΤΩΝΕΙΝΟC ΑΥΓΟΥCΤΟC. Buste lauré, à dr.
  ℞. ΝΙΚΟΜΗΔΕΩΝ ΔΙC ΝΕΩΚΟΡΩΝ. Femme tutulée (la Tyché de Nicomé-
    die ?), assise à gauche sur un rocher, tenant de la main dr. une patère (?)
    et s'appuyant de la gauche sur le rocher.
  Æ 27 — P [Pl. **XCIV, 16**], Mɪ (fruste) [2].

230. Même lég. Tête laurée, à dr.
  ℞. ΝΙΚΟΜΗΔΕΩΝ ΔΙC ΝΕΩΚΟΡΩΝ. Femme demi-nue (la Tyché de

---

1. *Non revue.* ℞. ΝΙΚΟΜΗΔΕΩΝ ΔΙC ΝΕΩΚΟΡΩΝ. Terme sur un cippe, tenant de la main dr. un serpent ; en face, un autre serpent dressé [illegible]
℞. ΝΙΚΟΜΗΔ ΜΗΤΡΟΠ. Trépied avec deux serpents. — Æ 24. Mionnet, *Suppl.* 1184 (Vaillant).
2. *Non revue.* Même description; la Tyché tient dans la main g. une haste. — Æ 28. Mionnet, *Descr.*, 346 (Sestini).

Nicomédie?) debout de face, posant le pied g. sur un rocher, détournant la tête à g. et tenant sur son bras gauche ployé un sceptre transversal.
Æ 29 — L [**Pl. XCIV, 17**].

231. **M AYP ANTⲰNEINOC AYΓOY**. Buste lauré et cuirassé, à dr.
℞. **NIKOMHΔEⲰN ΔIC NEⲰKOPⲰ|N**. L'Abondance debout à g., tenant de la main dr. une patère et de la g. une corne d'abondance.
Æ 31 — B |**Pl. XCIV, 18**].

232. Autre, avec **ANTⲰNEINOC AYΓOYCTOC**.
Æ 26 — Comm.

233. **ANTⲰNEINOC AYΓOYCTOC**. Tête laurée, à dr.
℞. **NIKOMHΔEⲰN ΔIC NEⲰKOPⲰN**. L'Equité debout à g., tutulée, tenant de la main dr. une balance et de la g. une corne d'abondance.
Æ 27 — L [**Pl. XCIV, 19**], M₁.

234. **ANTⲰNEINOC AYΓOYCTOC**. Buste radié, à dr.
℞. **NIKOMHΔEⲰN ΔIC NEⲰKOPⲰN**. Tyché debout, à g., tenant une corne d'abondance de la main g. et un gouvernail de la dr.
Æ 27 — P [**Pl. XCIV, 20**]; 24 — N (la dernière lettre de la lég. du revers, N, est dans le champ); 22 — T.

235. Même légende. Buste lauré et cuirassé, à dr.
℞. **NIKOMHΔEⲰN ΔIC NEⲰKOPⲰN**. Héros nu debout, de face, tournant la tête à gauche, la chlamyde sur le bras g., tenant de la main g. un glaive dans le fourreau et s'appuyant de la main dr. sur une haste.
Æ 29 — L (*Cat.*, pl. XXXIV, 14).

236. **ANTⲰNEINOC AYΓOYCTOC**. Tête laurée, à droite.
℞. **NIKOMHΔEⲰN ΔIC NEⲰKOPⲰN**. L'empereur debout de face, couronné par Sérapis debout à sa gauche; l'empereur tient une patère et un glaive; Sérapis tient son sceptre de la main g.
Æ 29 — P [**Pl. XCIV, 21**].

237. Même droit.
℞. **NIKOMHΔEⲰN ΔIC NEⲰKOPⲰIN**. L'empereur en costume militaire, la tête laurée, debout à g., tenant de la main dr. une patère et s'appuyant de la g. sur une haste.
Æ 29 — W [**Pl. XCIV, 22**].

238. Variété : l'empereur est de face, et la main gauche qui tient la haste est enveloppée de la chlamyde.
Æ 29 — P.

239. Variété, avec un autel allumé, aux pieds de l'empereur.
Æ 29 — P [**Pl. XCIV, 23**].

240. Même droit.
℞. NIKOMHΔEΩN ΔIC NEΩKOPΩ | N. L'empereur debout à g. en costume militaire, tenant une patère de la main dr., s'appuyant de la g. sur la haste ; à droite et à gauche, une enseigne militaire.
Æ 29 — P [**Pl. XCIV, 24**] ; 32 — V.

241. Même droit.
℞. NIKOMHΔEΩN ΔIC NEΩKOPΩN. L'empereur à cheval, en pacificateur, allant à gauche.
Æ 29 — V, B, Fʟ.

242. Variété, avec NEIKOMH | ΔEΩN.
Æ 23 — B [**Pl. XCIV, 25**].

243. AY K M AYP ANTΩNEINOC N (*sic*), ex. CEB. Tête laurée, imberbe, à dr.
℞. MHTPOΠ NEIKOM ΔI ex. C NEΩ. Taureau Apis debout, à dr.
Æ 15 — P [**Pl. XCIV, 26**].

244. ... ANTΩNI .... Tête jeune laurée, à dr.
℞. MHTPOΠ NEΩK. ex. NIKOMH. Aigle, les ailes soulevées, à g., détournant la tête et luttant contre un serpent.
Æ 24 — Iᴍʜ [**Pl. XCIV, 27**].

245. ANTΩNEINOC AYΓOYCTOC. Buste radié, à dr.
℞. NIKOMH | ΔEΩN ΔIC | ex. NEΩKOPΩN. Temple octostyle.
Æ 28 — B [**Pl. XCIV, 28**].

246. M · AYP · ANTΩNEINOC AYΓO. Buste barbu, lauré et cuirassé, à dr.
℞. NIKOMHΔEΩN, ex. ΔIC NEΩKO | PΩN. Même temple.
Æ 30 — P [**Pl. XCIV, 29**] ¹.

---

1. *Non revue.* ℞. NIKOMHΔEΩN ΔIC NEΩKOPΩN. Colonne surmontée d'une statue qui tient une haste ; de chaque côté, un temple. Æ 24. — Mionnet, *Suppl.* 1178 (Vaillant).

247. **AYTO K M AYP ANTⲰNEINOC AYTOYCTOC** (*sic*, lég. refaite). Buste imberbe, lauré et drapé à droite (Caracalla ?).

℞. **NIKOMHΔEⲰN**, ex. **ΔIC NEⲰKOPⲰN**. Temple octostyle.

Æ 32 — P [**Pl. XCIV, 30**].

248. **A K M A ANTⲰNEINOC O YIOC** (*sic*, légende entièrement refaite). Buste
lauré à dr. (portrait refait et douteux).

℞. **NEIKOMHΔEⲰN**. Deux galères tournées en sens inverse, l'une au-
dessus de l'autre.

Æ 32 — P [**Pl. XCIV, 31**] ¹.

249. **ANTⲰNEINOC AYΓOYCTOC**. Tête laurée, à dr.

℞. **NIKOMHΔEⲰN ΔIC NEⲰKO | PⲰN**. Aigle légionnaire entre deux en-
seignes.

Æ 30 — Iᴍʜ [**Pl. XCIV, 32**].

250. Même légende. Buste lauré, à dr.

℞. **NIKOMH | ΔEⲰN ΔIC | NEⲰKO | PⲰN** dans une couronne de laurier.

Æ 28 — V [**Pl. XCIV, 33**] ².

Pʟᴀᴜᴛɪʟʟᴇ.

251. **Φ · ΠΛΑΥΤΙΛΛΑ CEBAC**. Buste diadémé, à dr.

℞. **NEIKOMHΔEⲰN ΔIC NEⲰKO[PⲰN]**. Pallas debout à g., s'appuyant de
la main g. sur sa lance et tenant la chouette sur sa main dr. ; à ses pieds,
son bouclier.

Æ 25 — Scholz, *Num. Zeit.*, t. XXXIII, pl. VII, 51.

252. **Φ ΠΛΑΥΤΙΛΛΑ CEBACTH**. Buste à dr.

℞. **NIKOMHΔEⲰN ΔIC NE | Ω**. Femme (Nicomédie) debout à dr., le pied
g. sur une proue, détournant la tête et étendant le bras droit comme
pour appeler ; de la main g. elle tient une lance transversale appuyée
sur son épaule.

Æ 24 — W [**Pl. XCV, 1**] ³.

---

1. *Non revue.* ℞· **NIKOMHΔEⲰN ΔIC NEⲰKOPⲰN**. Trirème avec ses rameurs. Æ 32.
Mionnet, *Suppl.* 1179 (Vaillant).

2. *Non revue.* ℞. **NIKOMHΔEⲰN AKTIA ΠΥΘΙΑ**. Vase d'où émergent deux palmes. Æ 24.
Mionnet, *Suppl.* 1185 (Vaillant). — Autre. ℞· **NIKOMHΔEⲰN ΔIC NEⲰKOPⲰN ΔHMHTPIA**.
Urne des jeux avec deux palmes. Æ 32. Mionnet, *Suppl.* 1186 (Vaillant).

3. *Non revue.* ℞. **NIKOMHΔEⲰN**. Femme debout, le pied posé sur une proue de vaisseau, tenant
une patère de la main dr., une corne d'abondance de la g. Æ 24. Mionnet, *Suppl.*, 1187 (Vaillant).

253. ΦΟΥ ΠΛΑΥΤΙΛΛΑ CЄΒΑ. Buste à dr.

    ℞. ΝЄΙΚΟΜΗΔЄΩΝ ex. ΔΙC ΝЄΩΚΟ | ΡΩΝ. Monstre marin à g., ayant un corps de femme et tenant une rame sur son épaule.

    Æ 20 — M [**Pl. XCV, 2**], V.

254. Φ ΠΛΑΥΤΙΛΛΑ CЄΒΑC. Buste à dr.

    ℞. ΝΙΚΟΜΗΔЄΩΝ ΔΙC ΝЄΩ[ΚΟΡΩΝ]. Déméter voilée, debout à g., tenant de la main dr. des épis et de la g. une longue torche.

    Æ 23 — LöBB [**Pl. XCV, 3**].

GETA, César.

255. Π CЄΠΤΙΜΙΟC ΓЄΤΑC ΚΑΙ. Buste, tête nue, à dr.

    ℞. ΝΙΚΟΜΗΔЄΩΝ ΔΙC ΝЄΩΚΟΡΩ. Pallas debout à g., tenant une patère de la dr. et sa lance baissée et transversale de la g.

    Æ 23 — Mi [**Pl. XCV, 4**].

256. Λ CЄΠΤΙΜΙ ΓЄΤΑC ΚΑΙ. Buste à dr., tête nue.

    ℞. ΝΙΚΟΜΗΔ ΔΙC ΝЄΩΚ. Niké debout à g., tenant une couronne de la main dr. et une palme de la g.

    Æ 18 — P [**Pl. XCV, 5**].

257. Π CЄΠΤΙΜΙΟC ΓЄΤΑC Κ. Buste à dr., tête nue.

    ℞. ΝΙΚΟΜΗΔЄΩΝ ΔΙC ΝЄΩΚΟΡΩΝ. Tyché debout à g., avec corne d'abondance et gouvernail.

    Æ 23 — V [**Pl. XCV, 6**].

258. Λ CЄΠΤΙΜΙ · ΓЄΤΑC ΚΑΙC. Buste, tête nue, à droite.

    ℞. ΝΙΚΟΜΗΔЄΩΝ; à l'ex. ΔΙC ΝЄΩΚΟ | ΡΩΝ. Temple octostyle sur trois degrés.

    Æ 35 — H [**Pl. XCV, 7**].

259. Π CЄΠΤΙΜΙΟC ΓЄΤΑC ΚΑΙCΑΡ. Tête nue, à dr.

    ℞. ΝЄΙΚΟΜΗΔЄΩΝ ΔΙC ΝЄΙΩΚΟΡΩΝ. Aigle éployé sur un cippe enguirlandé, tenant une couronne dans son bec; de chaque côté, une enseigne.

    Æ 29 — B [**Pl. XCV, 8**].

260. Variété, avec le buste cuirassé.

    Æ 25 — L.

261. Λ CЄΠΤΙΜΙ ΓЄΤΑC ΚΑΙCΑΡ. Buste cuirassé à dr., tête nue.

    ℞. ΝΙΚΟΜΗΔЄΩΝ, à l'ex. ΔΙC ΝЄΩΚΙΟΡΩΝ. Même type.

    Æ 32 — H [**Pl. XCV, 9**].

262. Λ CЄΠTIMI ΓЄTAC KAIC. Buste cuirassé, à dr.

℞. NIKOMHΔЄΩN ex. ΔIC NЄΩKO|PΩN. L'empereur (Caracalla ou
Sévère?) en pontife, debout à dr. ; devant lui, Geta, costumé en César,
debout, lui donnant la main.

Æ 34 — Iʍʜ (2ᵉ coll.) [1].

Géta, Auguste.

263. AYT K Π CЄΠ ΓЄTAC AYΓOY. Tête laurée, à dr.

℞. à l'ex. NIKOMHΔЄΩN | ΔIC NЄΩKO|PΩN. Deux temples hexastyles
en face l'un de l'autre, séparés par une colonne surmontée d'une figure.

Æ 31 — P [**Pl. XCV, 10**].

Caracalla et Geta [2].

Macrin.

264. AYT K M OΓЄΛ CЄOYH MAKPЄINOC AY. Buste lauré et cuirassé, à dr.

℞. NЄIKOMHΔЄΩN ΔIC NЄΩKOPΩN. Pallas debout à g., tenant dans la
main dr. une patère et de la g. sa lance; à ses pieds, son bouclier.

Æ 29 — L [**Pl. XCV, 11**].

265. Variété. Pallas debout à g., posant la main dr. sur son bouclier et tenant
de la g. une haste.

Æ 24 — Fʟ; 29 — V [**Pl. XCV, 12**].

266. AYT K M OΠЄΛ CЄOYH MAKPЄINOC AY. Buste lauré, à dr.

℞. NЄIKOMHΔЄΩN | ex. ΔIC NЄΩKO. Pallas assise à g., tenant sa lance
de la main g. et présentant de la main dr. une patère à un serpent
enroulé autour d'un arbre.

Æ 27 — V [**Pl. XCV, 13**].

267. AYT K M OΠЄΛ CЄYH MAKPЄINOC AYΓ. Buste lauré, à dr.

℞. NЄIKMHΔЄΩN (*sic*) ΔIC NЄΩKOPΩN. Arès (?) casqué, en costume militaire, debout à g., la main dr. posée sur son bouclier devant lui, la g.
appuyée sur sa lance.

Æ 28 — Mɪ [**Pl. XCV, 14**].

---

1. *Journ. int. d'archéol. num.*, t. I, p. 32, n° 50.

2. *Non revue.* ANTΩNЄINOC AYΓOYCTOC. Tête radiée de Caracalla. ℞. AYT KAIC
ΠOY CЄΠTIMIOC ΓЄTAC. Tête laurée de Géta. Æ 24. Mionnet, *Suppl.* (Sestini-Hedervar).

268. AYT K M OΠEΛ CEOYH MAKPEINOC AY. Buste lauré et cuirassé, à dr.
℞. NEIKOMHΔEΩN ΔIC NEΩKOPΩN. Hermès nu debout, de face, regardant à g., tenant de la main dr. sa bourse et de la g. son caducée avec sa chlamyde.
Æ 29 — Iмн (2ᵃ coll.) [1].

269. AYT K M OΠEΛ CEYH MAK... AYΓ. Buste lauré, à dr.
℞. NEIKOMHΔEΩN · ΔIC NEΩKOPΩN. Tyché tutulée, debout à g., tenant de la main dr. un gouvernail et de la g. une corne d'abondance.
Æ 29. — P [Pl. XCV, 15], M.

270. AYT K M OΠEΛ CEOYH MAKPEINOC AY. Buste lauré, à dr.
℞. [NIKOMH] ΔEΩN ΔIC NEΩKOPΩN. Tyché tutulée assise à g., avec ses attributs.
Æ 29 — Comm. [2]

Diaduménien, César.

271. M OΠ ANTΩNEINOC KAICAP. Buste, tête nue, à dr. [3].
℞. A l'ex., NEIKOMHΔ · circ. MHTPO NEΩKO. Déméter debout avec ses attributs, dans un temple hexastyle; au fronton, un aigle éployé (attribution douteuse).
Æ 32 — H [Pl. XCV, 16].

272. M · OΠEΛ · ANTΩ · ΔIAΔOYMENIA[NOC] KAICAP. Buste, tête nue, à dr.
℞. NEIKOMHΔEΩN ΔIC NEΩKOPΩN. Femme debout, à g. (peut-être Némésis).
Æ 28 — V [Pl. XCV, 17].

273. M O ANT ΔIAΔOYMENIANOC K. Buste à dr., tête nue.
℞. NIKOMHΔEΩN ΔIC NEΩKOPΩN. Serpent dressé.
Æ 18 — N; 20 — V [Pl. XCV, 18] [4].

1. *Journ. int. d'arch. num.*, t. I, p. 33, nᵒ 51.
2. *Non revue*. ℞. NIKOMHΔEΩN ΔIC NEΩKO. Hygie debout à gauche, donnant à manger à un serpent. Æ 18. Mionnet, *Suppl.* 1197 (Arigoni).
3. Ce droit est refait; il s'agit probablement d'une pièce de Commode. Macdonald, *Hunter. coll.*, t. III, p. 748, nᵒ 16 (p. 254) et pl. XLVI, 19.
4. *Non revues*. M OΠEΛ ANTΩNEINOC KAICAP. Tête nue de Diaduménien. ℞. NIKOMHΔEΩN ΔIC NEΩKOPΩN. Zeus assis, tenant de la main dr. une patère et de la g. une haste. Mionnet, *Suppl.* 1198 (Gusseme). — Autre. ℞. NIKOMHΔEΩN ΔIC NEΩKOPΩN. Démétra voilée debout, tenant de la main dr. des épis et de la g. un long flambeau allumé. Æ 24. Mionnet, *Suppl.* 1199 (Vaillant). — Autre. ℞. NIKOMHΔEΩN ΔIC NEΩKOPΩN. Galère avec voile et rameurs. Æ 24. Mionnet, *Suppl.* 1200 (Vaillant).

ÉLAGABALE.

274. M · AYPH · ANTΩNEINOC AYΓOY. Buste lauré et cuirassé, à dr.
  ℞. NIKOMHΔEΩN TPIC NEΩKOPΩ|N. Pallas debout à g., tenant de la
    main dr. une patère et sa lance de la g.; derrière elle, son bouclier.
  Æ 27 — P [**Pl. XCV, 19**], Löbb.

275. Même droit.
  ℞. NIKOMHΔEΩN TPIC NEΩKOPΩN. Pallas (retouchée en Arès) debout
    à g., la main droite appuyée sur son bouclier posé à terre, la gauche
    tenant une lance, la pointe en bas.
  Æ 29 — W [**Pl. XCV, 20**].

276. M AYPH ANTΩNEINOC AYΓO. Même type.
  ℞. NIKOMHΔEΩN TPIC NEΩKOPΩN. Déméter voilée, assise à g. sur un
    trône, tenant de la main dr. des épis et de la g. une torche.
  Æ 29 — P [**Pl. XCV, 21**], B.

277. Même droit.
  ℞. NIKOMHΔEΩN TPIC NEΩKOPΩN. Tyché debout à g., tenant de la
    main dr. un gouvernail et de la g. une corne d'abondance.
  Æ 27 — Fl.

278. M AYPH ANTΩNEINOC AYΓOY. Même type.
  ℞. ΔHMHTPIA | TPIC NEΩKOPΩN | NIKOMHΔE|ΩN. Trois temples côte à
    côte, celui du milieu vu de face avec une figure (Tyché?) debout à g.,
    les deux autres temples vus de trois quarts.
  Æ 29 — P, B [**Pl. XCV, 22**].

279. Même droit.
  ℞. NIKOMHΔEΩN ex. TPIC NEΩKOP|ΩN. Même type des trois temples;
    devant le temple du milieu un autel allumé d'où s'échappe un serpent;
    et au dessus de la flamme un petit globe.
  Æ 28 — V, Ath [**Pl. XCV, 23**].

280. M AYP ANTΩ... Buste lauré, à dr.
  ℞. ....NEΩKOPΩN. Galère avec ses rameurs.
  Æ 21 — M (fruste. Attribution douteuse).

281. M AYPH ANTΩNEINOC AYΓOY. Tête laurée, à dr.
  ℞. A l'ex., NIKOMHΔEΩN circ. TPIC NEΩKOPΩN ΔHMHTPIA. Urne avec
    deux palmes; sur l'urne, AN[TΩNI]A.
  Æ 27 — Fʟ.

282. Même légende. Buste drapé, tête laurée, à droite.
  ℞. TPIC NEΩKOPΩN NIKOMHΔEΩN; à l'ex. ANTΩNIA. Urne avec deux
    palmes; sur l'urne, ΔHMHTPIA.
  Æ 29 — V [Pl. XCV, 24].

283. M AYP ANTΩNINOC AYΓOYCTOC. Buste lauré, à dr.
  ℞. TPIⴹ NEΩKOPΩN ex. NIKOMHΔEΩN | ΠPΩTΩN. Trois urnes avec
    palmes.
  Æ 27 — V [Pl. XCV, 25].

Jᴜʟɪᴀ Pᴀᴜʟᴀ.

284. IOYΛIA KOP ΠAYΛA AYΓ. Buste à dr.
  ℞. TPIC NEΩKOPΩ|N NIKOMH|ΔEΩ|N. Trois temples côte à côte, celui
    du milieu vu de face, les deux autres de trois quarts; dans celui du
    milieu, une figure (Tyché?) debout.
  Æ 30 — L [Pl. XCVI, 1].

Jᴜʟɪᴀ Mᴀᴇsᴀ.

285. IOYΛIA M[AIC]A CEB. Buste à dr.
  ℞. NEIKOMHΔEΩN. Niké debout à g., tenant une palme et une couronne
  Æ 25 — P [Pl. XCVI, 2] '.

Sévère Aʟᴇxᴀɴᴅʀᴇ.

286. M AYP CEYH AΛEΞANΔPOC AYΓ. Buste lauré, à dr.
  ℞. NIKOMHΔEΩN ...NEΩKOPΩN. Buste de Sérapis coiffé du modius, à dr.
  Æ 20 — Löʙʙ [Pl. XCVI, 3].

287. M AYP CEYH AΛEΞANΔPOC AYΓ. Buste lauré et cuirassé, à dr.
  ℞. NIKOMHΔEΩN ΔIC NEΩKOPΩN. Apollon debout à dr., la jambe
    droite pliée, nu, la chlamyde sur l'épaule, tenant une branche de laurier
    de la main dr.
  Æ 24 — L [Pl. XCVI, 4].

1. Cette pièce pourrait être de Julia Mamaea.

288. **M AYP CEYH AΛEΞANΔPOC AYΓ**. Buste radié, à dr.
  ℞. **ΔIC NEΩKOPΩN NIKOMHΔEΩN**. Poseidon nu, debout à g., tenant de
  la main dr. son trident et un dauphin sur la main g., le pied sur une
  proue.
  Æ 26 — Löbb [**Pl. XCVI, 5**].

289. **M AY CEYH AΛEΞANΔPOC AYΓ**. Buste lauré, à dr.
  ℞. **NIKOMHΔEΩN ΔIC NEΩK**. Pallas debout à g., tenant une patère de la
  main dr. et s'appuyant de la g. sur sa lance; derrière elle, son bouclier.
  Æ 20 — P [**Pl. XCVI, 6**], V.

290. **M AYP CEYH AΛEΞANΔPOC C**. Buste radié, à dr.
  ℞. **NIKOMHΔEΩN TPIC NEΩKOPΩN**. Pallas debout, tenant une patère
  de la main dr., une lance et un bouclier de la g.
  Æ 27 — FL.

291. **M AYP C··· AΛEΞANΔPOC AYΓ**. Buste radié à dr.
  ℞. **NIKOMHΔEΩN [TP]IC (?) NEΩKOPΩN**. Pallas ou Rome assise à g., son
  bouclier à terre.
  Æ 23 — Löbb [**Pl. XCVI, 7**] [1].

292. **M AYP CEYH AΛEΞANΔPOC AYΓ**. Buste lauré, à dr.
  ℞. **NIKOMHΔEΩN ΔIC NEΩKOPΩN**. Déméter voilée, debout à g., tenant
  de la main dr. des épis et s'appuyant de la g. sur une longue torche.
  Æ 25 — P [**Pl. XCVI, 8**], M, T.

293. Variété, avec le buste radié.
  Æ 25 — M, T.

294. **M AYP CEYH AΛEΞANΔPOC AY**. Tête radiée, à dr.
  ℞. **TPIC NEΩKOPΩN NIKOMHΔEΩN**. Même type de Déméter.
  Æ 25 — W [**Pl. XCVI, 9**].

295. **M AYP CEY AΛEΞANΔPOC AYΓ**. Buste radié, à dr.
  ℞. **ΠPΩT · ΠONT KAI BIΘY · NIKOMH** ex. **ΔE**. Déméter assise à g. sur un
  rocher (?), tenant de la main dr. des épis et de la g. un flambeau.
  Æ 24 — T.

---

1. *Non revue*. Tête de Sévère Alexandre. ℞. **NIKOMHΔEΩN ΔIC NEΩKOPΩN**. Femme
vêtue de la *stola*, debout, la main dr. sur une proue, et tenant de la g. une haste et un bouclier.
Æ 24. Mionnet, *Suppl.* 1221 (Vaillant).

296. M AYP CЄYH ΑΛЄΞΑΝΔPOC AYГ. Buste radié, à dr.
   ℞. NIKOMHΔЄΩN ΔIC NЄΩKO ou NЄΩKOPΩN. Phosphoros debout regar-
      dant à g., tenant les bras étendus, avec une torche dans chaque main.
      Æ 25 — P (fruste), Fʟ, T, V [**Pl. XCVI, 10**].

297. Autre, avec NIKOMHΔЄΩN TPIC NЄΩKOPΩN.
      Æ 26 — T (fruste).

298. M AYP CЄYH ΑΛЄΞΑΝΔPOC AYГ. Buste lauré, à dr.
   ℞. NIKOMHΔЄΩN ΔIC NЄΩKOPΩN. Héraclès nu, barbu, debout de face,
      regardant à dr., posant la main dr. sur sa massue et tenant sur la main g.
      trois pommes du jardin des Hespérides, sa peau de lion sur le bras g.
      Æ 26 — Iᴍʜ (2° coll.) [1].

299. M [AYP CЄYH] ΑΛЄΞΑΝΔPOC AYГ. Buste lauré, à dr.
   ℞. TPIC NЄΩKOPΩN NIKOMHΔЄΩN. Asclépios debout, avec son bâton, la
      tête à g.
      Æ 21 — V [**Pl. XCVI, 11**].

300. M ... ΑΛЄΞΑΝΔPOC AYГ. Buste lauré, à dr.
   ℞. NIKOMH]ΔЄΩN ΔIC NЄΩKOPΩN. Hygie debout à dr., nourrissant
      un serpent.
      Æ 23 — V [**Pl. XCVI, 12**].

301. M AYP CЄ ΑΛЄΞΑΝΔPOC AY. Buste lauré et cuirassé, à dr.
   ℞. TPIC NЄΩKO NIKOMHΔЄΩN. Même type.
      Æ 21 — V ; 18 — Mɪ.

302. M · AYP CЄYH ΑΛЄΞΑΝΔPOC AYГ. Buste lauré, à dr.
   ℞. NIKOMHΔЄΩN ΔIC NЄΩKOPΩN. Serpent enroulé dressant la tête à
      gauche.
      Æ 20 — B [**Pl. XCVI, 13**].

303. Même droit.
   ℞. NIKOMHΔЄΩN ΔIC NЄΩKOPΩN. L'Équité debout à g., tenant une
      balance de la main dr. et une corne d'abondance de la gauche ; à ses
      pieds, une roue [2].
      Æ 20 — V [**Pl. XCVI, 14**], Mɪ.

---

1. *Journ. int. d'arch. num.*, t. 1, p. 33, n° 52.
2. Ce type a la plus grande [...] avec celui de Némésis ci-après n° 306.

3o4. **M AYP CЄYH AΛЄΞANPOC AYΓ.** Buste radié et cuirassé, à dr.
℞. **ΔIC NЄΩKOPΩN NIKOMHΔEΩN.** L'Abondance tutulée assise à g.,
tenant de la main dr. une patère et de la g. une corne d'abondance.
Æ 27 — P [**Pl. XCVI, 15**], M (fruste).

3o5. Variété, avec [Δ]IC NЄΩKOPΩN NIKOMHΔIEΩN.
Æ 27 — P.

3o6. **M AYP CЄYH AΛЄΞANΔPOC AYΓ.** Buste lauré, à dr.
℞. **NIKOMHΔEΩN TPIC NЄΩKOPΩN.** Némésis debout à g., tenant un
frein de la main dr. et de la g. une baguette; à ses pieds, une roue.
Æ 21 — P [**Pl. XCVI, 16**].

3o7. Variété, avec **ΔIC NЄΩKOPΩN.**
Æ 21 — B, V, Comm.

3o8. **M AYP AΛЄZANΔPOC AYΓ.** Tête laurée, à dr.
℞. **NIKOMHΔEΩN TPIC NЄΩKO.** Tyché debout à g., tenant de la main dr.
un gouvernail, et de la g. une corne d'abondance.
Æ 21 — V [**Pl. XCVI, 17**].

3o9. **M AYP CЄYH AΛЄΞANΔPOC AYΓ.** Buste lauré, à dr.
℞. **NIKOMHΔEΩN ΔIC NЄΩK.** Tyché debout à g., coiffée du modius, tenant
de la main dr. un gouvernail et de la g. une corne d'abondance.
Æ 20 — L, P [**Pl. XCVI, 18**], V.

3ro. Même description.
Æ 24 — Fl.

3rr. **M AYP CЄY AΛЄΞANΔPOC AYΓ.** Buste lauré, à dr.
℞. **NIKOMHΔEΩN ΔIC NЄΩKOPΩN.** La Tyché de Nicomédie drapée,
debout à g., étendant les bras et tenant un petit temple sur chaque
main.
Æ 24 — P [**Pl. XCVI, 19**], Mi.

3r2. Même droit, avec **CЄYH.**
℞. **NIKOMHΔEΩN ΔIC NЄΩKOPΩN.** La Tyché de Nicomédie assise à g.
sur des rochers, tenant de la main dr. des épis (?) et s'appuyant de la
main g. sur le rocher.
Æ 26 — Löbb [**Pl. XCVI, 20**]; 23 — T (fruste).

313. Variété, avec **NIKOMHΔEΩN TPIC NEΩKOPΩN.**
Æ 27 — V.

314. **M AYP CEYH AΛEΞANΔPOC.** Buste lauré, à dr.
℟. **NIKOMHΔEΩN ΔIC NEΩKOPΩN.** Niké debout à dr., tenant palme et couronne.
Æ 21 — M, P (fruste) [**Pl. XCVI, 21**].

315. Variété, avec Niké tournée à gauche.
Æ 21 — V.

316. **M AYP CEY AΛEΞANΔPOC AYΓ.** Buste radié, à dr.
℟. **NIKOMHΔEΩN ΔIC NEΩ|KOPΩN.** Personnage à demi-nu debout, paraissant tenir de sa main dr. baissée des épis ou des fruits (?) qu'il présente à un cygne qui bat des ailes.
Æ 20 — B [**Pl. XCVI, 22**].

317. Variété, avec **NIKOMHΔEΩN ΔIC NEΩKOPΩN.**
Æ 20 — V.

318. .... **CEY AΛEΞANΔPOC AYΓ.** Buste radié, à dr.
℟. **ΔIC NEΩKOPΩN NIKOMHΔEΩN.** Personnage jeune, nu, assis à g. sur rocher (?), paraissant tenir sur son genou droit un objet indistinct (syrinx ?) ; à son côté est un bâton autour duquel est enroulé un serpent qu'il caresse de la main gauche.
Æ 24 — B [**Pl. XCVI, 23**].

319. **M · AYP · CEYH · AΛEΞANΔPOC AYΓ.** Buste lauré, à dr.
℟. **NIKOMHΔEΩN TPIC NEΩKOPΩN.** Femme s'élançant à dr. sur une proue de navire, détournant la tête et étendant le bras droit comme pour appeler ; de la main g. elle tient un sceptre sur son épaule.
Æ 19 — Imh [**Pl. XCVI, 24**].

320. Variété.
Æ 22 — Cop.

321. Même droit.
℟. **NIKOMHΔEΩN ΔIC NEΩKOPΩN.** L'empereur en costume militaire, sur un cheval au galop à dr.
Æ 23 — P [**Pl. XCVI, 25**].

322. **AYT K M AVᴾᴿCЄYH ΛΛЄΞΑΝΔΡOC**. Buste lauré, à dr.
   ℞. **NIKOMHΔЄΩN ΔIC NЄΩK**. Tête voilée et diadémée de Julia Ma-
   mæa, à dr.
   Æ 18 — P [**Pl. XCVI, 26**], Löвв [1].

323. **M AYP CЄYH ΛΛЄΞΑΝΔΡOC AYΓ**. Buste lauré, à dr.
   ℞. ex. **NIKOMHΔ | ЄΩN**, champ **ΔIC | NЄ-ΩK | OP-ΩN**. Temple octostyle.
   Æ 21 — B, P [**Pl. XCVI, 27**] [2].

324. Variété, avec **TPIC | NЄ-ΩK|OP-ΩN**.
   Æ 20 — B, V, M, W [**Pl. XCVI, 28**].

325. Même droit.
   ℞. **NIKO|MH-ΔЄ|ΩN |** ex. **ΔIC NЄΩ|K[O]**. Temple octostyle.
   Æ 20 — W [**Pl. XCVI, 29**], V, T (avec **ΔIC NЄ|Ω** seulement).

326. Variété, avec **NIKO|MH-ΔЄΩN**, ex. **TPIC NЄ|ΩK**.
   Æ 21 — Löвв [3].

327. **M AYP CЄYH ΛΛЄΞΑΝΔΡOC AYΓ**. Buste radié, à dr.
   ℞. **NIKOMHΔЄΩN |** ex. **ΔIC NЄΩ|K**. Aigle légionnaire entre deux enseignes
   militaires.
   Æ 18 — P, V [**Pl. XCVI, 30**], B.

328. Variété, avec la tête laurée à dr.
   Æ 20 — P (fruste).

329. **M AY CЄY ΛΛЄΞΑΝΔΡOC AYΓ**. Buste lauré, à dr.
   ℞. **NIKOMHΔЄΩN**, ex. **ΔIC NЄΩ**. Trois enseignes militaires dont les deux
   latérales sont surmontées de capricornes.
   Æ 21 — V [**Pl. XCVI, 31**].

---

1. *Non revues*. Même type, mais devant la tête de Mamée, trois épis. Æ 18. Mionnet, *Suppl.*, 1250 (Sestini). — Autre. **M AYP CЄY ΛΛЄΞΑΝΔΡOC AYΓ**. Buste radié à dr. ℞. **NIKOMHΔЄΩN ΔIC NЄ**. Aigle éployé à g. sur un autel autour duquel est un serpent; sur l'autel, **ΘЄΑ YΓЄIA** (?). Æ 21. Mionnet, *Suppl.*, 1228 (Sestini-Hederwar). — Autre. ℞. **NIKOMHΔЄΩN ΔIC NЄΩKOPΩN**. Autel allumé devant lequel est un serpent; au dessus, un aigle tenant dans ses serres un bâton. Æ 21. Mionnet, *Suppl.*, 1229 (Vaillant). — Autre. ℞. **NIKOMHΔЄΩN ΔIC NЄΩKOPΩN**. Tête de taureau placée sur un cippe; devant, un serpent. Æ 24. Mionnet, *Suppl.*, 1230 (Vaillant).

2. La lég. de la pièce de Paris porte **TΔIC**, comme si l'on avait insuffisamment corrigé la gravure d'un ancien coin qui portait **TPIC**.

3. *Non revue*. ℞. **NIKOMHΔЄΩN ΔIC NЄΩ**. Temple à cinq colonnes. Æ 24. Mionnet, *Suppl.*, 1237 (Gessner).

33o. Variété, sans les capricornes.
Æ 20 — Comm.

Julia Mamaea.

33 r. IOYΛIA MAMAIA AYΓ. Buste de Mamée à dr.
Ŗ. NIKOMHΔEΩN ΔIΣ NEΩKOP. Femme casquée (Pallas-Hygie) assise,
donnant à manger à un serpent dans une patère; à ses pieds, un
bouclier.
Æ 27 — V [**Pl. XCVI, 32**].

332. Même droit.
Ŗ. NIKOMHΔEΩN ΔIC NEΩKOPΩN. Pallas casquée debout à g., tenant de la
main dr. une patère et de la g. une haste.
Æ 24 — V [**Pl. XCVI, 33**].

333. Même droit.
Ŗ. NIKOMHΔEΩN ΔIC NEΩKOP. Hermès nu, debout à g., tenant la bourse
de la main dr. et le caducée de la g.
Æ 25 — B [**Pl. XCVI, 34**].

334. IOYΛIA MAMAIA CEB[ACTH]. Tête de Mamée, à dr.
Ŗ. NIKOMHΔEΩN ΔIC NEΩKO. Tête de femme voilée, à droite.
Æ 19 — T (retouchée et fruste).

Maximin.

335. Γ IOY OYH MAΞIMEINOC AYΓ. Buste lauré, à dr.
Ŗ. NIKOMHΔEΩN ΔIC NEΩKOPΩN. Déméter voilée, debout à g., tenant de
la main dr. des épis et s'appuyant de la g. sur une longue torche.
Æ 24 — P, Ath, Löbb [**Pl. XCVI, 35**].

336. Γ · IOY · OYH MAΞIMEINOC AYΓ. Buste lauré, à dr.
Ŗ. NIKOMHΔEΩN ΔIC NEΩKOPΩN. Déméter assise à g., tenant deux épis
de la main dr. et de la g. une torche.
Æ 24 — T, B [**Pl. XCVI, 36**], M.

337. Γ IOY OYH MAZIMEINOC AYΓ. Buste lauré, à dr.
Ŗ. NIKOMHΔEΩN ΔIC NEΩKOPΩN. Dionysos nu, debout à g., tenant de
la main dr. un canthare renversé et s'appuyant de la g. sur son
thyrse.
Æ 21 — P [**Pl. XCVI, 37**].

338. Même droit; en contremarque, **Δ**.
    ℞. ... NEΩKOPΩN NIKOMHΔEΩN. Héraclès debout, à dr.
    Æ 24 — V (fruste).

339. Même droit.
    ℞. NIKOMHΔEΩN ΔIC NEΩKOPΩN. Personnage nu (Asclépios?), assis à g.
    sur un trône, tenant de la main dr. un œuf (?) et s'appuyant de la g. sur
    son bâton autour duquel est enroulé un serpent.
    Æ 24 — W [**Pl. XCVI, 38**] ¹.

340. Même droit.
    ℞. NIKOMHΔEΩN ΔIC NEΩKOPΩN. La Tyché de Nicomédie drapée,
    debout à g., les deux bras étendus et tenant sur chaque main un petit
    temple.
    Æ 24 — W [**Pl. XCVI, 39**].

341. Même droit.
    ℞. NIKOMHΔEΩN ΔIC NEΩKOPΩN. L'Abondance debout à g., tenant de la
    main dr. une patère et de la g. une corne d'abondance.
    Æ 24 — P [**Pl. XCVII, 1**].

342. Γ · IOY · OYH · MAΞIMEINOC AYΓ. Buste lauré, à dr.
    ℞. NIKOMHΔEΩN ΔIC NEΩKOPΩN. L'empereur debout à dr., sacrifiant
    sur un autel; à dr., un héros debout en face de l'empereur; au-dessus,
    un aigle volant.
    Æ 24 — Iₘₕ [**Pl. XCVII, 2**].

343. Même droit.
    ℞. ex. NIKOMHΔE | ΩN, circ. [ΔIC NE]ΩKOPΩN. Temple octostyle.
    Æ 24 — P [**Pl. XCVII, 3**], V.

344. Γ IOY OYH MAΞIMEINOC A. Buste lauré, à dr.
    ℞. NIKOMHΔEΩN NEΩKOP|ΩN. Lectisterne surmonté de bandelettes et
    de palmes; dessous, un grand vase d'où émergent des palmes, entre
    deux figures, l'une à dr. féminine, tenant une palme, l'autre à g. mascu-
    line, tenant un caducée; toutes deux tendent la main libre vers le vase.
    Æ 24 — H [**Pl. XCVII, 4**], P (retouchée) [**Pl. XCVII, 5**].

---

1. *Non revue.* IOY OYH MAZIMEINOC... Téte de Maximin. ℞. NIKOMHΔEΩN ΔIC
NEΩKOPΩ. Femme tourelée, assise, tenant une urne de la main dr., la g. appuyée sur son siège; à
ses pieds, s'élance un serpent. Æ 24. Mionnet, *Suppl.*, 1256 (Beger, *Thes. Brand.*).

345. Γ ΙΟΥ ΟΥΗ ΜΑΞΙΜΕΙΝΟC ΑΥΓ. Buste lauré, à dr.
     ℞. ΝΙΚΟΜΗΔΕΩΝ ΔΙC ΝΕΩΚΟΡΩΝ. Galère à la voile allant à g.; à
     l'arrière, le pilote; dessous, un monstre marin.
     Æ 23 — L [**Pl. XCVII, 6**].

346. Même droit. En contremarque, Δ.
     ℞ ΝΙΚΟΜΗΔΕΩΝ ΔΙC ex. ΝΕΩ|ΚΟΡΩΝ. Galère allant à gauche, montée
     par trois guerriers; à l'arrière, deux enseignes.
     Æ 24 — W [**Pl. XCVII, 7**].

MAXIME, César.

347. Γ ΙΟΥ ΟΥΗ ΜΑΞΙΜΟC Κ. Buste, tête nue, à dr.
     ℞. ΝΙΚΟΜΗΔΕΩΝ ΔΙC ΝΕΩΚΟΡΩΝ. Sérapis debout à dr., la tête sur-
     montée du modius; il étend le bras droit et tient de la main g. son
     sceptre transversal appuyé sur son épaule.
     Æ 25 — P [**Pl. XCVII, 8**].

348. Γ ΙΟΥ ΟΥΗ ΜΑΞΙΜΟC ΚΑΙC. Buste cuirassé, tête nue, à dr.
     ℞. [ΝΙΚΟΜ]ΗΔΕΩΝ ΔΙC ΝΕΩΚΟΡΩΝ. Déméter assise à g. sur un trône,
     tenant dans la main dr. des épis et dans la g. un sceptre (?).
     Æ 24 — L [**Pl. XCVII, 9**] [1].

349. Γ ΙΟΥ ΟΥΗ ΜΑΞΙΜΟC Κ. Buste, à dr.
     ℞. ΝΙΚΟΜΗΔΕΩΝ ΔΙC ΝΕΩΚΟΡΩΝ. Personnage nu, radié, debout à dr.,
     tenant de la main g. un long sceptre et sa chlamyde sur le bras; der-
     rière lui, un autel d'où s'élance un serpent; au-dessus de l'autel, un
     aigle volant.
     Æ 25 — L [**Pl. XCVII, 10**].

350. Même lég. Buste cuirassé à dr., tête nue.
     ℞. ΝΙΚΟΜΗΔΕΩΝ ΔΙC ex. ΝΕΩΚΟ|ΡΩΝ. Cybèle assise à g., tenant de la
     main dr. une patère et s'appuyant de la main g. sur le tympanon posé
     sur son siège.
     Æ 28 — Löbb [**Pl. XCVII, 11**].

1. *Non revue.* Γ ΙΟΥ ΟΥΗ ΜΑΞΙΜΟC Κ. Buste, tête nue, à dr. ℞. ΝΙΚΟΜΗΔΕΩΝ.
Déméter debout à g., tenant des épis de la dr. et le sceptre de la g. Æ 24. Scholz, *Num. Zeit.*,
t. XXXIII, p. 34, n° 50.

351. Γ ΙΟΥ ΟΥΗ ΜΑΖΙΜΟC Κ. Buste à dr., tête nue.
    ℞. ex. ΝΙΚΟΜΗΔ|ΕΩΝ, circ. ΔΙC ΝΕΩΚΟΡΩΝ. Eros ailé fuyant à gauche
    Psyché ; celle-ci munie d'ailes de papillon, drapée et agenouillée à ses
    pieds, cherche à le retenir.
    Æ 25 — P [**Pl. XCVII, 12**].

352. Γ ΙΟΥ ΟΥΗ ΜΑΖΙΜΟC ΚΑ. Buste à dr., tête nue.
    ℞. ΝΙΚΟΜΗΔΕΩΝ ΔΙC ΝΕΩΚΟ.... L'Equité debout à g., tenant une
    balance de la main dr. et une corne d'abondance de la g.
    Æ 24 — P [**Pl. XCVII, 13**].

353. Même droit (avec Κ au lieu de ΚΑ).
    ℞. [ΝΙΚΟΜΗΔ]ΕΩΝ ΔΙC ΝΕΩΚΟΡΩ[Ν]. Le serpent Glycon enroulé, à dr.,
    avec une tête humaine imberbe.
    Æ 24 — V (cassé) [**Pl. XCVII, 14**].

354. Γ ΙΟΥ ΟΥΗ ΜΑΖΙΜΟC ΚΑΙC. Buste à dr., tête nue.
    ℞. ex. ΝΙΚΟΜΗΔ circ. ΕΩΝ | ΔΙC ΝΕΩΚΟΡΩΝ. Temple octostyle ; au
    fronton, une globule.
    Æ 25 — P [**Pl. XCVII, 15**].

355. Γ ΙΟΥ ΟΥΗ ΜΑΖΙΜΟC Κ. Buste à dr., tête nue.
    ℞. ΝΙΚΟΜΗΔΕΩΝ | à l'ex. ΔΙC ΝΕΩΚ|ΟΡΩΝ. Galère à gauche avec quatre
    rameurs ; au-dessus, deux petits temples octostyles.
    Æ 24 — P [**Pl. XCVII, 16**], Fʟ.

356. Autre, sans les petits temples.
    Æ 24 — Fʟ.

357. Même droit.
    ℞. ΝΙΚΟ|ΜΗΔΕΩΝ | ΔΙC ΝΕΩ|ΚΟΡΩΝ, dans une couronne.
    Æ 24 — B [**Pl. XCVII, 17**].

Pupien.

358. ΑΥΤΟΚ Κ Μ ΚΛΩΔ ΠΟΥΠΙΗΝΟC ΑΥ. Buste lauré, à dr.
    ℞. ΝΙΚΟΜΗΔΕΩΝ ΔΙC ΝΕΩΚΟΡΩ|Ν. Demeter voilée, assise à g. sur une
    ciste, tenant de la main dr. des épis et de la g., une longue torche ; à ses
    pieds, un serpent.
    Æ 32 — W [**Pl. XCVII, 18**], B (fruste).

359. Même droit.

    ℞. NIKOMHΔEΩN ΔIC NEΩK | ex. OPΩN. L'empereur à cheval, allant au
pas à dr., sa lance en arrêt.

    Æ 32 — W [**Pl. XCVII, 19**].

GORDIEN LE PIEUX, César.

360. M ANT ΓΟΡΔΙΑΝΟC KA. Buste, à dr.

    ℞. NIKOMHΔEΩN ΔIC NEΩK ex. OPΩN. Gordien en costume militaire,
debout à g., offrant une libation sur un autel ; il pose la main g. sur son
glaive dans son fourreau ; derrière Gordien, Niké debout le couronnant
de la main dr. et tenant une palme de la g.

    Æ 30 — IMH [**Pl. XCVII, 20**].

361. M ANT ΓΟΡΔΙΑΝΟC KA. Buste, tête nue, à dr.

    ℞. ex. NIKOMHΔE[ΩN, circ. ΔIC NEΩKOPΩN. Rome nicéphore assise à
dr., son bouclier à ses pieds ; devant elle se tient debout la Tyché de
Nicomédie, tutulée, qui lui présente deux temples qu'elle tient sur
chaque main.

    Æ 33 — B [**Pl. XCVII, 21**].

GORDIEN LE PIEUX, Auguste.

362. M ANT ΓΟΡΔΙΑΝΟC AV˰. Buste lauré, à dr.; en contrem. **I**.

    ℞. NIKOMHΔEΩN ΔIC NEΩKO|PΩ (rétrog.). Zeus assis, à gauche, tenant
un foudre de la main dr. et une haste de la g.

    Æ 24 — T (fruste).

363. M ANT ΓΟΡΔΙΑΝΟC AV˰. Buste lauré, à dr.

    ℞. NIKOMHΔEΩN ΔIC NEΩKOPΩ. Serapis debout à g., étendant la main
dr. et tenant son sceptre de la g.

    Æ 28 — IMH [**Pl. XCVII, 22**].

364. Même droit.

    ℞. NIKOMHΔEΩN ΔIC NEΩKOPΩN. Déméter debout à g., s'appuyant sur
un long flambeau.

    Æ 32 — T (fruste et trouée).

365. M ANT ΓΟΡΔΙΑΝΟC AV˰. Buste lauré à dr.; [illegible], à de l'épaule manque M

    ℞. NIKOMHΔEΩN ΔC (*sic*) NEΩKObʊ (*sic*). Artémis Phosphoros, debout de face, tenant les bras étendus, avec une longue torche allumée dans chaque main ; dans le champ à dr., Ɛ.

Æ 29 — P [**Pl. XCVII, 23**].

366. **M ANT ΓΟΡΔΙΑΝΟC Ν**. Buste lauré et cuirassé, à dr.
℞. **NIKOM[HΔEΩN ΔIC] NEΩKOPΩN**. Dionysos barbu et drapé, debout à g., tenant de la main dr. une grappe de raisin et de la g. un thyrse.
Æ 28 — H (fruste) [**Pl. XCVII, 24**].

367. **M ANT ΓΟΡΔΙΑΝΟC AYΓ**. Buste radié et cuirassé, à dr.
℞. **NIKOMHΔEΩN ΔIC NEΩK|** ex. **OPΩ**. L'empereur debout à dr., lauré, en costume militaire, ayant en face de lui un augure, aussi debout, qui tient le lituus ; entre eux, un autel d'où s'élance un serpent ; au-dessus, un aigle volant et un petit temple tétrastyle.
Æ 29 — P [**Pl. XCVII, 25**], B.

368. **M ANT ΓΟΡΔΙΑΝΟⵑ Ν**. Buste lauré et cuirassé, à dr.
℞. **NIKOMHΔEΩN ΔIC NEΩKOPΩN**. L'empereur à cheval au galop, à dr., tenant sa lance en arrêt.
Æ 29 — L [**Pl. XCVII, 26**].

369. **M ANT ΓΟΡΔΙΑΝΟC AYΓ**. Tête laurée, à dr.
℞. ex. **NIKOMHΔEΩN ΔIC NEΩKOPΩN**. Deux temples hexastyles, entre lesquels une colonne surmontée d'une statue.
Æ 29 — V [**Pl. XCVII, 27**]; 32 — Comm.

370. **M ANT ΓΟΡΔΙΑΝΟC Ν**. Buste lauré et cuirassé, à dr.
℞. **NIKOMHΔEΩ ΔIC NEΩKOPΩN**. Lectisterne sur lequel sont posés deux grands arceaux, surmontés de palmes dressées ; dessous, un autel surmonté d'une amphore entre deux figures debout, accostées de deux palmes.
Æ 28 — P [**Pl. XCVII, 28**], Fʟ [1].

371. **AYT K M ANT ΓΟΡΔΙΑΝΟⵑ AYΓ**. Buste lauré et cuirassé à dr.; sur la cuirasse, le Gorgoneion.
℞. **ΠΕΡΙΝΘΙΩΝ ΔIⵑ NEΩKOPΩN** ex. **NIKOMHΔEΩN**, ch. **OMONOIA**. La

---

[1]. A Berlin, on trouve classée à Nicomédie la pièce suivante : **ΓΟΡΔΙΑΝΟC**. Buste lauré, à dr. ℞. ... **NEΩKO**. Trépied surmonté d'un poisson (?) Æ 15. — *Non revues.* **M ANT ΓΟΡΔΙΑΝΟC AYT**. Tête radiée à dr. ℞. **NIKOMHΔEΩN NEΩK**. Apollon debout à g., tenant une statuette et un rameau. Æ 24. *Catal. Chaix.* — Autre. ℞. **NIKOMHΔEΩN**. Deux temples octostyles. Æ 32. Mionnet, *Suppl.* 1268 (Vaillant).

Concorde debout à g., tenant une patère dans la main dr. et une corne
d'abondance dans la g.; en face d'elle, Déméter à dr., tenant une torche
dans la main g.

Æ 42 — L [**Pl. XCVII, 29**].

TRANQUILLINE.

372. **CABEINIA TPANKYΛΛEI**. Buste, à dr.

    ℞. **NIKOMHΔEΩN ΔIC NEΩKOPIΩN**. Déméter voilée, debout à g., tenant
de la main dr. des épis et s'appuyant de la g. sur une longue torche
noueuse.

    Æ 23 — N, V; 20 — P [**Pl. XCVII, 30**].

373. **CABEINIA TPANKYΛΛEI**. Buste, à dr.

    ℞. **NIKOMHΔEΩN ΔIC NEΩKOPΩN**. Hermès debout à g., la chlamyde sur
l'épaule, tenant la bourse de la main dr., le caducée de la g.

    Æ 24 — L [**Pl. XCVII, 31**].

374. Même droit.

    ℞. **NIKOMHΔEΩN ΔIC NEΩKO9Ω** (*sic*). Asclépios debout la tête à g., s'ap-
puyant de la main dr. sur son bâton autour duquel est enroulé un serpent.

    Æ 24 — W [**Pl. XCVII, 32**].

375. Même droit.

    ℞. **NIKO[MHΔE]ΩN ΔIC NEΩKOPΩ**. Hygie debout à g., donnant à manger
à un serpent.

    Æ 25 — B (cassée) [**Pl. XCVIII, 1**].

376. **CABEINIA TPANKYΛΛEINA**. Buste, à dr.

    ℞. **NIKOMHΔEΩN ΔIC NEΩK**. Niké debout à g., tenant de la main dr.
une couronne et de la g. une palme.

    Æ 24 — P [**Pl. XCVIII, 2**] ¹.

PHILIPPE, *le père*.

377. **M IOYΛIOC · ΦIΛIΠΠOC AV**. Buste radié et barbu, à dr.

    ℞. **NIKOMHΔEΩN ΔIC NEΩ** ex. **KOPΩN**. Lectisterne surmonté de ban-

---

1. Tête de Tranquilline R/ **NIKOMHΔEΩN ΔIC NEΩKOPΩN**. Le serpent Glycon
à tête humaine, dressé sur ses replis. Æ 24. Mionnet, *Suppl.* 1270 *bis* (Patin).

delettes et de palmes; dessous, un coq et un bouc affrontés; au-dessus, un bucrane et un objet incertain.

Æ 27 — W [**Pl. XCVIII, 3**], I_MH [1].

O_TACILIE.

378. M OTAKIΛΑΙΑ (*sic*) CEYHPA AY. Buste à dr. (lég. retouchée).

℞. NIKOMHΔEWN ΔIC NEΩKO| ex. PΩN. Bustes affrontés de Sérapis, coiffé du modius à g., et d'Hélios radié à droite, la chlamyde sur l'épaule.

Æ 27 — P [**Pl. XCVIII, 4**], N (retouchée).

379. M ΩTAKIΛΑΙΑ CEYHPA AY. Buste, à dr.

℞. NEIKOMHΔEΩ ΔIC NEΩKO|PΩN. Bustes affrontés de Sérapis à dr. et d'Isis (?) à g.

Æ 27 — P (fruste; la légende du droit paraît retouchée).

380. Variété, avec M · OTAKIΛΑΙΑ CEYHPA AY.

Æ 27 — N (*Santangelo*) [**Pl. XCVIII, 5**].

381. M ΩTAKIΛΙΑ CEYHPA AY. Buste, à dr.

℞. NIKOMHΔEΩN ΔIC NEΩKOPΩN. Tyché assise, tenant une corne d'abondance et un gouvernail.

Æ 27 — F_L [2].

P_HILIPPE, *fils*, César.

382. M IOYΛIOC ΦIΛIΠΠOC KAICAP. Buste cuirassé, tête nue, à dr.

℞. NIKOMHΔEΩN ΔIC NEΩKOPΩN. Hadès-Serapis assis à g., touchant de la main dr. la tête de Cerbère, et tenant le sceptre de la main g.

Æ 27 — B [**Pl. XCVIII, 6**].

383. Même droit.

℞. Même lég. Déméter assise à g., tenant de la main dr. des épis et de la g. une longue torche appuyée sur son bras.

Æ 28 — B [**Pl. XCVIII, 7**].

1. *Non revues.* ℞. NIKOMHΔEΩN ΔIC NEΩKOPΩN. Déméter debout, tenant de la main dr. des épis et de la g. une torche. Æ 24. Mionnet, *Suppl.* 1272 (Vaillant). — Autre. ℞. NIKOMHΔEΩN ΔIC NEΩKOPΩN. Temple octostyle, devant lequel sont un aigle et un autre animal. Æ 32. Mionnet, *Suppl.* 1273 (Vaillant).

2. *Non revues.* ℞. NIKOMHΔEΩN ΔIC NEΩKOPΩN. Tyché debout. Æ 24. Mionnet, *Suppl.* 1275 (Vaillant). — Autre. M ΩTAKIΛΑΙΑ CEYHPA AY. Tête à dr. ℞. NIKOMHΔEΩN [ΔIC] NEΩKOPΩN. Pallas debout à g., tenant une lance et un bouclier. Æ 25. Cat. Chaix.

384. Même droit. ·
 ℞. NIKOMHΔEΩN ΔIC NEΩKOPΩN. Asclépios et Hygie debout se regardant; Hygie donne à manger à un serpent; Asclépios s'appuie sur un
 bâton autour duquel un autre serpent est enroulé.
 Æ 28 — W [Pl. XCVIII, 8], Mi (au droit, une contrem. incertaine).

385. M̄ IOYΛI ΦIΛIΠΠOC. Buste à dr., tête nue.
 ℞. ......NIKO[MHΔEΩN]. Temple hexastyle.
 Æ 20 — P (fruste).

386. M IOYΛIOC ΦIΛIΠΠOC KAICAP. Tête nue, à dr.
 ℞. NIKOMHΔEΩN ΔIC NEΩKOPΩN. Temple tétrastyle.
 Æ 25 — Comm (fruste).

387. Même droit.
 ℞. NIKOMHΔEΩN ΔIC NEΩKOPΩN. Galère à la voile, à dr.; dessous, un
 dauphin, à dr.
 Æ 27 — P [Pl. XCVIII, 9]; 24 — V ¹.

TRAJAN DÈCE.

388. AY KA TPAIAN ΔEKIOC AY CE. Buste à dr., la tête radiée.
 ℞. NIKOMHΔEΩN ΔIC NEΩKOPΩN. Serapis tutulé, debout à g., tenant de
 la main dr. une patère et de la g. un sceptre; dans le champ à g., Γ.
 Æ 24 — Imh [Pl. XCVIII, 10].

389. AYT KA TPAIAN ΔEKIOC AY CEB. Buste radié, à dr.
 ℞. NIKOMHΔEΩN ΔIC NEΩKOPΩN. Pallas debout à g., tenant de la main
 dr. une patère et de la g. sa lance avec son bouclier au bras; dans le
 ch. à g., Γ.
 Æ 24 — Löbb [Pl. XCVIII, 11].

390. AY KAI TPAIAN ΔEKIOC AVˉ CE. Buste radié, à dr.
 ℞. NIKOMHΔEΩN ΔIC NEΩKOPΩN. Pallas debout à g., tenant de la main
 dr. une patère et de la g. sa lance; à ses pieds, son bouclier; dans le
 champ à g., Γ.
 Æ 24 — P [Pl. XCVIII, 12].

1. *Non revues.* ℞. NIKOMHΔEΩN ΔIC NEΩKOPΩN. Déméter drapée debout, tenant des
épis de la main dr. et une longue torche de la g. Æ 24. Mionnet, *Suppl.* 1277 (Vaillant). — Autre.
℞. NIKOMHΔEΩN ΔIC NEΩKOPΩN. Femme debout (l'Abondance), tenant une corne
d'abondance de la main dr. et une haste de la g. Æ 24. Mionnet, *Suppl.* 1278 (Vaillant). — Autre.
℞. NIKOMHΔEΩN ΔIC NEΩKOPΩN. Trirème à la voile avec des rameurs; au-dessus de
la trirème, deux urnes avec palmes. Æ 24. Mionnet, *Suppl.* 1282 (Vaillant).

391. **AY KA TPAIAN ΔEKIOC AY CE**. Buste radié, à dr.
    ℞. **NIKOMHΔEΩN ΔIC NEΩKOPΩN**. Pallas debout à g., le bouclier au bras
    g. et tenant de la main dr. une proue; dans le champ à g., **Γ**.
    Æ 22 — P [**Pl. XCVIII, 13**].

392. [**AY KAI**] **TPAIAN ΔEKIOC AV⁻ CEB**. Buste radié, à dr.
    ℞. **NIKOMHΔEΩN ΔIC NEΩKOPΩN**. Déméter debout à g., tenant de la main
    dr. des épis et s'appuyant de la g. sur une longue torche; dans le
    champ à g., **Γ**.
    Æ 24 — P [**Pl. XCVIII, 14**]; 21 — V.

393. **AY K TPAIAN ΔEKIOC AY CE**. Buste radié, à dr.; en contremarque, une
    couronne (?)
    ℞. **NIKOMHΔEΩN ΔIC NEΩKOPΩN**. Cybèle assise à g., la main dr. tenant
    une patère, le bras g. posé sur son tympanon; dans le champ à g., **Γ**.
    Æ 24 — P [**Pl. XCVIII, 15**] [1].

394. **AY KAI TPAIANOC ΔEKIOC AV⁻ C**. Buste radié et cuirassé, à dr.
    ℞. **NIKOMHΔEΩN** [**NE**]**ΩKOPΩN**. Asclépios debout à g., tenant de la main
    dr. son bâton autour duquel est enroulé un serpent.
    Æ 23 — L [**Pl. XCVIII, 16**].

395. **AYT KAI TPAIAN ΔEKIOC AYΓ CE**. Buste radié à g., avec la lance et un
    bouclier orné d'une tête de Méduse. En contremarque, la lettre **H**.
    ℞. **NIKOMHΔEΩN ΔIC NEΩKOPΩN**. L'empereur à cheval, au galop à dr.,
    lançant un javelot sur un ennemi renversé sous son cheval.
    Æ 24 — P [**Pl. XCVIII, 17**], V.

396. Même description (sans contremarque).
    Æ 20 — P, Löbb.

ETRUSCILLE [2].

---

1. *Non revue.* **AY KA TPAIAN ΔEKIOC AY CE**. Buste radié. ℞. **NIKOMHΔEΩN ΔIC
NEΩK**. Femme (la Tyché de Nicomédie) assise sur des rochers, portant un temple sur la main dr.
et un autre sur la main g. A dr. dans le ch., **Γ**. Æ 24. Mionnet, *Suppl.* 1287 (Banduri).

2. *Non revue.* **EPEN ETPOYCKIΛΛA ΣEB**. Buste sur un croissant. ℞. **EΠI CTP EPMO-
ΓENOY NEIKOMHΔEΩN B NEΩK**. Tyché debout dans un temple tétrastyle. Æ 32. Mionnet,
Descr., 365 (Theupoli) : pièce qui ne saurait être de Nicomédie.

Herennius Etruscus.

397. Γ ΜΕΣ ΟΫ ΕΡΕΝ ΕΤΡΟΥΣΚ[ΟΥ Σ]ΕΒ. Buste lauré, à dr.
℞. ΝΙΚΟΜΗΔΕΩΝ ΔΙΣ ΝΕΩΚΟΡΩΝ. L'Équité debout à g., tenant la
balance et la corne d'abondance.
Æ 21 — B [Pl. **XCVIII, 18**].

Trebonien Galle.

398. Γ ΒΙ ΤΕΡΒΩ (*sic*) ΓΑΛΛΟΣ ΑΥ. Buste radié, à dr.
℞. ΝΙΚΟΜΗΔΕΩΝ ΔΙΣ ΝΕΩΚΟΡΩΝ. Tyché debout à g., tenant de la main
dr. un gouvernail et de la g. une corne d'abondance. Dans le champ
à g., Γ.
Æ 21 — P [Pl. **XCVIII, 19**].

399. Γ ΒΙ ΤΡΕ ΓΑΛΛΟΣ ΑΥΓΟ. Buste radié à gauche, cuirassé, armé de la lance
et du bouclier.
℞. ΝΙΚΟΜΗΔΕΩΝ ΔΙΣ (ou ΔΙ) ΝΕΩΚ|ΟΡΩΝ. L'empereur radié, allant à
cheval en pacificateur, à g.; il étend et élève la main dr., tenant sa lance
de la g.
Æ 24 — P [Pl. **XCVIII, 20**], P. de Saxe Cobourg (*Rev. num.*, 1891, 244,
25, fig.), Löbb (en contrem. au droit, Η).

400. Même droit.
℞. Même lég. L'empereur à cheval au galop, à dr., la lance en arrêt.
Æ 24 — B [Pl. **XCVIII, 21**].

401. Variété, avec le buste radié de l'empereur, à droite.
Æ 24 — B [Pl. **XCVIII, 22**].

402. Γ ΒΙ ΤΕΡ (*sic*) ΓΑΛΛΟΣ ΑΥ. Buste radié à g., avec la cuirasse et le bouclier.
℞. ΝΙΚΟΜΗΔΕΩΝ ΔΙΣ ΝΕ ch. ΩΚΟ|ΡΩΝ. L'empereur à cheval au galop
à dr., la lance abaissée.
Æ 22 — P [Pl. **XCVIII, 23**], Μι (fruste) [1].

---

1. *Non revue*. Γ ΒΙ ΤΕΡΒΟ (*sic*) ΓΑΛΛΟΣ ΑΥ. Buste radié de Trébonien Galle. ℞. ΝΙΚΟ
.....ΔΙΣ ΝΕΩΚΟ. Apollon debout, tenant de la main dr. le plectrum, posant la g. sur une lyre
[.....] trépied autour duquel est enroulé un serpent; dans le champ à gauche, Γ. Æ 21.
Mionnet, *Suppl.* 1289 (Banduri).

Volusien.

403. Γ Ι ΑΦ ΓΑΛ ΒΕΛΔ ΒΟΛΟCΙΛΟC. Buste radié et cuirassé, à dr. [1].
℞. ΝΙ | ΚΟΜΗ | ΔΕΩΝ ΔΙC | ΝΕΩΚΟ | ΡΩΝ, dans une couronne de laurier.
Æ 20 — L, Fʟ, B [**Pl. XCVIII, 24**].

Valerien, *père*.

404. ΠΟ ΛΙΚ ΟΥΑΛΕΡΙΑΝΟC ΑΥΓ. Buste radié et cuirassé, à dr.
℞. ΝΙΚΟΜΗΔΕΩΝ ΔΙC ΝΕΩΚΟΡΩΝ. L'empereur radié à cheval, au galop
à dr., et tenant sa lance baissée.
Æ 24 — L [**Pl. XCVIII, 25**]; 27 — T (sous le cheval, un ennemi fuyant
à dr.).

405. ΠΟ ΛΙΚ ΟΥΑΛΕΡΙΑΝΟC ΑΥΓ (ou ΑΥ). Buste radié, à dr.
℞. ΝΙΚΟ | ΜΗΔΕΩ | ΤΡΙC ΝΕΩ | ΚΟΡΩΝ. Trois urnes des jeux, de cha-
cune desquelles émergent deux palmes.
Æ 27 — B (en contremarque au droit, Η) ; 25 — P (sans la contremarque)
[**Pl. XCVIII, 26**].

Valerien *père* et Gallien.

406. ΑΥΤ ΟΥΑΛΕΡΙΑΝΟC ΓΑΛΛΗΝΟC ex. CΕΒΒ. Bustes radiés et affrontés de
Valérien père, tourné à dr. et de Gallien tourné à g.
℞. ex. ΝΙΚΟΜΗΔΕΩ | Ν ΤΡΙC ΝΕΩΚ | ΟΡΩΝ. Galère à gauche, avec des
rameurs; au-dessus, trois temples, celui du milieu vu de face, les deux
autres, de trois quarts.
Æ 27 — P (au droit, en contremarque, Ι) [**Pl. XCVIII, 27**], B (en contrem. Η) [2].

Valerien *père*, Gallien et Valerien *jeune*.

407. ΑΥΤ ΟΥΑΛΕΡΙΑΝΟC ΓΑΛΛΗΝΟC ΟΥΑΛΕΡΙΑΝΟC Κ. Bustes affrontés et laurés
de Valérien père, tourné à dr., et de Gallien, tourné à g.; au-dessous,
buste de Valérien jeune, tête nue, à dr.

---

1. Γαίος Βείβιος (l faute pour Β) Ἀφίνιος Γάλλος Βελδουμνιανὸς Βολοσιανός.

2. *Non revue.* ℞. ΝΙΚΟΜΗΔΕΩΝ ΤΡΙC ΝΕΩΚΟΡΩΝ. Trois urnes avec des palmes. Æ 24.
Mionnet, *Suppl.* 1300 (Vaillant). — Autre. ℞. ΝΙΚΟΜΗΔΕΩΝ ΤΡΙC ΝΕΩΚΟΡΩΝ. Trois
temples hexastyles; dans celui du milieu une petite figure debout; dans les deux autres, deux autels.

R⳹. ΝΙΚΟΜΗΔΕΩΝ ex. ΤΡΙϹ ΝΕΩΚΟ | ΡΩΝ. Trois temples, deux vus de
trois quarts et séparés par un autel d'où s'élance un serpent, le troisième,
en haut, vu de face, et dans lequel est une statue de Déméter à g.
tenant la torche et les épis.
Æ 25 — P [**Pl. XCVIII, 28**], L (*Cat.*, pl. XXXIV, 17).

408. ΑΥΤ ΟΥΑΛΕΡΙΑΝΟϹ ΓΑΛΛΗΝΟϹ ΟΥΑΛΕΡΙΑΝΟϹ... ch. ϹΕΒΒΒ. Mêmes têtes.
R⳹. Pareil au précédent.
Æ 23 — P [**Pl. XCVIII, 29**], B, M, V, Löbb.

409. ΑΥΤ ΟΥΑΛΕΡΙΑΝΟϹ | ΓΑΛΛΗΝΟϹ ΟΥΑ|ΛΕΡΙΑΝΟϹ | ΚΑΙϹΑ | ex. ϹΕΒΒΒ, en
cinq lignes. Bustes affrontés et radiés de Valérien père et de Gallien;
entre les deux, buste de Valérien jeune, tête nue, à dr.
R⳹. Pareil au précédent.
Æ 27 — P, V, L.

410. ΑΥΤ ΟΥΑΛΕΡΙΑΝΟϹ ΓΑΛΛΗΝΟϹ ΟΥΑΛΕΡΙΑΝΟϹ ΚΑΙϹΑΡ ϹΕ ch. BBB. Bustes
affrontés et radiés de Valérien père tourné à dr. et de Gallien tourné
à g. ; entre les deux, au-dessous, buste, tête nue, de Valérien jeune, à dr.
R⳹. ΝΙΚΟΜΗΔΕΩΝ ex. ΤΡΙϹ ΝΕΩΚΟ | ΡΩΝ. Trois urnes des jeux; de
l'urne centrale émergent deux palmes et de chacune des urnes latérales
émerge une palme.
Æ 24 — P (fruste).

411. ΑΥΤ ΟΥΑΛΕΡΙΑΝΟϹ ΓΑΛΛΗΝΟϹ ΟΥΑΛΕΡΙΑΝΟϹ. Bustes affrontés et laurés
de Valérien père, tourné à dr. et de Gallien, tourné à g.; au-dessous,
buste, tête nue, de Valérien jeune, à dr.
R⳹. ΝΙΚΟΜΗΔΕΩΝ ex. ΤΡΙϹ ΝΕΩΚ; en seconde ligne tréflée, ΝΕΩΚΟ ex.
ΡΩΝ. Même type.
Æ 25 — P [**Pl. XCVIII, 30**], L (sans tréflage), Iᴍʜ, M, Löbb.

412. ΑΥΤ ΟΥΑΛΕΡΙΑΝΟϹ ΓΑΛ[ΛΗΝΟϹ ΟΥΑΛΕΡΙΑΝΟϹ] ΚΑΙϹΑ, ch. BBB (*sic*).
Bustes affrontés et laurés de Valérien père, tourné à dr. et de Gallien,
tourné à g.; au-dessous, buste, tête nue, de Valérien jeune, à dr.
R⳹. ΝΙΚΟΜΗΔΕΩΝ ex. ΤΡΙϹ ΝΕΩΚΟ | ΡΩΝ. Même type.
Æ 23 — P [**Pl. XCVIII, 31**], L.

413. ΑΥΤ ΟΥΑΛΕΡΙΑΝΟϹ | ΓΑΛΗΝΟϹ (*sic*) ΟΥΑ|ΛΕΡΙΑΝΟϹ | ΚΑΙϹΑ | ex. ϹΕΒΒΒ.
Bustes affrontés et radiés de Valérien père, tourné à dr. et de Gallien,
tourné à g.; au milieu, buste, tête nue, de Valérien jeune, à dr.
R⳹. ΤΡΙϹ ΝΕΩΚΟΡΩΝ ex. ΝΙΚΟΜΗΔΕΩΝ. Même type.
Æ 25 — P, V, M.

GALLIEN.

414. ΠΟ ΛΙ ΕΓΝ ΓΑΛΛΗΝΟC ΑΥΓ. Buste radié ou lauré, à dr.
℞. ΝΙΚΟΜΗΔΕΩΝ ΔΙC ΝΕΩΚΟΡΩΝ. L'empereur à cheval au galop, à dr.
tenant sa lance en arrêt.
Æ 25 — W [**Pl. XCVIII, 32**] (au droit, en contremarque H), Iмн, B, P.

415. ΠΟ ΛΙ ΕΓΝ ΓΑΛΛΗΝΟC ΑΥΓ. Buste radié, à dr.
℞. ΝΙΚΟΙΜΗΔΕΩΝ ex. ΤΡΙC ΝΕΩΙΚΟΡΩΝ. Trois urnes des jeux placées
côte à côte et de chacune desquelles émergent deux palmes.
Æ 25 — P (au droit, en contremarque, ∞), B (en contremarque, au droit,
Ⱶ), P, T (contremarque Ɪ), N ; 21 — V [1].

SALONINE.

416. ΚΟΡΝ CΑΛΩΝΕΙΝΑ. Buste, à dr.
℞. ΝΙΚΟΜΗΔΕΩΝ ΤΡΙC ΝΕΩΚΟΡΩΝ. Déméter debout à g., tenant de la
main dr. des épis et de la g. une longue torche.
Æ 24 — P [**Pl. XCVIII, 33**], V.

417. Même description.
Æ 20 — W.

418. Même droit.
℞. ΝΙΚΟΜΗΔΕΩΝ ΤΡΙC ΝΕΩΚΟΡΩΝ. Artémis Phosphoros debout de face,
étendant les bras et tenant une torche dans chaque main.
Æ 21 — P [**Pl. XCVIII, 34**], B, H.

419. ΚΟΡΝΗ CΑΛΩΝΕΙΝΑ. Buste, à dr.
℞. ΝΙΚΟΜΗΔΕΩ (sic) ΤΡΙC ΝΕΩΚΟΡΩΝ. Tyché tutulée, debout à g., tenant
de la main dr. un gouvernail et de la g. une corne d'abondance.
Æ 27 — L.

420. ΚΟΡΝ CΑΛΩΝΕΙΝΑ. Buste, à g.
℞. ΝΙΚΟΜΗΔΕΩΝ ΤΡΙC ΝΕΩΚΟΡ. Tyché debout à g., comme ci-dessus.
Æ 23 — P [**Pl. XCVIII, 35**].

421. ΚΟΡΝΗΛ · CΑΛΩΝΕΙΝΑ. Buste, à dr.
℞. ΝΙΚΟΜΗΔΕΩΝ ΤΡΙC ΝΕΩΚΟΡΩΝ. Isis Pharia debout, tenant des deux
mains une voile gonflée.
Æ 21 — N [**Pl. XCVIII, 36**] [2].

---

1. *Non revue.* ℞. ΝΙΚΟΜΗΔΕΩΝ. Trirème avec ses rameurs, Æ 24. Mionnet, *Suppl.*, 1302
(Vaillant).
2. *Non revue.* ℞. Dionysos debout. Æ 21 (note de Waddington).

ERNEST LEROUX, ÉDITEUR

RUE BONAPARTE, 28, PARIS

Ernest **BABELON**, membre de l'Institut,
Conservateur du Cabinet des médailles et antiques

TRAITÉ DES MONNAIES GRECQUES ET ROMAINES

PREMIÈRE PARTIE. THÉORIE ET DOCTRINE

Tome premier. Petit in-4 à 2 colonnes...... 30 fr.
Tome deuxième (*sous presse*).

DEUXIÈME PARTIE. DESCRIPTION HISTORIQUE

Tome premier. Petit in-4 à deux colonnes...... 40 fr.
Tome deuxième. Petit in-4 à 2 colonnes...... 40 fr.
Tome troisième (*sous presse*).

TROISIÈME PARTIE. ALBUM DES PLANCHES

Première série. Planches 1 à 85. In-4...... 30 fr.
Deuxième série. Planches 86 à 185. In-4...... 30 fr.
Troisième série. (*En préparation*).

Les albums ne se vendent pas séparément, mais seulement avec le volume de texte correspondant.

COLLECTION PAUVERT DE LA CHAPELLE

Intailles et camées, donnés au Département des médailles et antiques. In-8, 10 planches.... 7 fr. 50

CATALOGUE DES CAMÉES

DE LA BIBLIOTHÈQUE NATIONALE

Grand in-8, avec un album in-4 de 76 planches en un carton...... 40 fr.

CATALOGUE DES BRONZES ANTIQUES

DE LA BIBLIOTHÈQUE NATIONALE

(En collaboration avec M. J. A. Blanchet).

Un volume grand in-8, illustré de 1.100 dessins...... 40 fr.

Théodore **REINACH**, membre de l'Institut.

L'HISTOIRE PAR LES MONNAIES

ESSAIS DE NUMISMATIQUE ANCIENNE

Un volume grand in-8, fig. et planches...... 10 fr.

UNE NÉCROPOLE ROYALE A SIDON

Fouilles de Hamdy Bey. Un volume in-folio avec planches en héliogravure et héliochromie.. 200 fr.

Ernest **BABELON** et Théodore **REINACH**

RECUEIL GÉNÉRAL
DES MONNAIES GRECQUES D'ASIE MINEURE

Commencé par W. H. Waddington, continué par E. Babelon et Th. Reinach,
4 vol. in-4 de 3 ou 4 fascicules chacun

Tome I. Fascicule I. Pont et Paphlagonie. In-4, 28 planches...... 40 fr.
— Fasc. II. Bithynie, jusqu'à Juliopolis. In-4, 36 planches...... 40 fr.
— Fasc. III. Bithynie. Nicée et Nicomédie. In-4, 34 planches...... 40 fr.
— Fasc. IV. Bithynie (*fin*). Sous presse.

Le Puy-en-Velay. — Imprimerie Peyriller, Rouchon et Gamon.

Milton Keynes UK
Ingram Content Group UK Ltd.
UKHW030403170224
437973UK00008B/863